Carl-Auer

„*Wo keine Hoffnung ist, muss man sie erfinden.*"

Francisco Goya

Wo keine Hoffnung ist, muss man sie erfinden

Marie-Luise Conen

Aufsuchende Familientherapie

Mit einem Vorwort von Jochen Schweitzer

Fünfte Auflage, 2011

Mitglieder des wissenschaftlichen Beirats des Carl-Auer Verlags:

Prof. Dr. Rolf Arnold (Kaiserslautern)
Prof. Dr. Dirk Baecker (Witten/Herdecke)
Prof. Dr. Ulrich Clement (Heidelberg)
Prof. Dr. Jörg Fengler (Köln)
Dr. Barbara Heitger (Wien)
Prof. Dr. Johannes Herwig-Lempp (Merseburg)
Prof. Dr. Bruno Hildenbrand (Jena)
Prof. Dr. Karl L. Holtz (Heidelberg)
Prof. Dr. Heiko Kleve (Potsdam)
Dr. Roswita Königswieser (Wien)
Prof. Dr. Jürgen Kriz (Osnabrück)
Prof. Dr. Friedebert Kröger (Heidelberg)
Tom Levold (Köln)
Dr. Kurt Ludewig (Münster)
Dr. Burkhard Peter (München)
Prof. Dr. Bernhard Pörksen (Tübingen)
Prof. Dr. Kersten Reich (Köln)

Prof. Dr. Wolf Ritscher (Esslingen)
Dr. Wilhelm Rotthaus (Bergheim bei Köln)
Prof. Dr. Arist von Schlippe (Witten/Herdecke)
Dr. Gunther Schmidt (Heidelberg)
Prof. Dr. Siegfried J. Schmidt (Münster)
Jakob R. Schneider (München)
Prof. Dr. Jochen Schweitzer (Heidelberg)
Prof. Dr. Fritz B. Simon (Berlin)
Dr. Therese Steiner (Embrach)
Prof. Dr. Dr. Helm Stierlin (Heidelberg)
Karsten Trebesch (Berlin)
Bernhard Trenkle (Rottweil)
Prof. Dr. Sigrid Tschöpe-Scheffler (Köln)
Prof. Dr. Reinhard Voß (Koblenz)
Dr. Gunthard Weber (Wiesloch)
Prof. Dr. Rudolf Wimmer (Wien)
Prof. Dr. Michael Wirsching (Freiburg)

Umschlaggestaltung: Uwe Göbel
Satz: Drißner-Design u. DTP, Meßstetten
Printed in Germany

Fünfte Auflage, 2011
ISBN 978-3-89670-563-1
© 2002, 2011 Carl-Auer-Systeme Verlag
und Verlagsbuchhandlung GmbH, Heidelberg
Alle Rechte vorbehalten

Bibliografische Information der Deutschen Nationalbibliothek:
Die Deutsche Nationalbibliothek verzeichnet diese Publikation
in der Deutschen Nationalbibliografie; detaillierte bibliografische
Daten sind im Internet über http://dnb.d-nb.de abrufbar.

Informationen zu unserem gesamten Programm, unseren Autoren
und zum Verlag finden Sie unter: **www.carl-auer.de**.

Wenn Sie Interesse an unseren monatlichen Nachrichten aus der Vangerowstraße haben,
können Sie unter http://www.carl-auer.de/newsletter den Newsletter abonnieren.

Carl-Auer Verlag GmbH
Vangerowstraße 14
69115 Heidelberg
Tel. +49 6221 6438-0
Fax +49 6221 6438-22
info@carl-auer.de

Inhalt

Gebrauchsanweisung und Warnung ... 9
Vorwort von Jochen Schweitzer ... 11
Einleitung ... 13

Das Stärken der familialen Resilienz ... 17
Marie-Luise Conen

Resilienz ... 18
Risikofaktoren ... 19
Protektive Faktoren ... 23
Resilienzforschung und Schlussfolgerungen
  für andere Theorien ... 26
Normalität und normale Familien ... 28
Resiliente Familien ... 30
Familiale Grundlagen und Schlüsselprozesse in der Resilienz
  von Familien ... 31
  a) Glaubenssysteme ... 31
  b) Begründung von Vertrauen ... 32
  c) Ausdauer ... 33
Aufrechterhalten von Hoffnung .. 33
Familiale Stoßdämpfer ... 34
Angst vor Veränderungen ... 35
Das Stärken von vulnerablen Jugendhilfefamilien ... 36

Aufsuchende Familientherapie ... 41
Marie-Luise Conen

Problemstellungen und Ziele ... 41
Zugang zur Familie finden ... 48

Zwang – wenn es hilft, alle an einen Tisch zu bekommen ... 52
Co-Therapie ... 60
Männer/Frauen – kein Thema für
    das Co-Therapeutenteam ... 63
Reflecting Team ... 66
Störungen werden respektiert ... 73
Destruktive Stimmen – oder ohne die Herkunftsfamilie
    geht nur wenig ... 78
Kinder in der aufsuchenden Familientherapie ... 85
Problembereiche der Familien und Indikation ... 90
Helferbezogene Indikations- und Auswahlkriterien ... 111
Zusammenarbeit zwischen Jugendamt und
    Familientherapeuten ... 115
Kooperation mit anderen Helfersystemen ... 124
Zeitliche Befristung – warum nicht? ... 135
Phasen der aufsuchenden Familientherapie ... 139
1. Phase: Vorbereitung ... 140
2. Phase: Auftragsklärung und Ressourcenorientierung ... 141
3. Phase: Problemlösungen ... 144
4. Phase: Stabilisierung und Abschluss ... 148
5. Phase: Nachphase ... 150
Was ist Erfolg und Scheitern in der aufsuchenden
    Familientherapie? ... 151
Evaluation von aufsuchender Familientherapie ... 155
Finanzierung ... 158
Anforderungen an die Therapeuten ... 160

„Multiproblemfamilien" und kurzzeitorientierte
Hilfeansätze: ein Widerspruch? ... 164
Die Dauer von Hilfen aus der Sicht des Jugendamtes
Angelika Golz
Die Entwicklung der aufsuchenden Familientherapie
    als Hilfe zur Erziehung im Rahmen des Kinder- und
    Jugendhilfegesetzes ... 164
Kurzzeitorientierte Hilfeansätze haben sich bei
    „Multiproblemfamilien" bewährt ... 167
Statistik der Dauer der aufsuchenden Familientherapie ... 169
Abschluss der Therapie ... 171

Kompetenzen in der Zusammenarbeit mit Familien und Helfersystemen ... 174
Angelika Golz
Vorbemerkung ... 174
Kooperation und deren allgemeine Rahmenbedingungen ... 175
Systemische Sichtweise und Zusammenarbeit ... 177
Was heißt das für die Zusammenarbeit mit Familien? ... 177
Die Zusammenarbeit mit Helfersystemen ... 181
Perspektiven ... 183

Co-Therapie in der aufsuchenden Familientherapie ... 186
Hartmut Voglau
Einführung ... 186
Methodische Aspekte ... 187
Dynamische Aspekte I: die Familie ... 192
Pragmatische Aspekte .. 195
Dynamische Aspekte II das Co-Therapeutenteam ... 196

**Familientherapie zwischen Coach und Kotzenklo
oder: Systemarbeit im „n-dimensionalen Hyperraum"** ... 200
Ralf Hepprich und Wolfgang Pauly
Heimspiel der Familie – Professionalität und
 Autorität der Therapeuten ... 200
Anforderungen, die das aufsuchende Setting an
 die Therapeuten stellt ... 201
Störung – Verstörung – Information ... 203
Drei Fallbeispiele ... 204
Nachgedanken zur therapeutischen Wirksamkeit im
 aufsuchenden Setting ... 207
Aufsuchende Familientherapie – von der Variante
 zur Disziplin ... 208

**„Wenn der Nachbar über'n Zaun schaut ..." –
Aufsuchende Familientherapie im ländlichen Raum** ... 211
Margit Müller

Herausfinden, was wirkt ... 220
Selbstevaluation – eine Methode auch für aufsuchende
Familientherapeuten
Ivo Nicolai

Was wirkt wie? – Fragen über Fragen ... 221
Besondere Merkmale der Selbstevaluation ... 223
Das Erforschen der eigenen Arbeit ... 225
Was haben wir gelernt? ... 229
Beobachtungsbogen Alltag ... 230

Literatur ... 231
Über die Herausgeberin ... 239

Gebrauchsanweisung und Warnung

Das in diesem Buch enthaltene Konzept setzt bei den FamilientherapeutInnen eine hohe Qualifikation voraus, zu der formal eine mindestens dreijährige systemische bzw. familientherapeutische Weiterbildung und ein Hochschulabschluss als Diplom-Psychologe, Diplom-Sozialpädagoge, Diplom-Sozialarbeiter oder vergleichbare Abschlüsse gehören. Die massiven Problemballungen in diesen Familien erfordern es m. E. auch, dass die FamilientherapeutInnen in ihrer Co-Arbeit sowohl über umfangreiche Erfahrungen mit diesen Familien verfügen als auch mit entsprechenden Grundannahmen in diese Arbeit gehen.

Sind diese unabdingbaren Voraussetzungen nicht gegeben, handelt es sich aus meiner Sicht nicht um ein Konzept, das Aufsuchende Familientherapie zu nennen wäre. Werden diese Standards nicht eingehalten, wird eindeutig die Qualität der Arbeit darunter leiden.

Ich habe mich entschlossen, diese Warnung auszusprechen, da ich in einigen Regionen Entwicklungen beobachte, die mir Sorge bereiten. Die Aufsuchende Familientherapie hat sich in den letzten Jahren – u. a. auch nach dem Erscheinen dieses Buches – in einem rasanten Tempo in Deutschland, Österreich und der Schweiz ausgebreitet. Dies ist Anlass zur Freude, sehe ich doch, dass viele systemisch bzw. familientherapeutisch ausgebildete KollegInnen mit Engagement und Erleichterung ein Konzept aufgreifen, das ihnen aus dem Herzen spricht. Diese KollegInnen haben bei der Etablierung der Aufsuchenden Familientherapie mit einer Reihe von Hindernissen zu kämpfen, um solch ein hoch qualifiziertes Konzept für die Arbeit mit armen Familien „an den Mann" zu bringen bzw. den Jugendämtern zu vermitteln.

In die Freude über den äußerst regen Zuspruch mischt sich meinerseits ein gewisses Missfallen. Aufgrund der vielen Diskussionen, Anfragen und Rückmeldungen mehren sich bei mir Bedenken, dass Interessenten an/bei diesem Konzept nicht sehen, welch qualifizierte Arbeit geleistet werden muss, um die angestrebten Ziele in der Arbeit mit den Familien zu erreichen.

Dieses Konzept ist nicht ein Konzept, das man „mal eben" bei einem Jugendamt einreichen kann. Es bedarf neben entsprechenden Grundhaltungen vieler Erfahrungen und Arbeit an sich selbst, um als FamilientherapeutIn in einem solchen Konzept mit Herz und Seele der Hoffnungslosigkeit vieler Familien (und vieler Helfer) zu begegnen. Dieser Arbeitsansatz verlangt von MitarbeiterInnen, dass sie zu kämpfen bereit sind mit resignierten Müttern und Vätern, mit „Monsterkids" und Helfern, die diese Familien oftmals aufgegeben haben. Diese Arbeit kann man nur leisten, wenn Respekt, Wertschätzung und Leidenschaft für diese Arbeit verbunden sind mit einer hohen fachlichen Qualifikation.

Wenn Sie über diese Erfahrungen noch nicht verfügen, dann nehmen Sie sich das Buch zu Herzen, versuchen so viele Elemente wie möglich in Ihre jetzige Arbeit mit Familien zu integrieren, arbeiten vielleicht auch erst mal alleine mit diesen Familien, setzen sich nicht so hohe Ziele und lernen einfach, was es heißt, sich auf diese Familien einzulassen. *Und: Nennen Sie es bitte nicht Aufsuchende Familientherapie* – denn das ist nicht fair gegenüber den KollegInnen, die erst nach jahrelangen Erfahrungen und Qualifizierungen sich an diese Arbeit herangewagt und den Spaß, mit diesen Familien zu arbeiten, gefunden haben, den Sie da auch spüren und der Sie neugierig auf eine solche Arbeit gemacht hat.

Allen anderen Interessierten wünsche ich gutes Gelingen, weiterhin viel Neugier und viele gute Weiterentwicklungen!

Marie-Luise Conen
Mai 2006

Vorwort

Gute Bücher sind oft gut verankerter Teil einer literarischen Ahnengalerie, deren Traditionsreihe sie aber entscheidend verändern oder weiterentwickeln. Das scheint auch und besonders für Marie-Luise Conens Buch über „Aufsuchende Familientherapie" zuzutreffen. Am Beginn seiner Ahnengalerie vermute ich *Families of the Slums* von Minuchin et al. aus dem Jahre 1967. Dieses Buch machte früh klar: Man kann mit verarmten Minderheitsfamilien erfolgreich familientherapeutisch arbeiten – handlungsorientiert, mit Verständnis für ihre schnellen Musterschwankungen, im Team. Marie-Luise Conen hat u. a. bei Minuchin gelernt und ist mit ihm und seinen Mitarbeitern im Kontakt geblieben. Die Bereitschaft zum Kämpfen und zum langen Atem verbindet beide Bücher.

Eine zunächst ganz anders wirkende Abstammungslinie scheint zu den Werken Gianfranco Cecchins zurückzuführen – vor allem zu „Neugier"[1] und „Respektlosigkeit"[2], aber auch zu „Hypothesenbildung, Zirkularität, Neutralität"[3]. Hier findet das sozialpolitische Kämpfertum sein Gegengewicht in der Neigung, schreckliche Vorgänge in und um Familien zunächst einmal zu verstehen, ihnen einen Sinn zu geben, darin gar Positives zu entdecken und auch die Nichtveränderung für eine akzeptable Möglichkeit zu halten.

Das Spannungsfeld zwischen diesen beiden Polen – engagierter Kampf und gelassene Reflexion – scheint mir die Stärke des hier beschriebenen Therapieansatzes wesentlich zu prägen. Viele weitere, jüngere und meist angelsächsische Vorläufer sind solide eingearbeitet – so die Ideen über familiäre Widerstandskraft von Froma Walsh, über Familie und größere Systeme von Evan Imber-Black, über systemtherapeutische Inzesttherapie von Trepper und Barrett.

Das Besondere an diesem Buch ist, dass Marie-Luise Conen und ihre Mitautoren konsequent ein systemisch-therapeutisches Konzept darstellen mit Menschen und an Orten, wo dies professionelle Helfer für unmöglich hielten. Es handelt sich um lupenreine systemische Therapie, aber im Wohnzimmer von Klienten, die diese (anfangs) gar nicht haben wollen. Anstatt über „Zwangskontexte" zu klagen und sie zum Ausschlussgrund für Familientherapie zu erklären, kultivieren die Autoren den Umgang mit diesen Zwangskontexten. Kernstück ist eine klare Rollenverteilung zwischen dem Jugendamt als Kontrollinstanz, die diese Kontrollaufgabe positiv bejaht, und den Familientherapeuten, die in den Details ihrer Arbeit fachlich unabhängig sind und dennoch mit dem Jugendamt eng kooperieren.

Das Buch beschreibt solide, in gut zehn Jahren erprobte Praxis. Die Erfahrung zeigt sich daran, dass auch beschrieben wird, wann aufsuchende Familientherapie unnötig und wann sie schädlich ist. Es wird genau beschrieben, wie lange sie dauern sollte, welche „Dosis" optimal ist, wie diese Therapien durch kritische Situationen durchgebracht und wie sie beendet werden. Auch was sie kostet und wie sie finanziert werden kann, wird an Berliner Beispielen beschrieben. Kollegen beschreiben, wie die Kooperation der Familientherapeuten (nicht nur) mit dem Jugendamt zu gestalten ist (Angelika Golz), wie das Co-Therapie-Setting und das familiäre Wohnzimmer als Tatort maximal zu nutzen sind (Hartmut Voglau; Ralf Hepprich und Wolfgang Pauly), wie man angesichts langer Fahrzeiten dennoch auch im ländlichen Raum Aufsuchende Familientherapie machen kann (Margit Müller) und wie man aufsuchende Familientherapie evaluieren kann (Ivo Nicolai).

Ein handfestes, ein gut fundiertes, ein nützliches Buch.

Jochen Schweitzer
Heidelberg

1   G. Cecchin (1988): „Zum gegenwärtigen Stand von Hypothetisieren, Zirkularität, Neutralität: Eine Einladung zur Neugier". *Familiendynamik* 13 (3): 190–203.
2   G. Cecchin, G. Lane, W. A. Ray (1993): Respektlosigkeit. Provokative Strategien für Therapeuten. Heidelberg (Carl-Auer-Systeme), 4. Aufl. 2005.
3   M. Selvini Palazzoli, L. Boscolo, G. Cecchin, G. Prata (1981): „Hypothesenbildung, Zirkularität, Neutralität. Drei Richtlinien für den Leiter der Sitzung". *Familiendynamik* 6 (2): 123–139.

Einleitung

Nichts ist mächtiger als eine Idee, deren Zeit gekommen ist.

(Victor Hugo)

Der Saal ist voll, alle sind gespannt, bekannte Kollegen begrüßen sich und warten auf den Hauptredner*. Andrew Fussner (1992) aus Philadelphia gewinnt schnell die Aufmerksamkeit und das Interesse der Teilnehmer an seinem Vortrag. Und was er zu erzählen hat, entspricht offensichtlich den Wünschen und Hoffnungen der Anwesenden. Er erzählt von seinen Erfahrungen und Ideen, wie man mit Familien, die mit der Jugendhilfe seit längerem (oder auch kürzerem) zu tun haben, so arbeiten kann, dass sich etwas bewegt, dass sich Dinge verändern und messbare Erfolge zu sehen sind. Die Teilnehmer der Tagung sind größtenteils begeistert, einige Jugendamtssozialarbeiter äußern berechtigte Skepsis angesichts der Darstellung, die „zu schön ist, um wahr zu sein". Viele Nachfragen nach dem Vortrag, freudige und erwartungsvolle Diskussionen in den Arbeitsgruppen und schließlich immer wieder die Frage, warum gibt es bei uns keine solche Arbeit, warum keine aufsuchende Familientherapie?

Vor allem Familienhelfer – und hier die, die diese Arbeit bereits seit vielen Jahren machen – sind mit ihrer bisherigen Arbeit mehr als unzufrieden; sie wollen qualifiziertere Arbeit mit diesen von vielen als schwierig bezeichneten „Jugendhilfefamilien" leisten, weg von der Betreuungsarbeit der Kinder, wenn die Probleme doch im Familiensystem liegen, weg von den Freizeitaktivitäten, die letztlich

---

* Fachtagung des Paritätischen Bildungswerkes Berlin und des Context-Instituts Berlin, 12.–13.11.1992 in Berlin.

Konkurrenz mit den Eltern herstellen, weg von dieser langen Betreuungszeit, die die Familien in Abhängigkeiten von Helfersystemen hält, weg von dieser auslaugenden, wenig Erfolge zeigenden Arbeit, weg, weg, weg ... und endlich hin zu einer Arbeit mit der Familie, die auf Veränderungen setzt, die größtmögliche Verantwortung bei der Familie belässt, in kürzerer Zeit Ergebnisse erzielt, die offensichtlich mehr Lebendigkeit und Freude in die Arbeit mit diesen Familien bringt.

In den darauf folgenden Monaten spreche ich intensiv mit Mitarbeitern eines Berliner Jugendamts, schließlich mit dem Leiter des Jugendamts. Das Konzept hat offensichtlich Hand und Fuß. Probleme anderer ambulanter Hilfen sind im Konzept ebenso berücksichtigt wie mögliche Hindernisse in der Finanzierung der aufsuchenden Familientherapie: In den letzten Monaten haben zwei Kolleginnen bereits inoffiziell mit diesem Ansatz gearbeitet, die Unterschiede werden registriert, die Arbeit kommt an. Das Konzept wird angenommen, die Arbeit kann offiziell beginnen. Mitarbeiter werden mit den Feinheiten des Konzepts vertraut gemacht, Jugendamtssozialarbeiter zeigen sich interessiert, wollen ausprobieren – wenn auch Zurückhaltung zunächst überwiegt, es hat schon zu viele neue Besen gegeben ...

Gespräche mit anderen Fachdiensten finden statt, das Konzept wird in allen Details hinterfragt, Kritik, Vorbehalte und Zurückhaltung überwiegen. Unterstützung von dieser Seite scheint zunächst nicht zu kommen. Andererseits erleben Jugendamtssozialarbeiter einen Arbeitsansatz, der ihre bisherigen Bemühungen um die Familie wertschätzt und sie als gleichberechtigte Kollegen betrachtet, der unbedingt ihre Zusammenarbeit erfordert, der sie nicht mit Hinweisen auf „Datenschutz" und „Verschwiegenheit" ohne Informationen über die Entwicklung der (Familien-)Therapie lässt usw.

Der Druck auf die ersten aufsuchenden Familientherapeuten ist enorm, sie stehen mit jeder Familie auf dem Präsentierteller, Mitarbeiter der Fachdienste registrieren gerne jeden „Fehler", in Krisensituationen hat sich noch kein Procedere eingespielt. Jugendamtssozialarbeiter werden unsicher, wenn Kollegen die aufsuchende Familientherapie hinterfragen, die aufsuchenden Familientherapeuten kommen selbst ins Schwanken, wollen in schwierigen Situationen eher auf ihre Erfahrungen in anderen ambulanten Hilfen zurückgreifen, die Spannungen gehen auch auf die Teams über, Klärungen sind notwendig, Konzeptfragen sind in ihren Details und Auswirkungen zu diskutieren. Die erste Zeit ist nicht einfach. Ein Besuch in den USA bei anderen Trägern, die in Pennsylvania aufsuchende Familientherapie anbieten, trägt zur Beantwortung zahlreicher Fragen bei. Auch Andrew Fussner hilft mit einem Workshop bei der weiteren Konzeptgestaltung.

Als im März 1999 die erste Fachtagung zur aufsuchenden Familientherapie stattfindet, nehmen über 100 interessierte Familientherapeuten und systemisch interessierte Kollegen teil. Der große Zuspruch, den aufsuchende Familientherapie findet, setzt sich auch fort, als im Rahmen der wissenschaftlichen Jahrestagung der Deutschen Arbeitsgemeinschaft für Familientherapie im September 2000 in Berlin weitergehende Erfahrungen von aufsuchenden Familientherapeuten vor rund 130 Symposiumsteilnehmern dargelegt werden – einige Beiträge dieses Buches basieren auf Vorträgen während dieser beiden Veranstaltungen.

Nach nunmehr fast zehn Jahren hat sich aufsuchende Familientherapie bundesweit herumgesprochen. In manchen Regionen müssen Kollegen noch eine Vielzahl von Hürden, Skepsis und Ablehnung ihr gegenüber überwinden. In Berlin gehört die aufsuchende Familientherapie mittlerweile zum Repertoire der ambulanten Hilfen zur Erziehung, und diese Tendenz setzt sich auch in anderen Regionen fort. Die Berliner „Leistungsbeschreibung Familientherapie" bildet die Grundlage für die fachlichen Standards der Fachgruppe „Aufsuchende Familientherapie" der Deutschen Arbeitsgemeinschaft für Familientherapie (nach der Fusion Deutsche Gesellschaft für Familientherapie und Systemische Therapie), die am 30.9.1999 in Dresden von der Fachgruppe beschlossen wurden und der sich immer mehr Träger anschließen. Aufsuchende Familientherapie setzt sich in immer mehr Regionen und Jugendamtsbezirken durch.

Die in den Beiträgen aufgezeigten Entwicklungen und Aspekte beziehen sich auf die aufsuchende Familientherapie, sie stellen jedoch auch Perspektiven und Überlegungen dar, die ebenso für andere ambulante Hilfen zur Erziehung gelten. Diskussionen über Erfolge, Probleme und Grenzen der ambulanten Hilfen zur Erziehung müssen in der nächsten Zeit auch von anderen Hilfeformen aufgegriffen werden, die vorliegenden Beiträge wollen dazu Orientierungen und Anregungen geben. Insbesondere die Ergebnisse der

Resilienzforschung sollten von den Praktikern stärker in die Ausgestaltung von Hilfen zur Erziehung einbezogen werden, um so hoffnungsvollere Sichtweisen auf „Multiproblemfamilien" zu ermöglichen.

Den Autoren möchte ich an dieser Stelle für ihr Engagement und ihre Bereitschaft danken, ihre praktischen Erfahrungen im Zusammenhang mit ihren theoretischen Orientierungen darzulegen. Insbesondere gilt mein Dank Angelika Golz, die gemeinsam mit mir die Fachgruppe „Aufsuchende Familientherapie" koordiniert, für ihre Kooperation und Unterstützung beim Zustandekommen dieses Buches.

Marie-Luise Conen

Das Stärken der familialen Resilienz

Marie-Luise Conen

> Es ist besser, eine Kerze anzuzünden,
> als sich fortwährend über die Dunkelheit zu beklagen.
>
> (Anonym)

In den letzten Jahren konnte ich in verschiedenen Arbeitszusammenhängen beobachten, wie zweifelnd und nicht selten auch verzweifelt die einen oder anderen Kollegen angesichts der negativen Entwicklungen einiger Familien, mit denen sie arbeiteten, waren. Positive Tendenzen, die sich seit geraumer Zeit aus der Arbeit mit den Familien abzeichneten, wurden in ihren Augen durch aktuelle, sich überstürzende Ereignisse und Vorkommnisse regelrecht „zunichte" gemacht. Sie entwickelten das Gefühl, nichts gegen die zunehmenden Probleme und Ausgrenzungen der Kinder setzen zu können.

Diese oftmals pessimistischen oder kritischen Einschätzungen der Zukunft dieser Kinder zeigten jedoch eine nicht zu unterschätzende Wirkung auf die Motivation und das Alltagshandeln vieler Kollegen, die mit diesen Familien arbeiten. Die daraus resultierende Haltung wiederum hat erheblichen Einfluss auf die methodischen Vorgehensweisen und Interventionen von Kollegen – auch von systemisch orientierten. Diese gelten nicht selten in einem solchen von Skepsis, wenn nicht gar Pessimismus geprägten Helferumfeld als Exoten oder Kollegen mit „rosaroten Brillen", die nicht genau genug hinsehen. Sie fühlen sich in ihrer Orientierung an den Ressourcen und Stärken der Familien nicht ernst genommen und werden bei weiteren Entscheidungen im Helfersystem nicht selten übergangen.

In dieser Situation werden Kollegen oftmals Teil einer Dynamik, wodurch sie den „Erwartungen" der Familien entsprechen. Professionelle Helfer wecken bei ihnen in vielfältigster Weise Hoffnungen, auch solche auf die Veränderbarkeit ihrer Schwierigkeiten und Probleme. Wenn die Klienten jedoch Hoffnungen entwickeln, dann können sie auch enttäuscht werden. Bedingt durch ihre Ängste vor erneuten Enttäuschungen zeigen u. a. die Familien, die bereits seit längerem von der Jugendhilfe betreut werden, oftmals destruktive oder zu kritisierende Verhaltensweisen. Diese tragen dazu bei, dass professionelle Helfer die Familien in ihrer eigenen skeptischen Haltung bestätigen – und sie „aufgeben". Damit „ersparen" sie in gewisser Weise den Familien eine notwendige Auseinandersetzung mit ihren Ängsten vor Veränderungen sowie eine Konfrontation mit der „hoffnungslosen" Betrachtung ihrer Zukunftsperspektiven.

Um dieser Dynamik zwischen professionellen Helfern und Familien, die oftmals als hoffnungslose Fälle bezeichnet werden, entgegenzuwirken, ist es dringend geboten, aufbauend auf den Ressourcen und unter Einbeziehung ihrer „psychischen Widerstandsfähigkeit" (Resilienz) Wege zu finden, diese Familien in der Entwicklung konstruktiverer Problemlösungsmuster zu unterstützen.

RESILIENZ

Resilienz wird lt. naturwissenschaftlicher Definition als Fähigkeit beschrieben, zu einer vorherigen Form zurückzuspringen.

Die Definition nach dem Oxford English Dictionary lautet:

a) An act of rebound and springing back (Zurückfedern, Zurückspringen)
b) Elasticity; the power of resuming the original shape or position after compression, bending (Kompression, Zusammendrücken, Biegen, Krümmen, Beugen)
c) Tendency to rebound or recoil (Zurückspringen, Zurückprallen)
d) Turning to original position, spring back; recoiling (Zurückspringen, Zurückprallen)

Resilienz beschreibt eine Elastizität, die mit der Kraft verbunden ist, die vorherige Form oder Position wieder einzunehmen, nachdem diese eingedrückt oder verbogen wurde.

Masten, Best a. Garmezy (1990, p. 426) definieren Resilienz als den Prozess und die Fähigkeit, eine erfolgreiche Anpassung herzustellen – trotz herausfordernder oder bedrohlicher Bedingungen. Schon Redl (1969) beschreibt Ego-Resilienz als die Fähigkeit, trotz widriger Umstände den erschwerenden Einflüssen zu widerstehen und nach kurzer Zeit ohne fremde Hilfe zum normalen Funktionsniveau zurückzukehren. Resilienz ist die Eindeutschung von „Resilience", die manche auch mit „psychischer Widerstandsfähigkeit" (Lösel, Kolip u. Bender 1992) übersetzen; diese Bezeichnung vernachlässigt jedoch „die sozialen Faktoren der betreffender Prozesse" (Bender 1995, S. 5).

Nach Froma Walsh (1998), führende amerikanische Familientherapeutin, kann Resilienz als die Fähigkeit definiert werden, aus den widrigsten Lebensumständen gestärkt und mit größeren Ressourcen ausgestattet als zuvor herauszukommen, als dies ohne diese schwierigen Lebensumstände der Fall gewesen wäre. Es ist ein aktiver Prozess des Wagemuts und der Fähigkeit zur Selbstkorrektur sowie des Wachsens als eine Antwort auf Krisen und die daraus resultierenden Herausforderungen. Resilienz ist die Fähigkeit, Elend, Not und Traumata zu überwinden.

RISIKOFAKTOREN

Werner and Smith (1992) stellten fest, dass die Wechselwirkung von bestehenden Risikofaktoren, belastenden Lebensereignissen und protektiven Faktoren, die sowohl im Kind selbst als auch im Umfeld vorhanden sind, den Anpassungsgrad eines Individuums bestimmen.

Hauptrisikofaktoren, die zum Zeitpunkt der Geburt bestehen (hierzu gehören u. a. chronische Armut, genetische Beeinträchtigungen, psychotisches Verhalten eines Elternteils) bedingen durch belastende Lebensereignisse (Scheidung der Eltern, familiale Streitigkeiten) eine relative Vulnerabilität (Werner a. Smith 1992). Protektive Faktoren können jedoch dazu beitragen, dass die Auswirkungen der Hauptrisikofaktoren als auch der belastenden Lebensereignisse abgemildert werden und sich die Resistenz gegenüber Stress erhöht. Zu den protektiven Faktoren im Kind gehören u. a. soziale Fertigkeiten, positive soziale Orientierung, Selbstständigkeit oder im Umfeld Aspekte wie nahe gleichaltrige Freunde, zusätzliche Versorgungspersonen und auch eine positive Eltern-Kind-Beziehung.

Nach einigen Studien wie von Pfeiffer, Wetzels u. Enzmann (1999), Heitmeyer (1996) und Rutter (1985) führen Armut und Zugehörigkeit zur Unterschicht im Zusammenhang mit den damit verbundenen chronischen Belastungen und Benachteiligungen im Allgemeinen zu einer Gefährdung der kindlichen Entwicklung; des Weiteren beeinträchtigt eine unzureichende Qualität der versorgenden Umgebung ebenfalls die psychosoziale Entwicklung eines Kindes (Goldstein a. Tuma 1987).

Ferner erweisen sich als akut oder temporär belastend kritische Lebensereignisse bzw. solche Ereignisse und Änderungen im Lebenslauf eines Menschen wie z. B.:

- Erkrankungen
- Krankenhausaufenthalte
- Vorübergehende Trennung der Eltern und auch Scheidung der Eltern
- Tod des Partners, eines Elternteils, eines Geschwisters oder nahen Freundes
- Heirat
- Schwangerschaft
- Geburt von Geschwistern innerhalb der ersten zwei Jahre nach der Geburt des Kindes
- Eintritt in eine neue Schule
- Vergewaltigung
- Misshandlung
- Sexueller Kindesmissbrauch u. Ä.[1]

Häufen sich solche Ereignisse – und nach meiner Beobachtung ist dies bei Jugendhilfefamilien[2] oft der Fall –, so tragen sie erheblich zum Problemverhalten von Kindern und Jugendlichen bei.

Nicht diese Lebensereignisse an sich haben jedoch die starken oder prägenden Auswirkungen auf das Kind, wie dies meist auch von professionellen Helfern angenommen wird. Es ist vielmehr die

---

1 Es ist allerdings noch nicht gelungen, valide Risikofaktoren zu identifizieren (Masten a. Garmezy 1985; Pellegrini 1990).
2 Als Jugendhilfefamilien werden die Familien bezeichnet, die seit längerem von Jugendämtern betreut werden. Häufig erhalten diese Familien „Hilfen zur Erziehung", um bestehende Defizite in der Förderung und Entwicklung ihrer Kinder zu kompensieren.

Vielzahl von Veränderungen, die oft mit den Ereignissen einhergehen und verarbeitet werden müssen.

Mit ihrer Trennung von ihrem Mann zog Frau Martens mit ihren beiden Kindern (neun und elf Jahre) aus der ehelichen Wohnung aus. Die neue Wohnung befand sich nicht im gleichen Schuleinzugsgebiet, so dass mit dem Wohnungswechsel für die Kinder auch ein Schulwechsel einherging. Frau Martens fand eine Arbeitsstelle und hatte das Glück, ihre beiden Kinder bereits nach kurzer Zeit in einem Hort unterbringen zu können. Unregelmäßigkeiten im Besuchskontakt mit dem Kindesvater, eingeschränkte räumliche Bedingungen, erheblich reduzierte finanzielle Mittel, Bemühungen um neue Kontakte und Freundschaften in der Schule und ein reduzierter Bekannten- und Freundeskreis sind nur einige der Probleme, die die Kinder bzw. die Familie in dieser Situation bewältigen müssen.

Es sind auch nicht die einzelnen Risikofaktoren, sondern es ist das gleichzeitige Vorliegen von mehreren Faktoren, das einen bis zu zehnfachen Anstieg des Störungsrisikos mit sich bringen kann (Rutter 1979). Das Verstärken oder das Reduzieren von Vulnerabilitäten für das Kind ist von der Interaktion mit seiner Umgebung abhängig. Die eigenen Reaktionen des Kindes sowie seiner Umgebung tragen mit dazu bei, ob diese Risikofaktoren kompensiert werden können oder sich in ihren Effekten potenzieren lassen (Murphy a. Moriaty 1976; Sameroff, Baroca a. Seifer 1984). Darüber hinaus ist nach Werner and Smith (1992) die Bedeutung, die der Erfahrung bzw. dem Ereignis gegeben wird, ausschlaggebend – eine Grundlage jedweder Art systemischen Arbeitens.

Schichtzugehörigkeit, Armut, psychiatrische Erkrankung eines Elternteils, Kriminalität der Eltern u. Ä. sind Faktoren, die vom Kind nicht direkt erfahren werden, sondern sie werden über Verhalten und Erfahrungen vermittelt (Baldwin, Baldwin a. Cole 1990), wie dies z. B. bei sozial unerwünschten Verhaltensweisen der Eltern oder von der Umwelt kritisierten Erziehungspraktiken der Fall ist.

Interessanterweise haben Studien jedoch auch ergeben, dass die kleinen nervenden und frustrierenden alltäglichen Erfahrungen in den zwischenmenschlichen Beziehungen (so genannte „hassles") Anpassungsprobleme eher vorhersagen lassen als die o. g. „großen Lebensereignisse" (vgl. DeLongis et al. 1982). Diese kleinen Nickeligkeiten sind es, die einen wesentlichen Einfluss haben auf die Art und Weise, wie kritische Lebensereignisse wirken. Sie haben weitaus mehr Einfluss auf den familialen Zusammenhalt als die kritischen Lebensereignisse selbst. Erst die Anhäufung von vielen Alltagsfrustrationen und kritischen Lebensereignissen führt zu einem Problemverhalten der Kinder und einer „Erziehungsresignation" bei den Eltern (Wertlieb, Weigel a. Feldstein 1987). Diese Forschungsergebnisse sind insbesondere für die Arbeit mit Eltern wichtig, die als Resultat ihrer „Erziehungsfrustration" ihr Kind bzw. ihren Jugendlichen beim Jugendamt abgeben wollen.

Verschiedene Studien (Bleuler 1978, 1984; Mednick et al. 1984; Masten et al. 1988; Rutter 1979, 1990, Werner a. Smith 1982), vor allem die Forschungsstudie von Werner and Smith (1992), die über 40 Jahre hinweg das Leben von rund 700 Kindern auf der Insel Kauai/Hawaii untersuchten) zeigen als Ergebnis, dass zu den wichtigsten Faktoren für eine positive Entwicklung der Kinder eine warme, emotionale Beziehung zu einer Person gegebenenfalls auch zu einer Ersatzperson außerhalb der Familie gehörte. Diese Person akzeptierte sie ohne Wenn und Aber. Die Kinder hatten jemanden, an den sie sich wenden konnten und entwickelten auch gleichzeitig das Gefühl, eigene Anstrengungen und Kompetenzen einbringen zu können.

Ferner war von Bedeutung, dass die resilienten Kinder alle mit der Ausführung von verantwortungsvollen Aufgaben betraut waren. Ausschlaggebend war, dass sie das Gefühl entwickeln konnten, gebraucht zu werden. Mädchen zeigten im Allgemeinen eine positivere Entwicklung und erwiesen sich in Hinblick auf einzelne Faktoren weniger vulnerabel als Jungen. In Bezug auf die Beiträge zur Resilienz eines Kindes, die die Familien leisteten, waren u. a. von Bedeutung: Wärme, Affekte, emotionale Unterstützung sowie ganz klare und verständliche Strukturen und Grenzen.

Für den Fall, dass die Eltern solche Beiträge nicht leisten konnten, ersetzten dies andere Personen wie ältere Geschwister, Tanten und Onkel, Großeltern und andere Personen in der weiteren Familie. Einen Beitrag zu einer größeren Resilienz des Kindes leisteten auch Kontakte und Beziehungen zu Freunden, Nachbarn, Lehrern, Pfarrern und anderen Mentoren (Rutter 1987; Werner a. Smith 1992).

PROTEKTIVE FAKTOREN

Farrington and West (1990) stellten in ihrer Londoner Studie[3] zur Delinquenzentwicklung folgende protektive Faktoren gegen Straffälligkeit von Kindern fest:

- Hohe Intelligenz
- Großer Wortschatz
- Beenden der Schule
- Leistungsorientiertes Arbeiten in der Schule
- Starkes Interesse der Eltern an der Bildung ihres Kindes bereits im Alter von acht Jahren
- Verbleib in der Schule bis mindestens 17 Jahre
- Keine oder wenige Freunde
- Nicht-delinquente Freunde
- Freunde in der Schule
- Betreiben von Einzelaktivitäten
- Größere Ängstlichkeit
- Starkes Introvertiertsein
- Hohe Beliebtheit bei anderen Kindern und Jugendlichen
- Hohes Selbstwertgefühl
- Kirchenbesuch

Resiliente Kinder und Jugendliche zeigen in diesen Studien ein Überzeugtsein von der eigenen Wirksamkeit sowie eine geringere Hilflosigkeit. Dies ist im Allgemeinen verbunden mit Selbstvertrauen und einem entsprechenden Selbstwertgefühl (Cowen et al. 1990; Garmezy 1985; Garmezy a. Derine 1984; Hetherington 1989; Rutter 1985; Werner 1990).

Kinder und Jugendliche, die sich über eine längere Zeit hinweg stabil resilient erweisen, sind in ihrer Problembewältigung aktiver. Sie „suchen bei Problemen und Schwierigkeiten wesentlich häufiger Informationen und auch Rat bei (anderen) Erwachsenen, sprechen auch Probleme ... an" und versuchen bei der Problemlösung Freunde und andere Erwachsene einzubeziehen (Bender 1995, S. 145 ff.). Resiliente Jugendliche zeigen eine größere Frustrationstoleranz, verhalten sich ruhiger, aufgeschlossener und sind auch kontaktbereiter.

---

[3] Die Studie umfasste 411 Londoner Jungen im Alter von acht bis neun Jahren, die in einem Arbeiterviertel lebten.

Des Weiteren zeigen sie eine höhere Aufgabenorientiertheit. Sie betrachten ihre persönliche Zukunft realistischer. Sie zeigen deutlich weniger Hilflosigkeitsgefühle. Sie sind weniger in einer Rückzugs- und Verweigerungshaltung verhaftet und neigen weniger zu problemvermeidenden Bewältigungsverhalten (Bender 1995, S. 145 ff.). Nicht-resiliente Kinder und Jugendliche erleben dagegen ihre Welt als ungeordneter und unstrukturierter. Sie betrachten ihr Leben und auch Ereignisse als weitgehend von Zufall, Glück, Schicksal oder Pech abhängig.

Rutter (1990) fand in seiner Studie heraus, dass resiliente Kinder in der Erziehung durch ihre Eltern mit Konsistenz, größerer Disziplin und elterlicher Kontrolle konfrontiert waren. Garmezy (1987), Hetherington (1989), Werner a. Smith (1989) wiesen in ihren Studien darauf hin, dass klare Verhaltensregeln, die Strukturierung des Alltags und eine konsequente Erziehungsdisziplin durch die Eltern wichtige Schutzfaktoren für eine positive Entwicklung darstellen. Baldwin a. Cole (1990) betonen aufgrund ihrer Untersuchung, dass die elterliche Kontrolle (Monitoring) vor allem bei armen Familien mit ihren vielfältigen Risiken im sozialen Umfeld für die Kinder einen Schutzfaktor darstellt, die Kinder vor Gefahren zu schützen, und zu einer positiven kindlichen Anpassung beiträgt – während dies bei Familien aus der Mittelschicht negative Auswirkungen hat. Hawkins, Catalano a. Miller (1992) fanden ebenfalls heraus, dass klare Regeln, Lob, elterliche Aufsicht und die Abwesenheit von unfairer Kritik mit dazu beitrugen, dass die Kinder keine devianten Verhaltensweisen entwickelten.

Die positiven Ergebnisse in Hinblick auf die Bedeutung von elterlicher Kontrolle (Monitoring) und Aufsicht sollten meines Erachtens wesentlich mehr Berücksichtigung finden in der Arbeit mit armen Familien. Diesem elterlichen Erziehungsstil könnte von Seiten professioneller Helfer mehr Respekt entgegengebracht werden, da er in den Lebenszusammenhängen dieser Familien offensichtlich einen wichtigen Faktor darstellt, die Kinder gut aufzuziehen. Ferner müssten Eltern, die in sozial schwierigem Umfeld ihre Kinder aufziehen müssen, ermutigt werden – trotz ihrer eigenen Probleme –, ihren Kindern gegenüber verstärkte Aufmerksamkeit zu zeigen sowie Interesse an deren Aktivitäten.

Resiliente Jugendliche verfügen häufiger über außerfamiliale Kontakte und Bezugspersonen, zu diesen gehören u. a. Nachbarn,

Lehrer, Pfarrer oder andere Erwachsene (Werner 1993). Diese Ersatz- oder Ergänzungspersonen spielen bei resilienten Kindern und Jugendlichen eine wesentliche Rolle. Sie füllen die Lücke, die die Eltern offen lassen.

In Bezug auf das soziale Netzwerk von Jugendlichen ist es bedeutsam, dass bei resilienten Jugendlichen Freunde bzw. Freundinnen eine wesentliche soziale Unterstützung darstellen. Bei delinquenten Jugendlichen hat der mögliche negative Einfluss von Freunden und Peer-Gruppen im Zusammenhang mit anderen Risikoverhaltensweisen (z. B. Drogen) ungünstige Auswirkungen. Resiliente Jugendliche zeichnen sich dadurch aus, dass sie ihr soziales Netz offensichtlich differenzierter nutzen (Bliesener 1988). Delinquente Jugendliche haben tendenziell mehr gute Freunde, sind eher in eine Peer-Gruppe eingebunden, in der sich Jugendliche mit ähnlichen Problembelastungen befinden (Bender 1995, S. 161).

Geschlechtsspezifische Aspekte spielen in verschiedenen Entwicklungsphasen eine nicht zu unterschätzende Rolle, z. B. bei Jungen, die in der Kindheit größeren Risiken ausgesetzt sind, und Mädchen, die besser Notlagen überwinden können, jedoch eher in der Adoleszenz Problemverhalten zeigen. Erklärungen hierzu sind sicherlich in der geschlechtsspezifischen Sozialisation zu suchen. So hat man festgestellt, dass die frühe Übernahme von Verantwortung im Haushalt und in der Geschwisterversorgung halfen, ein Kompetenzgefühl zu entwickeln.

Die Abwesenheit des Vaters in der Kindheit war bei Jungen mit negativen Folgen verknüpft, während dies bei den Mädchen weniger zutraf. In der Studie von Bender (1995), die 33 bzw. 71 Heimjugendliche untersuchte, hatten resiliente Jugendliche signifikant seltener Kontakte zu ihrem Vater. Wenn jedoch ein Vater vorhanden war, hatten sie häufiger Kontakt mit ihm als nicht-resiliente Jugendliche. Bei nicht-resilienten Jugendlichen scheinen seltenere Kontakte zum Vater die Vulnerabilität zu erhöhen. Die Jugendlichen interpretieren die seltenen Kontakte des Vaters – sie selbst wünschen sich mehr Kontakte – als Desinteresse an ihrer Person. Dies wird als kränkend erlebt und wirkt sich problemaufrechterhaltend aus (Bender 1995, S. 163). Bei resilienten Jugendlichen ist die Trennung vom Vater offensichtlich klarer.

Die Studien zur Resilienz zeigen deutlich, dass potenziell gefährdende Ereignisse auch immer das Potenzial in sich haben, einen

„stählernden Effekt" auszuüben, wenn sie erfolgreich bewältigt werden (Anthony 1987).
Die führenden Vertreter der vorwiegend angloamerikanischen Resilienzforschung (Anthony 1974; Cowen a. Work 1988; Masten a. Garmezy 1985; Rutter 1985; Werner 1984, 1989; Cicchetti a. Garmezy 1993; Pelligrini 1990; Hetherington 1989; Farrington 1989, 1992) setzen im Allgemeinen ihren Fokus auf die Entwicklung von Erwachsenen in Bezug auf die Belastungen und Benachteiligungen, die sie in der Kindheit und Jugend erlebt haben und wie sich daraus entstandene Risiken entwickelten. Die Familie wurde vorwiegend als Ursache für das Leid der Kinder betrachtet. Dementsprechend wurde in den Studien eher darauf geachtet, welche Ersatzbeziehungen außerhalb der Familien für die sich traumatisierend verhaltenden Eltern bestanden – um so dem „zerstörerischen" Einfluss der Eltern entgegenzuwirken. Die potenziellen Ressourcen der Familien wurden bisher nicht gesehen (Walsh 1993).

Aus familientherapeutischer Perspektive gilt es meines Erachtens darauf zu fokussieren, wie es den Familien – und nicht nur den Individuen – gelingt, ihren Aufgaben und Anforderungen – und sei es auch in Teilen – gut funktionierend nachzukommen.

Resilienzforschung und Schlussfolgerungen für andere Theorien

Beschäftigt man sich eingehender mit den Ergebnissen der Resilienzforschung, trägt dies gegebenenfalls dazu bei, sich von einer Reihe von weit verbreiteten Ideen zu verabschieden. So werden meines Erachtens die Ergebnisse der Bindungsforschung ein wesentliches Stück in der ihr zugeordneten hohen Bedeutung relativiert. Immer wieder stellte sich – vor Kenntnis der Forschungsergebnisse zur Resilienz – für mich die Frage, was die bindungstheoretischen Überlegungen und Forschungsergebnisse bedeuten in Hinblick auf das Aufwachsen von Kindern aus Familien,

- in denen diese Bedingungen nicht gegeben sind,
- in denen die gelungene Bindung, die ein gutes Aufwachsen sichern soll, nicht möglich ist,
- wenn gesellschaftliche Bedingungen es zunehmend erschweren und diese Grundzutaten des Aufwachsens dem Kind und den Eltern nicht zur Verfügung stehen.

Psychodynamische Theorien und aus ihr abgeleitete Therapie- und Beratungsansätze setzen in dieser Frage an dem Nachholen dieser Bindung an, wodurch bestehende Bindungsdefizite aufgeholt werden sollen. Diese Überlegungen setzen voraus, dass die Klienten sich auf eine entsprechend gestaltete Therapie bzw. Beratung einlassen. Die Frage stellt sich, was mit den Menschen geschieht, für die dieser Zugang nicht gegeben, nicht möglich oder nicht sinnvoll ist?

Die vielfältigen Verarbeitungsformen von schwierigen Lebensereignissen und Lebensbedingungen auch und vor allem von armen Familien bzw. deren Mitgliedern zeigen einen hohen Grad an individuellen Gestaltungsmöglichkeiten, mit den daraus resultierenden Erfahrungen umzugehen. Ersatzbindungen und Nachholen von Bindungserfahrungen anzubieten, stellt dabei jedoch meines Erachtens nur eine – eingeschränkte – Möglichkeit dar. Darüber hinaus gilt es, die Ergebnisse der Resilienzforschung in der Arbeit mit armen Familien verstärkter zu berücksichtigen, als dies bisher auch und vor allem in der Jugendhilfe erfolgte.

Insbesondere aus systemischer Sicht gilt es, die alles entscheidende Rolle, die bisher den Erfahrungen in frühen Lebensphasen gegeben wurde, angesichts der Ergebnisse der Resilienzforschung nicht in dem bisherigen Umfang bzw. Gewicht weiter aufrechtzuerhalten. Sich auf die Erkenntnisse von – auch familialer – Resilienzforschung einzulassen, heißt auch, Abschied zu nehmen von der unter professionellen Helfern vorherrschenden Idee, dass frühe oder schwere traumatische Kindheits- und Jugenderfahrungen nicht ungeschehen gemacht werden könnten und dass sich diese Traumata in der Regel negativ auf die weitere Lebensbewältigung auswirken „müssen". Es gilt Abschied zu nehmen von der Vorstellung, dass größtes Elend und Notlagen für immer zerstörerisch auf das Leben von Menschen wirken.

Menschen sind flexibler in ihrem Umgang mit den Herausforderungen in ihrem Leben, als dies bisher angenommen wurde. Mehr noch, Resilienz kann nicht einfach durch die positive Gestaltung von frühen Interaktionen für immer hergestellt werden. Wichtig ist zu betonen, dass Resilienz zu jedem Zeitpunkt im Lebenszyklus entwickelt wurde und werden kann (Werner a. Smith 1992). Die Abwärtsspiralen können zu jedem Zeitpunkt im Leben umgedreht werden.

Die noch immer weit verbreitete Fokussierung auf den mütterlichen Einfluss und den Schaden, den ein Elternteil anrichten kann, übersieht die Bedeutung von Geschwistern sowie des Netzwerks der erweiterten Familie. Die Bedeutung einer großen Bandbreite von unterstützenden Beziehungen ist in jedem Alter nicht zu unterschätzen (Werner a. Smith 1992; Walsh 1998). Menschen sind nicht ihr Leben lang Opfer ihrer Kindheit. Resilienz bedeutet mehr als Überleben oder davon zu kommen. Das Gegenteil ist der Fall: Ihre Erfahrungen können dazu beitragen, auch andere schwierige und widrige Lebenssituationen zu bewältigen und zu meistern. Resilienz ermöglicht es den Menschen, sehr schmerzhafte Wunden zu heilen, Verantwortung für ihr Leben zu übernehmen und ihr Leben voll anzunehmen.

Nicht selten wird Resilienz gleichgesetzt mit Invulnerabilität (Unverletzlichkeit). Menschliche Verletzlichkeit wird dann gleichgesetzt mit Schwäche und Invulnerabilität mit Stärke. Es ist wichtig, in der Diskussion über Resilienz nicht diejenigen, die nicht-resilient sind, zu beschuldigen, sie hätten nicht die richtige Chemie, um aus ihren Erfahrungen von Elend und Not Stärken und Fähigkeiten zu entwickeln. Daher ist – bei allen positiven Aspekten, die die Resilienzforschung in den Vordergrund stellt – sicherlich davor zu warnen, dass die Politik nicht diese Erkenntnisse aus der Resilienzforschung benutzt, um Hilfemaßnahmen zu streichen oder Ungleichheiten bestehen zu lassen.

NORMALITÄT UND NORMALE FAMILIEN

Als ich vor rund zehn Jahren das Konzept der aufsuchenden Familientherapie – angelehnt an das Konzept verschiedener Mitarbeiter von Minuchin (Fussner 1992; Colapinto 1997) – entwickelte, war eines der für mich eindrücklichsten Erlebnisse eine Unterredung mit einem Fachdienst. In diesem Gespräch wurde ich mehr als eindringlich und deutlich darauf hingewiesen, dass diese Familien nicht behandelbar seien, dass es ethisch nicht vertretbar sei, mit Klienten zu arbeiten, die nicht motiviert seien. Die mir entgegengebrachte Skepsis erschreckte mich und erstaunt mich auch heute immer wieder: Diesen Familien sei letztlich nicht zu helfen. Meine Gegenfrage lautet dabei seit einiger Zeit stets: Was gibt uns professionellen Helfern das Recht, Klienten aufzugeben?

Als ich von einer Studie von Higgins (1994) über resiliente Erwachsene las, in der er feststellte, dass die meisten in seiner Befragungspopulation Therapeuten waren, habe ich schmunzeln müssen. Viele von uns professionellen Helfern haben Not und Elend, ja gar Traumata und schwere Erlebnisse selbst erfahren.[4] Diese Erfahrungen ermöglichen es oft erst, mit Familien hilfreich zu arbeiten. Professionelle Helfer wissen dann, wovon die Familien sprechen, wenn sie ihre schwierigen Lebensbedingungen und Probleme schildern. Berühmte Therapeuten und Forscher, wie z. B. Jean Piaget, haben aufgrund ihrer Beeinträchtigungen (seine Mutter zeigte psychotische Verhaltensweisen) Fähigkeiten entwickelt, die ihnen nicht nur halfen, in ihren Familien zu überleben, sondern später auch zu erheblichen Erkenntnissen in unserem Feld beizutragen.

In diesem Zusammenhang soll ein weiteres Ergebnis der Resilienzforschung herausgestellt werden. Nach Anthony (1987) nehmen fast die Hälfte der Kinder aus hochrisikobesetzten Lebensumständen eine normale und sogar 51–62 % eine außergewöhnlich positive Entwicklung; zu ähnlichen Ergebnissen kamen Rutter (1985), Werner and Smith (1992) sowie Kaufman and Zigler (1987). Letztere stellten in ihrer Studie auch fest, dass die meisten als Kinder misshandelten Erwachsenen ihre Kinder wiederum nicht misshandeln (ein ähnliches Ergebnis ermittelte Honig 1986).

In der Betrachtung der Resilienz von Familien ist es nicht unerheblich, die Mythen im Hinblick auf so genannte normale Familien anzuschauen:

- normale Familien seien problemfrei
- und die traditionelle Familie sei die einzige Form.

Es besteht vielfach – auch bei professionellen Helfern – ein Familienbild, das eigentlich nur in den 50er-Jahren des 20. Jahrhunderts gültig war. Froma Walsh hat eine meines Erachtens sehr zutreffende Definition von normalen Familien vorgenommen, wenn sie sagt, *dass normale Familien die Familien sind, die klinisch noch nicht diagnostiziert wurden* (1993).

---

4 Meines Erachtens stellen solche Erfahrungen eine wichtige Voraussetzung dar, Klienten zu verstehen; sie sind ein wichtiger Bestandteil der Beziehungsarbeit (Wedekind 1986) und nicht Ausdruck einer Hilflosigkeit von Helfern.

Resiliente Familien

In der Arbeit mit armen Familien zeigen diese immer wieder, dass sie trotz schwerster Beeinträchtigungen und Traumatisierungen in ihrer eigenen Kindheit für ihre Kinder sorgen und ein funktionales Familienleben führen bzw. führen können. Ihre Potenziale zur Selbstreparatur und ihre Fähigkeiten, an Herausforderungen auch in krisenhaften Situationen zu wachsen, sind deutlich zu spüren. Für resiliente Familien bzw. Familienmitglieder ist es charakteristisch, aus traumatischen Erfahrungen zu lernen und bewusst positive Entscheidungen zu treffen. Salvador Minuchin war einer der ersten Familientherapeuten, der verdeutlichte, dass der Erfolg von Interventionen ebenso von den Ressourcen einer Familie abhängt wie von den Fähigkeiten des Therapeuten, diese zu aktivieren (Minuchin u. Nichols 1993).

Froma Walsh (1998) empfiehlt Familientherapeuten in der Arbeit mit (armen) Familien:

Die Familienmitglieder sind in ihrer Zusammenarbeit zu unterstützen, um dadurch dazu beizutragen, ihre neuen und erneuerten Kompetenzen aufzubauen bzw. auszubauen, sich gegenseitig zu unterstützen und in ihrem Glauben zu bestärken, dass ihre Familie auch in schwierigen Zeiten zusammenbleiben wird. Diese Unterstützung schafft ein Familienklima, das ihnen hilft, eine Haltung zu entwickeln, als Familie gemeinsam auch unüberwindbar geglaubte Hindernisse überwinden zu können. Aufgrund der gemeinsamen Anstrengung, der gemeinsamen Ressourcen und ihrer Fähigkeiten sammeln die Familienmitglieder Erfolgserfahrungen, die über gängige Problemlösungsansätze hinausgehen und zur Problemprävention beitragen.

Nach Beavers and Hampson (1990) ist bei resilienten Familien, die hochfunktional in Notsituationen reagieren, der Erfolg in der Lösung von Problemen wesentlich gekoppelt an folgende Sichtweisen:

- Erfolg ist in Teilen abhängig von Variablen, die außerhalb ihrer Kontrolle liegen.
- Sie selbst können einen Unterschied herbeiführen und Situationen beeinflussen.

- Sie akzeptieren die menschlichen Begrenzungen.
- Sie halten niemanden für total hilflos, und
- niemand kann alles beeinflussen.

Ihr Selbstbewusstsein entwickelt sich aus der relativen Kompetenz, die aus der positiven Bewältigung von Aufgaben entsteht – und nicht aus der absoluten Kontrolle der Situation im Umgang mit Herausforderungen.

Als hinderlich ergeben sich für Familien nach einer anderen Studie von Beck et al. (1987) drei Aspekte:

1. Das Unterschätzen von Stärken
2. Das Überbetonen von jedem Fehler
3. Die Entwicklung einer Katastrophenstimmung

Familien, die dem Bild einer Idealvorstellung von Normalfamilien nicht entsprechen, werden häufig stigmatisiert und pathologisiert. Viele dieser Familien wollen daher keine Hilfen annehmen oder sie ersuchen nicht zeitiger um Hilfe, da sie befürchten, als dysfunktional und unzureichend funktionierend betrachtet zu werden. Carl Whitaker (Whitaker a. Keith 1981) betonte, dass gerade der Versuch, dem allgemeinen Modell von Familie zu entsprechen, oft gerade die Ursache für die Probleme und die Not in vielen Familien – und vor allem bei Jugendhilfefamilien – ist.

Interessant ist in diesem Zusammenhang, sich zu vergegenwärtigen, dass nicht selten Individuen für ihren Erfolg gelobt werden, Familien werden jedoch für jede Art von Versagen beschuldigt, und nur ganz selten für einen Erfolg anerkannt (Walsh 1993).

FAMILIALE GRUNDLAGEN UND SCHLÜSSELPROZESSE IN DER RESILIENZ VON FAMILIEN

a) Glaubenssysteme

Wie Familien ihre Probleme und auch ihre Möglichkeiten zur Lösung betrachten, hat deutliche Auswirkungen auf ihre Art, die Probleme zu bewältigen. Ob sie in Verzweiflung und Ratlosigkeit stecken bleiben oder Wege finden, ihre Probleme konstruktiv zu lösen, ist eng im Zusammenhang mit ihren jeweiligen Glaubenssystemen zu sehen. Sie stellen eine nie zu unterschätzende Kraft in der psychischen Widerstandsfähigkeit von Familien dar.

Für professionelle Helfer besteht eine der Hauptaufgaben darin, diese Glaubenssysteme in Erfahrung zu bringen, sie in ihren einschränkenden Wirkungen zu erkunden und schließlich zu einer Reorganisation der Glaubenssysteme und Familiengeschichten beizutragen.

b) Begründung von Vertrauen

Familienmitgliedern hilft es am besten, mit Notlagen umzugehen, wenn in der Familie ein grundlegendes Vertrauen zueinander besteht (Beavers a. Hampson 1990). Um Nähe und Unterstützung sowie Vertrauen, Freude und Zuwendung zu erreichen, ist das Zutrauen in das grundlegende Wohlgesonnensein des anderen essenziell.

Bei einem starken Sinn für den familialen Zusammenhalt steigt das Vertrauen in die Fähigkeit, die Probleme bewältigen zu können. Die Probleme werden eher als einordbar, vorhersehbar und erklärbar betrachtet. Wenn eine Familie ähnliche Krisen oder Übergänge in der Vergangenheit erfolgreich gemeistert hat, entwickelt sie ein größeres Vertrauen, die gegenwärtigen krisenhaften Situationen zu bewältigen. Daher ist es für Familientherapeuten wichtig, bisherige positive Problemlösungserfahrungen der Klienten herauszuarbeiten. „Wenn diese schwierigen Situationen in der Vergangenheit so gut bewältigt wurden ... dann stellt sich die Frage, was einzelne Familienmitglieder jetzt brauchen, um die Probleme auch jetzt zufrieden stellend angehen zu können?"

Familien versuchen in der Regel, Erklärungen und Begründungen für ihre Notlagen zu finden. Einige Familien denken, dass sie ihr „Unglück" verdient haben, weil sie in der Vergangenheit schuldig geworden sind. Wiederum einige sehen die Schuld bei *anderen* oder betrachten sich als Opfer einer feindlichen Umwelt, die sie nicht beeinflussen können. Als dysfunktional beschriebene Familien zeigen die Tendenz (Beavers a. Hampson 1990), an einer Erklärung festzuhalten und andere für ihre Notlage verantwortlich zu machen. In ihrer Tendenz, sich häufig gegenseitig zu beschuldigen und auch einzelne Familienmitglieder zum Sündenbock zu machen, neigen sie zu mehr Konflikten und geringerer Solidarität untereinander.

Daher ist es hilfreich, sich folgende Fragen zur Sinngebung des Problems zu stellen:

- Was für einen Sinn geben die Familienmitglieder dem Problem bzw. der Krise?
- Wie ist es zu diesem Problem bzw. dieser Krise gekommen?
- Geben sie sich selbst oder anderen die Schuld?
- Denken sie, die Krise sei zufällig oder mit Absicht aufgetreten?
- Sind die Familienmitglieder sehr mit Schuldgedanken und Schamgefühlen beschäftigt?
- Welche Übereinstimmungen und/oder Unterschiede in der Sichtweise zur Sinngebung gibt es bei den einzelnen Familienmitgliedern?
- Welche Verbindungen stellen sie zwischen vorherigen Problem- und Notsituationen und der Geschichte der Familie her?

c) Ausdauer

Ein Hauptelement von Resilienz stellt die Fähigkeit dar, in einem ausdauernden Bemühen die Notsituationen und Schwierigkeiten zu überwinden. Diese Zähigkeit, immer wieder wie ein Stehaufmännchen sich aufzurichten, immer wieder mit den Füßen den Boden zu finden, dies ist eine zentrale Eigenschaft von resilienten Menschen. Lilian Rubin (1996) sagt. „wir müssen in der Lage sein, sieben Mal hinzufallen und das achte Mal aufzustehen" (Übersetzung von Marie-Luise Conen).

Aufrechterhalten von Hoffnung

Emil Brunner (1984) betont die Wichtigkeit von Hoffnung: „Was Sauerstoff für unsere Lungen ist, bedeutet Hoffnung für das Leben." Angesichts der uns überflutenden Hindernisse und Notsituationen die Hoffnung aufrechtzuerhalten, trägt dazu bei, dass Familien bzw. Familienmitglieder ihre Fähigkeiten, Kompetenzen und Ressourcen aktivieren können. Resiliente Familien zeichnen sich durch die Haltung aus: „Wir werden immer einen Weg finden!"

Resiliente Familien akzeptieren, dass zum Menschsein dazugehört, Fehler zu machen, und dass Dinge schief laufen. Sie wissen, dass angesichts von schwierigen Situationen Angst aufkommen kann und Unterstützung notwendig ist (Beavers a. Hampson 1993). Sie neigen dazu, die Initiative zu ergreifen, aber auch Situationen, die nicht veränderbar oder zu kontrollieren sind, zu akzeptieren und so gut zu meistern, wie es ihnen möglich ist (Higgins 1994). Resilienz fordert von den Betroffenen, die Grenzen der eigenen Einflussmöglichkeiten zu akzeptieren.

Viele Jugendhilfefamilien, die chronisch verarmt und entsprechenden belastenden Bedingungen ausgesetzt sind, haben den Glauben an ihre Zukunft verloren. Harry Aponte (1994) weist eindringlich darauf hin, wie das alles durchdringende Erleben von Ungerechtigkeit, Hilflosigkeit und Wut über vorenthaltene Chancen, ein besseres Leben zu führen, zu einer Deprivation sowohl von „Brot" als auch „Geist" führt. Die Familien leiden (Aponte 1994) nicht nur unter Armut und Verzweiflung, sondern auch unter dem Verlust von Sinnhaftigkeit, Hoffnung und Bedeutungsgebung. Es ist für sie ein alles durchdringendes Erleben von Ungerechtigkeit, Hilflosigkeit und Wut, die ihre Wurzeln darin haben, dass ihnen der Zugang zu Chancen, Einflussnahme und Privilegien in der Gesellschaft verwehrt wird. Aponte weist darauf hin, dass wir als professionelle Helfer nicht nur nach Problemlösungen Ausschau halten sollen, sondern auch den „spirituellen Hunger" dieser Familien nicht vernachlässigen dürfen. Sie brauchen auch Ideen davon, warum sie leben. Sie brauchen darin Unterstützung, mit ihren Ideen und Zielen sowie Traditionen und Ritualen wieder in Verbindung zu kommen. Wenn sie wieder Zukunftsträume entwickeln, können die Familien Lösungen für ihre Probleme aufleben lassen, und ihr Stolz und ihre Würde können wachsen (Aponte 1994; Walsh 1995).

Familiale Stossdämpfer

Zu den Aspekten, die dazu beitragen können, dass Familien in Krisen und Notsituationen erhöhten Belastungen und Anforderungen standhalten und konstruktiv und sozial akzeptiert Probleme lösen, gehören:

– Stabilität
Durch die an sich selbst und an andere gerichteten Erwartungen erfahren die Familienmitglieder eine hilfreiche Stabilität (u. a. Olson, Russel a. Sprenkle 1989).

– Flexibilität und Veränderungsfähigkeit
In resilienten Familien sind Regeln flexibel, angemessen und veränderbar (Holtzworth-Monroe a. Jacobson 1991).

Überwiegendes Merkmal von dysfunktionalen Familien ist Desorganisation (Olson, Russel a. Sprenkle 1989):

- Es bestand zu viel oder keine Struktur.
- Die Führung durch die Eltern war entweder eingeschränkt oder sprunghaft.
- Die Rollen waren unklar oder ständig wechselnd.
- Entscheidungen wurden impulsiv oder nicht gut überlegt getroffen.
- Versprechen oder Pläne wurden nicht unbedingt eingehalten.
- Disziplinierung und Grenzen setzen bei den Kindern schwankte zwischen striktestem Durchsetzen und keinerlei Reaktion.
- Die meisten Entscheidungen wurden angeordnet.
- Für die Kinder gab es wenig Spielraum.
- Regeln wurden unflexibel gehandhabt.

ANGST VOR VERÄNDERUNGEN

Häufig werden bestimmte Verhaltensweisen von Klienten als Widerstand bezeichnet. Viele Jugendhilfefamilien sind frustriert und werden misstrauisch auch gegenüber ihnen wohlgesonnenen Helfern. Sie haben immer wieder negative Interaktionen und Erfahrungen mit den vielen beteiligten Systemen erleben müssen. In gewisser Weise sind sie regelrecht auf der Hut vor weiteren professionellen Helfern (Walsh 1993; Imber-Black 1990). Ihre pessimistische Haltung ist verständlich angesichts der Enttäuschungen, die sie immer wieder machen. Auf Seiten der professionellen Helfer sind daher ausgeprägte Ausdauer und Zähigkeit erforderlich, um bei widerstrebenden und sich erneuten Hoffnungen widersetzenden Familien wieder Vertrauen und Akzeptanz herzustellen.

Ihre Zurückhaltung oder gar Abwehr ist Ausdruck ihrer Ängste vor Veränderungen. Sie befürchten, die Kontrolle über ihr Leben zu verlieren. Ihre Ängste, dass ihr Leben aus den Fugen geraten könnte, werden häufig als „Widerstand" betrachtet. Sie befürchten, es könne ihnen wie einem LKW-Fahrer mit wenig Erfahrung im Gebirge ergehen (Walsh 1998).

Die Angst vor Veränderungen sollte von professionellen Helfern absolut nicht unterschätzt werden. Die alles überschwemmende Hilflosigkeit angesichts permanenter Krisen führt dazu, dass sich in den Köpfen der Klienten die Idee festsetzt, die nächste Katastrophe komme bestimmt, wenn sich die Dinge erst einmal in Bewegung setzen und sich verändern. Sie gehen davon aus, dass Veränderungen – wie dies für sie meist in der Vergangenheit der Fall war – häufig mit radikalen Einschnitten verbunden sind, mit Einschnitten, die nicht wieder rückgängig zu machen sind.

(Familien-)Therapien und Beratungen stellen in diesem Zusammenhang eine außerordentliche Bedrohung dar, da in der Regel deren Ziel ist, Veränderung herbeizuführen. (Familien-)Therapeuten und Berater sind meines Erachtens eine Personifizierung von Veränderung bzw. Veränderungsaufforderung – und können somit eine Bedrohung vor allem bei Jugendhilfefamilien sein. Daher gilt es, den größten Respekt zu haben nicht nur vor veränderungsbereiten Klienten, sondern auch vor dem Zögern und der Zurückhaltung, auch vor gar mancher „Abwertung" unserer veränderungsorientierten Arbeit durch Klienten (Walsh 1993).

Die Angst davor, dass ihnen Veränderungen aus dem Ruder laufen, die Bremsen im Gebirge versagen und dann alles außer Kontrolle gerät, ist vor allem in Krisensituationen vorzufinden und wirkt sich daher meist chaotisierend auf die Organisation des Familienlebens aus. Allerdings sind Krisen oft ein wichtiger Ansatzpunkt dafür, dass sich (Jugendhilfe-)Familien neu organisieren und eine andere funktionalere Ebene des Familienalltags zu entwickeln versuchen.

Das Stärken von vulnerablen Jugendhilfefamilien

In der Arbeit mit Jugendhilfefamilien sind u. a. folgende Aspekte auffallend:
In Bezug auf die Familie und Kinder:

- Es sind häufig Stiefväter in den Familien vorhanden.
- Die Mütter zeigen meist einen inkonsequenten Erziehungsstil.
- Die Mütter fühlen sich durch das auffällige Verhalten ihres Kindes meist schon seit langem überfordert.
- Falls ein Stiefvater vorhanden ist, versucht er meist durch einen eher rigiden Erziehungsstil auf die aus dem Ruder laufende Erziehung bzw. auf die auffälligen Verhaltensweisen zu reagieren.

- Verhaltensauffälligkeiten von Kindern sind schwerpunktmäßig vornehmlich bei Jungen zu finden, Mädchen zeigen abweichende Verhaltensweisen eher als Jugendliche.
- Die Verhaltensauffälligkeiten der Jungen sind meist seit dem Kindergarten bekannt, meist sorgt das auffällige Verhalten des Jungen ab der 2. oder 3. Klasse – wenn die Geduld der Lehrer zu Ende ist – für Meldungen an Behörden wie dem Jugendamt.
- Diese Jungen zeichnen sich durch eine Nichtbeziehung zu ihren Vätern aus.
- Über den Vater des verhaltensauffälligen Jungen wird seitens der Mutter entweder äußerst negativ gesprochen oder der Vater stellt gar kein Thema dar. Er ist ein Tabu, das es dem Jungen nicht ermöglicht, Fragen über seinen Vater zu stellen.
- Erhalten die Jungen keine Auskunft über ihre Väter – oder nur in Andeutungen sehr negative Darstellungen –, bilden sich bei ihnen äußerst negative Phantasien zum Leben ihres Vaters.

In Bezug auf die mögliche Abfolge von Hilfeangeboten:

- Die Reaktionen der Jugendhilfe sind trotz des Kinder- und Jugendhilfegesetzes, das eine Familienperspektive einfordert, häufig vom Fokus auf das auffällige Kind geprägt.
- Daher erhält der Junge nicht selten Hilfemaßnahmen in Form von kindzentrierten Einzel- und Gruppenangeboten, die seiner individuellen Förderung dienen sollen.
- Nach einiger Zeit – meist ist der Junge mittlerweile zehn bis zwölf Jahre alt – sind zunehmende Verhaltensauffälligkeiten nicht mehr mit diesen, auf den Jungen zielenden Hilfeangeboten in dem gewünschten Umfang zu beeinflussen.
- Nun beginnt ein Eskalieren der Verhaltensauffälligkeiten des Jungen.
- Dem steht eine zunehmende Hilflosigkeit seitens der Mutter sowie eine Zunahme der Rigidität und Hilflosigkeit beim Stiefvater gegenüber.
- Bei den professionellen Helfern setzt die Suche nach weiteren geeigneten Maßnahmen ein.
- Bedauerlicherweise gewinnen familienbezogene Maßnahmen oft erst in dieser Phase eine größere Bedeutung.

- Da die Eltern inzwischen jedoch durch das stark eskalierende Problemverhalten ihres Kindes nicht nur resigniert, sondern auch voller Ärger und Wut auf das Kind sind, ist es schwierig, Zugang zur Familie zu finden.
- Der Junge entzieht sich verstärkt den elterlichen Anweisungen und demonstriert durch sein weiteres Verhalten, dass er sich den häuslichen Anforderungen entzieht.
- Der Junge hat den Eltern den Respekt und ihre Autorität aufgekündigt (Cecchin 1999; 2002).
- Die Erwartungen der Eltern an angebotene Hilfe sind nicht nur von großer Skepsis geprägt, sie sehen deren Sinnhaftigkeit häufig nicht (mehr) ein.
- Die Eltern wollen nur noch die Ursache ihrer Kränkung, als Erziehungsberechtigter „versagt" zu haben, aus ihrem Blickfeld entfernt sehen.
- Sie drängen auf eine Unterbringung des Jungen in einer Einrichtung, möglichst in einer, in der er vor ihnen weggeschlossen wird.

Diese häufig zu verzeichnenden Entwicklungen waren Anlass für mich, nach geeigneten Wegen zu suchen, diesen Ablauf positiv zu beeinflussen und das Konzept der „Aufsuchenden Familientherapie" zu entwickeln.

Krisen sind in Jugendhilfefamilien ein permanenter Begleiter, sie sind oftmals die einzige Konstante im Leben dieser Familien. Jede Krise bedroht die Familien jedoch so stark, dass sie befürchten, in den Abgrund gezogen zu werden. Die immer wiederkehrenden Krisen führen zu ständigen Unterbrechungen und Belastungen im Familienleben und in der Entwicklung der einzelnen Familienmitglieder, hier insbesondere der Kinder.

Angesichts der vielfältigen Probleme und Traumatisierungen ist die Übernahme der elterlichen Verantwortung und Anleitung der Kinder oftmals wenig effektiv und nur sporadisch. Das Setzen von Grenzen und die Disziplinierung der Kinder ist eher inkonsistent oder geschieht in einer Alles-oder-nichts-Haltung, ohne dass ein konsequentes Vorgehen eingehalten wird. Viele Eltern – vor allem die von delinquenten Kindern und Jugendlichen – geben ihre elterliche Autorität ab. Dies führt einerseits bei den Kindern und auch bei den Jugendlichen zu einer Zunahme von Verhaltensauffälligkeiten, die regelrecht danach rufen bzw. schreien, dass ihnen Erwachsene Grenzen setzen.

Die Eltern andererseits – vor allem die allein erziehenden Mütter – fühlen sich so ausgelaugt, dass sie nur noch die Flucht aus der Verantwortung als Ausweg sehen. Drohungen, alles hinter sich zu lassen oder gar auch Gewalt gegenüber den Kindern auszuüben, stammen meist aus einer großen Verzweiflung über ihre unzureichenden Möglichkeiten, Einfluss auf das Problemverhalten ihres Kindes zu nehmen. Durch den dauerhaften Stress, den diese Eltern oft über Jahre erleben, sind sie emotional ausgelaugt. Sie reagieren dabei mit Resignation und Aufgeben, lassen alles laufen, bis die nächste Polizeistreife ihren Sohn bei ihnen abliefert, wissen nicht mehr, was sie tun können, und wollen dann nur noch, dass das Jugendamt ihnen diesen Sohn abnimmt, am besten in eine Einrichtung fernab, von wo aus er sie nie wieder als personifizierte Kränkung ihres „Erziehungsversagens" belästigt. Gegebenenfalls reagieren sie aber auch mit verstärkt rigiden Kontrollversuchen, die zu weiteren Eskalationen beitragen, da sich die Eltern im Vorgehen nicht einig sind.

Es ist daher u. a. notwendig, in diesen Familien die Eltern wieder in ihre Rolle zu verhelfen, die elterliche Autorität zu übernehmen und ihren Kindern Regeln und Grenzen zu setzen. Dabei ist es hilfreich, mit den Eltern konkrete Aufgabenstellungen zu erarbeiten, mit deren Bewältigung sie positive Erfahrungen sammeln.

Familientherapeuten können einen erheblichen Beitrag zur Stabilisierung alleine dadurch leisten, dass sie den Familien helfen, ein größeres Bewusstsein dafür zu entwickeln, wann bestimmte Stresssituationen und sich bündelnde Anforderungen das Risiko erhöhen, die Familie in Schwierigkeiten geraten zu lassen. Diese Familien können lernen, wie sie höherem Druck und störanfälligen Veränderungen so begegnen, dass diese reduziert bzw. verschoben werden. Wenn Familien mit zu vielen Stressfaktoren konfrontiert sind, reagieren sie darauf meist mit Fehleinschätzungen, Erschöpfung und einer sich reduzierenden Kompetenz.

Unzureichende oder nicht ausreichend die Erfahrungen und Dynamiken dieser Familien berücksichtigende Hilfeangebote sind vielfach von der Vorüberlegung geleitet, dass diesen Familien eh nicht zu helfen sei. Vorannahmen, diese Familien seien nicht zu erreichen, überwiegen und erschweren die Chancen, ihnen eine angemessene – familientherapeutische – Hilfe zukommen zu lassen.

Die Frage zu stellen, ob diese von Problemen überschwemmten Familien motiviert sind, heißt, die falsche Frage zu stellen. Die Frage müsste lauten: „Wie können wir diesen Familien helfen, ihren Kopf über Wasser zu halten, um die Anstrengungen auf sich zu nehmen, Veränderungen anzugehen?" Denn es sind die erschwerten Lebensbedingungen dieser Familien, die dazu beitragen, dass sich bei ihnen immer wieder Gefühle von Hilflosigkeit und Hoffnungslosigkeit ausbreiten. Sie erwarten auch von den professionellen Helfern, im Stich gelassen oder gar missachtet zu werden. Es ist daher äußerst wichtig, die Familien auch dann nicht aufzugeben, wenn sie zuerst keine Hilfe annehmen wollen.

Indem professionelle Helfer ihre Zuversicht und ihren Glauben an die Potenziale der Familien überzeugend darlegen, hilft dies den Familien, an sich selbst zu glauben (Walsh 1993). Diese Familien zeigen trotz ihrer größten Notlagen enorme Fähigkeiten. Die meisten Eltern sorgen sich um ihre Kinder. Sie wollen, dass es ihren Kindern besser geht als ihnen. Dies trifft auch zu, wenn Unmengen von Problemen ihre Fähigkeiten einschränken, diesen positiven Intentionen entsprechend zu handeln (Walsh 1993). Sie wissen in der Regel, was sie in ihrem Leben verändern müssen, wenn es uns professionellen Helfern gelingt, ihren Beitrag zur Veränderung zu wertschätzen und sie in ihren Anstrengungen zu unterstützen. Sie benötigen im Allgemeinen keine Hinweise oder ein Herausstellen ihrer Probleme, sie kennen diese selbst zur Genüge. "Do not remind me of my failures. I have not forgotten them" (amerikanische Volksweisheit).

Wenn die Familien darum kämpfen, sich über Wasser zu halten, bedeutet schwimmen zu lernen, ihre eigenen Ressourcen zu entwickeln. Es ist letztlich einfacher, Fähigkeiten zu erweitern, als negatives Verhalten zu stoppen.

Aufsuchende Familientherapie

Marie-Luise Conen

> Man kann nicht das Heute leben,
> ohne eine Vorstellung davon zu haben,
> wo man morgen sein wird ...
> Es deprimiert mich, wie sich die Welt verändert.
> Auch was mich persönlich betrifft,
> erwarte ich immer nur das Schlechteste.
> Dabei fühle ich mich ruhiger als früher. Ist das nicht seltsam?
> Der Optimismus führt zu einer Seelenqual,
> Pessimismus zu mehr Gelassenheit.
>
> (Paul Auster)

PROBLEMSTELLUNGEN UND ZIELE

Froma Walsh (1998) hat die Lebenssituation von armen Familien mit der eines Lastkraftwagens verglichen. Dieser LKW fährt im Gebirge, aber dem Fahrer ist nicht klar, ob die Bremsen in Ordnung sind. Jede Steigung, jedes Gefälle, jede Kurve ist gefährlich, da nicht klar ist, wie und ob die Bremsen funktionieren werden. Wird diese Biegung den LKW aus der Kurve tragen und in das Tal abstürzen lassen, wird jene Steigung dazu führen, dass der Wagen zurückrollt, wird dieses Gefälle den LKW so beschleunigen, dass am Schluss alles nur noch Schrott ist? Jede Veränderung kann in diesen Familien zu erheblichen Einschnitten, Strukturveränderungen und Umbrüchen führen. Ihre Armut begrenzt erheblich ihre sozialen und psychischen Möglichkeiten, Veränderungen als Chancen und Neubeginn zu nutzen.

In den armen Familien, die vor allem bereits seit langem mit der Jugendhilfe zu tun haben, ist eher eine Angst vor Veränderungen zu verzeichnen. Arme Familien haben immer wieder die Erfahrung gemacht, dass Veränderungen eher zu einer Verschlechterung ihrer Situation beigetragen haben, als dass sich ihre Lebenssituation verbessert hat: Der neue Partner erweist sich nach anfänglicher Verliebtheit als noch gewalttätiger als der vorherige, die mit vielen Hoffnungen besetzte Einschulung des Kindes zerfließt nach der ersten Begegnung mit der Lehrerin, die nur Probleme mit dem Kind thematisiert, die materielle Situation verschlechtert sich mit der Arbeitslosigkeit des Mannes, der Tod der Großmutter reißt eine nicht zu füllende Lücke ins Leben der Familie usw. Veränderungen bedeuten für diese Familien oft vom Regen in die Traufe zu kommen.

Der Alltag armer Familien ist geprägt von Anforderungen und Bedingungen, deren Erfüllung oftmals alle Energien, Ressourcen und Kräfte absorbieren. In dieser Belastung ist es den Familien daher häufig auch nicht möglich, aus einer ruhigen Distanz heraus Probleme, Schwierigkeiten und chaotische Situationen anzugehen und Problemlösungsmuster anzuwenden, die nicht zu einer Intervention von Institutionen der sozialen Kontrolle führen. Viele der Familien, die von der Jugendhilfe bereits seit langem betreut werden, zeigen sich angesichts ihrer Belastungen im Alltag als skeptisch und misstrauisch gegenüber Veränderungsmöglichkeiten. Diese Familien werden vielfach von Psychotherapeuten[5] und anderen professionellen Helfern als nicht therapiefähig beschrieben. Ihnen fehle nicht nur die notwendige Verbalisierungs- und Einsichtsfähigkeit, sondern auch die notwendige Bereitschaft zur Veränderung. Eine solche Einschätzung ist meines Erachtens keine Grundlage für die Arbeit mit armen Familien. Diesen Familien die Fähigkeit zur Veränderung abzusprechen, stellt eine zynische und unhaltbare Behauptung dar, die außer Acht lässt, dass Menschen ihre Gründe haben, skeptisch und zurückhaltend gegenüber Angeboten zur Veränderung zu sein.

In der Arbeit mit armen Familien zeigt sich sowohl für Familientherapeuten als auch für Mitarbeiter des Allgemeinen Sozialpädagogischen Dienstes, dass gängige Therapiekonzepte bei diesen Familien nicht ausreichend zum Tragen kommen (Minuchin, Colapinto

---

5 Leider gehören auch manche Familientherapeuten zu denen, die diesen Familien diese Veränderungsbereitschaft absprechen und Kollegen kritisieren, die diese schwierige familientherapeutische Arbeit leisten (wollen).

u. Minuchin 2000; Lindblad-Goldberg, Morrsion Dore a. Stern 1998). Diese Familien können ihre Zurückhaltung und Ängste vor Veränderungen nicht ohne Weiteres überwinden und ziehen sich oftmals auf eine Haltung zurück: „Uns ist eh nicht zu helfen!" Auch immer neue Hilfeangebote tragen nicht dazu bei, dass sie glauben, dass sich ihre Situation letztlich ändert bzw. ändern kann. Dies trifft ganz besonders zu, wenn bereits eine Reihe von Hilfen „scheiterten" (Conen 1996a).

Die Resignation und Skepsis bei den Familien trägt auch erheblich dazu bei, dass sie in der Regel kaum die ihnen angebotenen Hilfen aufsuchen. Wer geht schon zu einem Zahnarzt, von dem er denkt, dass er eh nicht (mehr) helfen kann, wer ruft einen Klempner an, von dem man „gehört" hat, dass er bei solchen Problemen auch nicht helfen konnte, wer sucht eine Beratungsstelle auf, wenn sowieso keine Hoffnung besteht, dass einem geholfen werden könnte? Vielleicht geht die Mutter zu einer Therapeutin, weil die Sozialarbeiterin des Jugendamts, die sie schon lange kennt, sie so nett gebeten oder gar gedrängt hat, doch auch noch diese Möglichkeit anzugehen. Sie wird jedoch sicherlich Gründe finden, diese Therapeutin zu kritisieren (hat zu viel gefragt, hat viel von der Kindheit wissen wollen usw.) oder gar abzulehnen (ist nicht nett, hat kein Verständnis usw.). Den Familien wird daraufhin vielfach von Seiten professioneller Helfer mangelnde Motivation oder gar Widerstand zugeschrieben.

Die Zurückhaltung und Ablehnung dieser Familien haben jedoch ihre Gründe. Menschen zeigen die Tendenz, sich vor Enttäuschungen zu schützen (Conen 1999b). Skepsis, Kritik, Pessimismus und Ablehnung mögen überwiegen und machen es manchem professionellen Helfer schwer, Zugang zu den Klienten zu finden. Werden diese Verhaltensweisen allerdings als ein Schutz vor dem Erleben von (weiteren) Enttäuschungen betrachtet, ergeben sich meines Erachtens Möglichkeiten des Kontaktes und der Begegnung, die durch eine größere Leichtigkeit und Lebendigkeit gekennzeichnet sind. Respekt vor der Ablehnung und Zurückhaltung gegenüber Hilfeangeboten tragen dazu bei, bei vielen dieser Familien überhaupt einen Zugang zu ermöglichen. Indem ihre Skepsis in Bezug auf Hoffnungen und Enttäuschungen berücksichtigt wird, gelingt es in dem hier geschilderten Konzept dennoch, sie relativ schnell für eine Zusammenarbeit zu gewinnen. Es gilt, die Familien in ihren vorhandenen Sichtweisen und Haltungen wohlwollend herauszufordern, um ihnen so (neue) Zugänge zu bisher verdeckten Ressourcen und Fähigkeiten zu ermöglichen (Minuchin, Colapinto u. Minuchin 2000). Eine (familien-)therapeutische Arbeit mit diesen Familien erfordert eine von Wohlwollen geprägte Haltung. Es gilt, diese Skepsis, Ablehnung und auch Resignation der Klienten positiv zu nutzen und als Ressource zu betrachten. Die Stärken und Fähigkeiten sowie Potenziale und Kompetenzen dieser Familien werden häufig sowohl von den Klienten selbst als auch von den Helfersystemen nicht ausreichend gesehen. Von daher entwickeln Klienten und Helfer u. a. Dynamiken, in denen eine Hilfe die nächste ablöst. Helfer werden in diesen Fällen in gewisser Weise „Familienmitglieder", die in die Familiendynamik integriert bzw. von dieser absorbiert werden (Imber-Black 1990; Minuchin, Colapinto u. Minuchin 2000). Dies wirkt sich erschwerend darauf aus, die Veränderungspotenziale entsprechend aktivieren zu können. Professionelle Helfer werden in diesen Familien nicht selten Spielball der Familiendynamik und auch der Dynamik zwischen Familie und Helfersystemen. Eskalierende Probleme und Konflikte der Familien tragen dazu bei, dass Helfersysteme sich „einmischen". Familien, die über Jahre und Generationen vom Jugendamt bzw. Allgemeinen Sozialpädagogischen Dienst (ASPD) betreut werden, können sich schließlich gar nicht mehr vorstellen, jemals ohne das Jugendamt zurechtzukommen – so sehr sie sich dies auch wünschen. Sie werden häufig immer wieder in ihrer Resignation und in ihren Enttäuschungen bestätigt.

Ziel einer familientherapeutischen Arbeit mit armen Familien ist es daher, durch familientherapeutische Gespräche

– bestehende Veränderungsressourcen zu nutzen,
– neue Sichtweisen bei den einzelnen Familienmitgliedern herbeizuführen, so dass aufgrund neuer Haltungen und Betrachtungsweisen auch konstruktivere Problemlösungsmuster und Handlungen entwickelt werden,
– das Agieren über die Eskalation von Symptomen und Konflikten überflüssig zu machen,

- mögliche zukünftige Hilfen in einer eigenständigeren Form einzufordern[6] und
- die Familie zu befähigen, zukünftige Probleme mit den üblichen Ressourcen zu bewältigen.

Das Erreichen dieser Zielsetzungen soll mittels der aufsuchenden Familientherapie u. a. dazu beitragen, eine Heimunterbringung bzw. Fremdplatzierung von Kindern und Jugendlichen zu verhindern oder auch die Rückführung von Kindern und Jugendlichen aus Heimeinrichtungen und Pflegefamilien zu ermöglichen.

Zentraler Ansatzpunkt der aufsuchenden Familientherapie ist es, die Familien zu unterstützen, ihre eigenen Ressourcen und Fähigkeiten zu sehen und mehr zu nutzen. Es geht nicht darum, wie dies z. B. im Rahmen anderer ambulanter Erziehungshilfen im Allgemeinen der Fall ist, den Familienmitgliedern in der Entwicklung dieser Ressourcen tatkräftig und konkret zu helfen, die auch die Übernahme von Aufgaben beinhalten. Vielfach werden im Rahmen ambulanter Hilfen von den beauftragten Helfern Behördengänge übernommen, Anträge gestellt, Anrufe in Schulen erledigt, Arztbesuche vereinbart oder deren Einhaltung kontrolliert, Kinder aus den Kindergärten abgeholt, Kontakte zur Polizei oder zum Gericht gehalten u. Ä. Diese Art von Hilfestellungen führt jedoch in der Regel eher zu einer weiteren Abhängigkeit der Familie von Helfern. Konkrete Hilfestellungen tragen nicht unbedingt dazu bei, bestehende Muster in den bisherigen eher destruktiven Problemlösungsstrategien zu verändern.

Eine junge Mutter, die nicht „weiß", wie sie ihr Baby „richtig" versorgen und betreuen kann, lädt durch ihre „Ratlosigkeit" geradezu Helfer ein. Sie werden direkt oder indirekt aufgefordert, der jungen Mutter zu sagen, wie sie es machen sollte – auch wenn sie später diese Ratschläge nicht umsetzt. In diesem Konzept der aufsu-

---

6 Eskalationen von Konflikten werden in diesem Zusammenhang u. a. als Ausdruck dessen betrachtet, dass es den Familien oftmals nicht möglich ist, direkt eine Hilfe anzufordern. Die Problemeskalationen tragen in der Regel dazu bei, dass andere Personen – außerhalb der Familie – darauf aufmerksam machen, dass eine Hilfestellung notwendig ist. Selbst eine Hilfe anzufordern, bedeutet auch, dass die Hoffnung besteht, das Problem lösen zu können. Wenn diese Hoffnung nicht besteht, suchen Klienten auch keine Hilfe (Conen 1996a, 1999c).

chenden Familientherapie geht es jedoch darum, dass die Familientherapeuten der Mutter insoweit helfen, dass sie mit ihr herausarbeiten, wie sie das, was sie nicht kann oder was andere von ihr erwarten, erlernen oder erfahren kann. Dieser Arbeitsansatz geht von den systemischen Überlegungen aus, dass es einen Unterschied zwischen a) kompensatorischen Hilfestellungen (lineare Hilfe bzw. Veränderungen erster Ordnung) gibt, die den Menschen unterstützen – ohne im System etwas zu verändern –, Aufgaben und Anforderungen zu erfüllen, und b) Hilfen, die Veränderungen im System (Veränderungen zweiter Ordnung) erfordern bzw. einleiten. Für systemisch orientierte Therapeuten heißt dies, dass es einen Unterschied gibt zwischen Hilfen, die helfen, und Hilfen, die verändern helfen (Conen 1990a).

Selbstverständlich benötigen arme Familie häufig eine Reihe von „linearen" Hilfen, sei es eine Mutter-Kind-Kur für die schwer belastete Mutter, sei es eine Hilfestellung für das behinderte Kind, sei es eine berufsvorbereitende Maßnahme für einen Jugendlichen, sei es ein Bewerbertraining für den Vater usw. Diese Hilfen sind mehr als notwendig und hilfreich, um die Benachteiligungen aufgrund von Armut auch nur ein Stück zu kompensieren. „Lineare Hilfen" berücksichtigen jedoch im Allgemeinen nicht die Aspekte, die sich als Hindernisse, Probleme und Schwierigkeiten für diese Familien ergeben, wenn Mitglieder der Familie im Mittelpunkt der Aufmerksamkeit von Institutionen der sozialen Kontrolle, hier vor allem Jugendamt und Schule, stehen. Harry Aponte (1994) hat in seinem Buch *Bread and Spirit* eindrücklich auf die Notwendigkeit hingewiesen, dass diese Familien eben nicht nur „Brot" = materielle oder kompensatorische Hilfen benötigen. Was diese Familien oftmals am stärksten brauchen, ist, dass sie ihren Lebensmut, ihre Kraft und Energie, ihre Kreativität und Standhaftigkeit wieder sehen und erleben, ihren „Geist" wieder spüren können. Aufsuchende Familientherapie setzt vor allem an diesem Punkt an. Daher werden von den aufsuchenden Familientherapeuten keine konkreten Hilfestellungen angeboten. Es wird davon ausgegangen, dass die Familie, hat sie den „Geist" wiedergefunden, Zugang zu den „Quellen" (wieder)findet, wo sie Unterstützung für alltägliche Probleme und kompensatorische Hilfen erhalten kann.

Im Allgemeinen greifen Menschen nicht auf professionelle Helfer zurück, um ihren Anforderungen im Leben nachzukommen. Sie suchen in ihrem Umfeld (Familie, Verwandte, Freunde, Bekannte, Kollegen) Menschen, die ihnen das geben, was sie benötigen (Rat, konkrete Hilfe, Unterstützung, Tipps, Hinweise u. Ä.). Daher ist das Vorgehen der Familientherapeuten von einer Haltung geprägt, die davon ausgeht, dass die Klienten nur Unterstützung benötigen, um eigenständig – mithilfe der Ressourcen in ihrem Umfeld – ihre Aufgaben und Anforderungen zu bewältigen.

Da die Klienten bereits von Beginn an Familientherapeuten erleben, die sie auf ihre Stärken und Fähigkeiten sowie Kompetenzen und Ressourcen hinweisen, wächst ihr Zutrauen in sich selbst. Ihre Bereitschaft wächst, selbst thematisierte Veränderungen anzugehen. Die Klienten setzen sich dabei recht konkrete Ziele: die Renovierung des Kinderzimmers zur Vorbereitung der Rückführung des Kindes aus dem Heim, das Einüben des Schulwegs vor der Einschulung des Kindes, den Besuch des Bruders, zu dem seit Jahren kein Kontakt bestand, das lang hinausgezögerte Telefonat mit der Lehrerin, die Anmeldung des Kindes für eine Ferienreise, die Reise zu den entfernt wohnenden Verwandten, die Anmeldung zu einem Bewerbertraining in der Volkshochschule usw. Je mehr das Selbstbewusstsein zunimmt, desto mehr trauen sich die Klienten zu, auch schwierigere Situationen anzugehen.

Die Arbeit der aufsuchende Familientherapeuten ist selbstverständlich von einem Aspekt besonders geprägt: Sie suchen in der Regel die Familien zu Hause auf.

Durch die **aufsuchende Arbeit** finden verschiedene Aspekte Berücksichtigung, die in anderen Settings gegebenenfalls nicht einbezogen werden:

a) Bisherige Erfahrungen der Familien mit Helfersystemen (Gefühl der Unterlegenheit, fremdes Territorium, Verbalisierungsanforderungen, Konfrontation mit einer Vielzahl von Helfern in (Hilfeplan-)Gesprächen
b) Die Probleme dieser Familien, eine Institution aufzusuchen (Resignation, Hoffnungslosigkeit, Abwehr, Depression, Ängste)
c) Vorteile und Sicherheit für die Familienmitglieder durch das „Heimspiel"
d) Möglichkeit der Beobachtung der Therapeuten durch die Familie und umgekehrt

d) Möglichkeit des Ausprobierens von Handlungsalternativen vor Ort
e) Wertschätzung und Achtung gegenüber den Lebensumständen der Familie, die vor Ort sichtbar werden
f) Wertschätzung gegenüber den einzelnen Familienmitgliedern trotz bestehender problematischer Verhaltensweisen
g) Einbeziehung von Familienmitgliedern, die der Hilfe besonders skeptisch gegenüberstehen, wie z. B. Väter oder Jugendliche

ZUGANG ZUR FAMILIE FINDEN

Betreten die Therapeuten die Wohnung, beginnen sie vom ersten Moment an, positive Aspekte zu registrieren. Diese positiven Aspekte beziehen sich auf alle möglichen Ebenen: Verhalten der Kinder gegenüber den Eltern und auch gegenüber den Therapeuten, Interaktion zwischen Eltern und Kindern und zwischen den Eltern, Einrichtung der Wohnung, Pflege und Zustand der Wohnung, Bilder und Fotos an den Wänden, Erinnerungsstücke, Spielzeug der Kinder, Aussehen der Eltern und der Kinder, Kleidung und Stil der Kleidung, Umgang mit der unvertrauten Situation zu Beginn, Situationen am Tisch in der Küche oder im Wohnzimmer usw.

Die Familientherapeuten lassen keine Situationen ungenutzt, in denen sie nicht die positiven Aspekte sammeln. Sie füllen sie, so wie es Minuchin ausdrückt[7], wie Groschen in eine **Spardose**. Sie sammeln und sammeln und geben auch gleich einige Groschen aus. Sie bringen vom ersten Moment an, wenn sie eine angemessene Möglichkeit sehen, die eine oder andere positive Anmerkung in das Gespräch ein.

So machen sie darauf aufmerksam, dass der 8-jährige Junge in der Lage ist, ruhig sitzen zu bleiben, wenn die Mutter ihn darum bittet. In der Regel folgen diesen Anmerkungen am Anfang Kommentare der Eltern wie: „Das hält nicht lange an" oder „Das macht er jetzt, weil Sie da sind". Woraufhin die Therapeuten entgegnen: „Aber er hört auf Sie und kann ruhig sitzen bleiben", wissend um das Problem, dass der Junge oft nicht auf die Mutter hört.

7 Zitat in einem Workshop im Mai 1991 am Context-Institut in Berlin.

Minuchin und Fishman (1983) vergleichen die Beziehung und Dynamik zwischen Familie und Familientherapeut mit einem Tanz der Familie, dem sich der Familientherapeut anschließen muss. Dies verlangt, dass er die Tanzschritte und Schrittfolgen der Familie kennen lernt. In Kenntnis dieser Muster und Abfolgen kann der Familientherapeut zu Tanzbewegungen und „Prozessen" anregen, die das Interesse der Familie an neuen, anderen Tanzschritten fördern. Den **Zugang zur Familie finden** (Minuchin u. Fishman 1983) ist einer der wichtigsten Ansatzpunkte in diesem Konzept zur aufsuchenden Familientherapie. Ohne einen positiven Zugang zur Familie herzustellen, gelingt es nicht, die Familie zur Aufgabe ihrer bisherigen konflikträchtigen Problemlösungsmuster zu bringen. Es gilt, die Familie darin zu unterstützen, konstruktivere Formen der Problembewältigung – vor allem in ihrem Erziehungsverhalten – zu entwickeln, die sowohl von Institutionen der sozialen Kontrolle als auch gesellschaftlich akzeptierter sind.

Vor allem zu Beginn erweist es sich bei einer Reihe von Familien, die nur unter einem gewissen „Zwang" dieser Hilfeform „zugestimmt" haben, dass es notwendig ist, sämtliche Möglichkeiten zu nutzen, den ersten Kontakt bzw. die ersten Kontakte mit der Familie herzustellen. In diesem Sinne ist es daher auch vorgesehen, den Klienten „hinterherzulaufen".

Frau Kaiser, langjährig zuständige Jugendamtssozialarbeiterin für Frau Mehlen (27 Jahre) und deren drei Kinder (9, 7 und 4 Jahre), sah das Wohl der drei Kinder gefährdet und empfahl – nachdem eine Reihe anderer ambulanter Maßnahmen nicht zu den gewünschten Ergebnissen führten – der Kindesmutter eine aufsuchende Familientherapie. In den nächsten Wochen geschah Folgendes: Die beiden Familientherapeutinnen erschienen zum schriftlich angekündigten Termin, die 9-jährige Tochter öffnete und teilte mit, dass die Mutter nicht da sei. Obwohl die beiden Therapeutinnen das Gefühl hatten, dass sich die Mutter doch in der Wohnung befand, zogen sie unverrichteter Dinge von dannen Nach zwei weiteren Versuchen – mit vorheriger Ankündigung des Besuches – dieser Art, änderten sie ihre Strategie. Sie baten die Jugendamtssozialarbeiterin, der Mutter bei sich jeder bietenden Gelegenheit Druck zu machen. Des Weiteren schauten sie über die nächsten Wochen immer mal wieder – da sie eh im Kiez zu tun hatten – vorbei, trafen entweder niemanden oder die Kinder an. Sie hinterließen kurze schriftliche oder mündliche Nachrichten, dass sie vorbeigeschaut hätten und sie sich wieder melden würden. Nach ca. vier Wochen trafen sie die Mutter zufälligerweise persönlich an. Obwohl die Mutter erschreckte, blieben die Therapeutinnen bei ihrer Strategie und sagten: „Wir wollten nur kurz unsere Gesichter zeigen, damit Sie wissen, wer wir sind. Wir haben aber jetzt leider keine Zeit." Beim nächsten Antreffen der Mutter hatten die Therapeutinnen – wegen anderer Verpflichtungen – wiederum keine Zeit und vereinbarten einen Termin mit ihr. Zu diesem Termin war die Mutter anwesend, aber die Therapeutinnen hatten nur wenig Zeit (sie konnten sich ja nicht sicher sein, ob die Mutter anwesend sein würde) und tranken nur kurz einen Kaffee mit ihr. Nach ungefähr insgesamt sechs Wochen kam es dann zum ersten „richtigen" Gespräch. Zwischendurch hatte die zuständige Jugendamtssozialarbeiterin immer wieder Kontakt mit der Mutter und drängte diese, die Hilfe anzunehmen, da ihre Kinder zunehmend Probleme machten.

Wenn auch nicht immer die „Gewinnung" vor allem der Eltern sich so intensiv gestaltet wie in diesem Beispiel, so bedarf es immer wieder größerer Bemühungen – auch mit Unterstützung des Jugendamts –, den Zugang zu diesen Familien bereits vor dem ersten Kontakt herzustellen. Hilfreich sind in diesem Zusammenhang schriftliche Mitteilungen in Form von Briefen an die Eltern und auch an die Kinder, um diesen eine positive und wertschätzende Sicht der Familie durch die (noch kommenden) aufsuchenden Familientherapeuten zu vermitteln. Dies geschieht auch in der Hoffnung, damit die Tür erst einmal zu öffnen und das Misstrauen der Familienmitglieder zumindest so weit aufzuweichen, dass sie sich auf einen ersten persönlichen Kontakt einlassen.

Die Familien besitzen eine hohe Kompetenz darin, sehr genau herauszuhören, ob die Familientherapeuten das meinen, was sie sagen, oder ihre Äußerungen nur als Technik einsetzen. Dies hat zur Folge, dass die Familientherapeuten selbstverständlich nur die positiven Aspekte herausstellen, die sie selbst auch so sehen bzw. hinter denen sie mit ihrer Person stehen können. **Ehrlichkeit und Offenheit** im Umgang mit diesen Familien sind unabdingbare Voraussetzung, um mit diesen oftmals von Stigmatisierungen und Bewertungen gebeutelten Familien arbeiten zu können. Nur durch ihre Neugier, Offenheit und Aufrichtigkeit kann es den Familientherapeuten gelingen, bei den Familien eine Glaubwürdigkeit herzustellen, die bei ihnen im Laufe der Arbeit dazu beiträgt, den Familientherapeuten zu vertrauen und schließlich sich selbst wieder Kompetenzen und Fähigkeiten vor allem im Erziehungsverhalten zuzutrauen. Ist diese Aufrichtigkeit nicht vorhanden, so zeigen die Familienmitglieder in ihrem Verhalten zunehmende Distanzierung und auch Ablehnung, die zum Abbruch der Kontakte führen kann. Falls der einzelne Familientherapeut Schwierigkeiten hat, ausreichend positive Aspekte bei der Familie zu sehen, sind mögliche Ursachen in der Supervision zu besprechen und/oder in der Familie direkt – u. a. im Reflecting Team – anzusprechen. Es ist nicht möglich, positive Entwicklungen anzustoßen und zu festigen, wenn seitens der Therapeuten keine positive Haltung oder ein Mangel an Zutrauen in die Fähigkeiten der Familie vorhanden ist. Ferner können bisherige Haltungen und Vorstellungen sowie Muster und Verhaltensweisen der einzelnen Familienmitglieder nicht ausreichend „verstört" werden, wenn die daraus folgende Verunsicherung nicht mit positiven Aspekten ergänzt wird.

Wie in dem oben beschriebenen Beispiel dargelegt, wird die Mutter auf positive Aspekte ihres Kindes aufmerksam gemacht. Während zum einen ein Zugang zur Mutter und auch zu deren Selbstwertgefühl in ihrer Rolle als Mutter hergestellt wird und ihr weitere positive Aspekte vermittelt werden, wird zum anderen durch die ausgeprägte Fokussierung auf die Ressourcen bei ihr auch eine Verunsicherung herbeigeführt, da sich das Eigenbild oftmals nicht mit dem aufgezeigten Bild der Familientherapeuten deckt. Die Familientherapeuten wollen sowohl die bisherige Wahrnehmung der Mutter von sich selbst und auch von ihrem Sohn ins Wanken bringen als auch ihre – erweiterten bzw. weiteren – Handlungsmöglichkeiten aufzeigen. Vor allem generationsübergreifende „Aufträge" zur Lebensgestaltung werden von den Familientherapeuten hinterfragt. In diesem Zusammenhang werden bisherige Interpretationen von Erfahrungen und Erlebnissen **aus dem Gleichgewicht gebracht** und in **wohlwollender Weise herausgefordert** (Minuchin u. Fishman 1983) bzw. **respektvoll mit Respektlosigkeit** behandelt (Cecchin, Lane u. Ray 1993). Nur wenn es gelingt, die bisherigen Sichtweisen zu „verstören", werden die einzelnen Familienmitglieder die Kompetenzen und Fähigkeiten zeigen, die notwendig sind, um das kritisierte Erziehungsverhalten – das Anlass für eine Jugendhilfemaßnahme ist – aufzugeben und konstruktivere und gesellschaftlich akzeptiertere Erziehungsformen anzuwenden.

ZWANG – WENN ES HILFT, ALLE AN EINEN TISCH ZU BEKOMMEN

Bereits an anderer Stelle (Conen 1996a, 1997 a, 1999a) wurde ausführlich ein Konzept des konstruktiven Nutzens von Zwang beschrieben. In diesem Zusammenhang sollen daher nur einige grundlegende Aspekte beschrieben werden, die das Gesamtkonzept der aufsuchenden Familientherapie verdeutlichen helfen. Das Ausüben von Druck oder auch Zwang auf die Familien, eine aufsuchende Familientherapie anzunehmen, wird dann als notwendig erachtet, wenn die Familien sonst nicht bereit sind, eine Hilfe zu akzeptieren, jedoch die Versorgung, Betreuung und das Aufziehen der Kinder Anlass zur Sorge um das Wohl der Kinder geben. Durch eine geeignete Hilfe soll eine „Stärkung der Erziehungskraft" (§ 1.3.2 KJHG) erreicht werden, so dass die Eltern sozial akzeptiertere Formen der Erziehung anwenden und auf auffällige Verhaltensweisen ihrer Kinder entsprechend einwirken können.

Entsprechen die Verhaltensweisen der Kinder und auch Erwachsenen dem allgemein gesellschaftlich akzeptierten Rahmen, so wird selbstverständlich kein Druck auf die Eltern ausgeübt, ihren Erziehungsaufgaben besser nachzugehen. Deutlicher wird jedoch die Kritik an den Eltern und der Erziehung ihrer Kinder, wenn gesellschaftlich akzeptierte Regeln nicht eingehalten werden. Dies ist u. a. wie oben bereits beschrieben bei Kindesvernachlässigung, Kindesmisshandlung und sexuellem Kindesmissbrauch der Fall. Hier ist das Jugendamt als Vertreter des Staates gefordert, das Kindeswohl zu sichern (§ 1.3.3 KJHG). Dieser Auftrag gibt dem Jugendamtsmitarbeiter die Legitimation, die Einhaltung gesellschaftlicher Normen einzufordern und für deren Einhaltung zu sorgen. Aufgrund seines gesetzlichen Auftrags ist es daher dem Jugendamtsmitarbeiter – im Gegensatz zu anderen Helfern – möglich, Druck auf die Eltern auszuüben, so dass diese sich angehalten fühlen, besser als bisher den normativen Erwartungen zu entsprechen (Conen 1999 c).

Bei einer einseitigen Kundenorientierung könnte man in Fällen, in denen die Eltern kein „Problem" oder Anliegen haben, mangels eines Arbeitsauftrags seitens der Familie, die Hilfe sogleich zu Beginn beenden. Dies würde jedoch die Entstehung und die Dynamik der „Zwangssituation", zu der die Familie einen erheblichen Beitrag geleistet hat, ebenso wenig berücksichtigen wie auch nicht dem gesetzlichen Auftrag von Institutionen der sozialen Kontrolle, hier des Jugendamts, entsprechen.

Häufig sind arme Familien bereits über längere Zeiträume und gegebenenfalls über mehrere Generationen von Jugendämtern betreut worden, so dass bei den Familien oft umfangreiche Erfahrungen mit Hilfeangeboten und Hilfemaßnahmen vorliegen. Diese Erfahrungen tragen erheblich dazu bei, dass eine Haltung eher von Skepsis, Abwehr und Misstrauen (oder aber das Gegenteil, eine große Selbstverständlichkeit) gegenüber weiteren Hilfeangeboten besteht.

Es wird davon ausgegangen, dass eine Hilfe anzunehmen die Hoffnung voraussetzt, mit dieser Hilfe eine positive Veränderung zu erfahren. Die Wahrnehmung, dass sie nur eingeschränkte Möglichkeiten sowie reduzierte Zukunftsperspektiven haben, wozu ihre Armut und allgemeinen Lebensbedingungen sowie ihre Lebenserfahrungen beitragen, führt dazu, dass diese Familien eher skeptisch und misstrauisch gegenüber „Versprechungen" und „Veränderungsaussichten" sind. Wurde in einer Familie zunächst versucht, mit einer Intensiven Einzelfallhilfe die Situation eines Kindes zu verbessern, dann ein weiteres Kind in einer Kindertherapie behandelt, die Familie von einer Familienhelferin betreut, unterzog sich der Vater einer stationären Entgiftung, nahm die Mutter an einer Mutter-Kind-Kur teil, wurde eine erneute ambulante Hilfe in Anspruch genommen, dann verfestigt sich zunehmend bei der Familie sowie den einzelnen Familienmitgliedern das Gefühl, dass „uns nicht zu helfen ist", bzw. keine Hilfeform dazu beiträgt, dass sich die bisherigen Probleme in der Familie grundlegend verändern.

Da vorherige Hilfen oftmals dazu beigetragen haben, dass die Familien diese als erneutes „Scheitern" erleben, sind sie nur bedingt bereit, sich auf weitere Hilfen einzulassen. Zu häufig haben sie erlebt, dass neue Situationen sie eher vom „Regen in die Traufe" brachten. Jede weitere Hilfe, die nicht zum erwünschten Ergebnis führt, verfestigt ihre mögliche Wahrnehmung oder Einschätzung, dass ihnen nicht zu helfen sei. Ihre Skepsis oder ihr Pessimismus führt dazu, Hilfen abzuwehren. Diese Haltung hilft ihnen letztlich, das „Scheitern" einer weiteren Hilfe zu „überleben". Wenn keine neuen „Hilfeerfahrungen" gemacht werden können, können auch keine weiteren Enttäuschungen entstehen. Die Abwehr von Hilfen oder auch Versuche, Hilfen zu unterlaufen, werden daher als Ausdruck eines Schutzes vor weiteren Enttäuschungen betrachtet (Conen 1999b).

In einer Reihe von Situationen ist es den Familien nicht möglich, selbst ein Hilfeanliegen zu formulieren:

- Zu sehr sind sie im Kampf mit professionellen Helfern verstrickt und müssen „beweisen", dass andere die Probleme haben, jedoch nicht sie. Sie lehnen daher jede Hilfe ab.
- Zu sehr überwiegen ihre inneren Zweifel, dass jemand ihre Situation verstehen, und ihnen wirklich helfen könnte.
- Zu sehr stimmen die Eltern den professionellen Helfern in deren Sichtweise zu, dass sie es mit diesem Kind nicht schaffen werden.
- Zu sehr sind sie von bisherigen Hilfen und professionellen Helfern enttäuscht, so dass sie keine Hoffnung mehr zeigen und entwickeln wollen.
- Zu sehr haben sie das Jugendamt als „Familienmitglied" adoptiert, und es erscheint ihnen eine Zeit ohne Jugendamtsbetreuung nicht vorstellbar.
- Zu sehr sind sie in der oben beschriebenen Sichtweise verfangen, so dass sie Schutz vor Enttäuschungen in Form von Skepsis und Abwehr zeigen.
- Zu sehr erleben sie eine Hilfe als Kränkung und Bestätigung von Defiziten und „Unfähigkeit".
- Zu sehr sind sie den destruktiven „Aufträgen" und „Botschaften" der eigenen Herkunftsfamilien verhaftet, als dass sie eigenständige Perspektiven entwickeln könnten (Conen 1996b).

Diese Aspekte tragen dazu bei, dass sie sich gegen eine (erneute) Hilfe wehren. Sie lassen sich gegebenenfalls daher eine Hilfe von außen eher „aufzwingen", als dass sie selbst eine Hilfe anfordern. Auf diesem Wege ist es ihnen dann möglich, ihren Schutz und ihre Distanz zu dieser Hilfe aufrechtzuerhalten. Scheitert auch diese Hilfe, dann hat es daran gelegen, dass sie diese Hilfe nicht freiwillig in Anspruch nahmen. Indem die Familie die professionellen Helfer in die Situation bringt, ihr eine Hilfe „aufzuzwingen", ist es der Familie möglich, keine Verantwortung für die eingeforderten bzw. notwendigen Veränderungen zu übernehmen.

Sind die Eltern noch so weit mit ihrem Kind verbunden, dass sie diese Kritik und Kränkung abwehren bzw. einen möglichen Sorgerechtsentzug nicht riskieren wollen, können sie für eine Zusammenarbeit in einem so genannten „Zwangskontext" gewonnen werden. Sind die Eltern jedoch zutiefst resigniert und zeigen sie ein hohes Ausmaß an Hilflosigkeit, ist es nicht möglich, sie unter Druck zu setzen, eine Hilfe anzunehmen. In diesen Fällen gilt es, zunächst bei den Eltern und auch bei den betreffenden – meist pubertierenden – Kindern gegebenenfalls getrennt stattfindende Diskussionsprozesse einzuleiten. Dieser Prozess umfasst neben einer wertschätzenden Haltung gegenüber den Eltern und auch den Kindern ein hohes Interesse am Verstehen der Probleme und ihrer Funktionalität sowie in großem Umgang die Äußerung positiver Konnotationen für die bestehende Situation. Ziel kann und muss sein, die bisherigen festgefahrenen Wahrnehmungen sowohl vom jeweiligen anderen, von sich selbst und den Interaktionen einer Irritation und „Verstörung" zuzuführen.

Um einen „Zwangskontext" konstruktiv nutzen zu können, ist es jedoch notwendig, aufmerksam die verschiedenen Problemdefinitionen zu betrachten. Während das Jugendamt die bisherigen elterlichen Erziehungspraktiken kritisiert und die Schule Verhaltensänderungen des Kindes einfordert, werden die Eltern diesen Problemdefinitionen möglicherweise nicht zustimmen. Sie betrachten die Sichtweisen des Umfeldes und dessen Reaktionen als ungerechtfertigt und zeigen sich gegenüber den Problemdefinitionen Außenstehender kritisch und abwehrend. Die Eltern setzen den Problemdefinitionen der professionellen Helfer ihre eigenen Definitionen entgegen. Daraus resultieren im Umgang miteinander Auseinandersetzungen darüber, wer ein Problem hat, ob ein Problem überhaupt besteht und was das Problem ist.

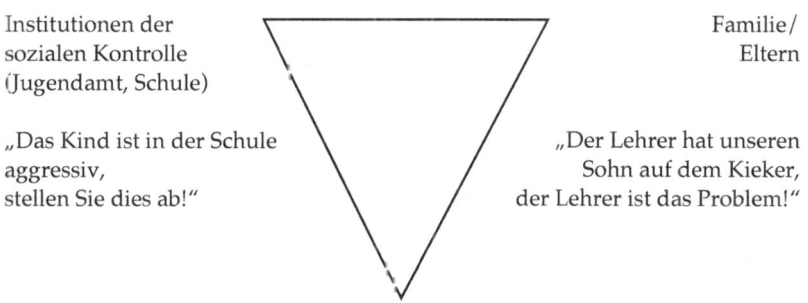

Zugang zu einer Lösung eines Dilemmas ist im Allgemeinen nur darüber zu finden, dass über das Dilemma eine Meta-Kommunikation zwischen den Beteiligten geführt wird (Watzlawick, Beavin u. Jackson 1969). Im Falle der aufsuchenden Familientherapie bedeutet dies, dass die Familientherapeuten sich zunächst über die Sichtweise der Familie bzw. der Eltern sowie über die des Jugendamtes informieren und dann einen Diskurs herbeiführen, in dem die jeweiligen Sichtweisen unabhängig voneinander als berechtigt oder nachvollziehbar respektiert werden. Da Institutionen der sozialen Kontrolle, wie sie Jugendämter darstellen, einen gesetzlichen Auftrag ausführen, müssen sich Eltern mit deren Einschätzung auseinander setzen.

Auch wenn für die Eltern aus ihrer eigenen Sicht keine Probleme bestehen, sind sie doch mit der Tatsache konfrontiert, dass andere ihnen vermitteln, dass sie ein Problem haben, dessen Bestehen Institutionen der sozialen Kontrolle nicht weiter akzeptieren wollen. Von daher trifft es nicht zu, dass die Eltern kein Problem haben. Die Eltern haben zumindest das Problem, dass andere ihnen Probleme zuschreiben (Conen 1999c).

Ausgangspunkt für die Arbeit der aufsuchenden Familientherapeuten sind daher Arbeitsaufträge wie:

- helfen, die Therapeuten wieder loszuwerden (Conen 1996a)
- helfen, dass andere Helfer sich nicht mehr einmischen
- helfen, dass die Familie in Ruhe gelassen wird
- helfen, dass die Lehrerin zu einer anderen Betrachtungsweise des Kindes gelangt
- helfen, den Verdacht der Kindesmisshandlung auszuräumen
- helfen, dem Jugendamt zu beweisen, dass alles wieder in Ordnung ist, u. Ä.

Voraussetzung ist dabei sicherlich auf Seiten der Familientherapeuten, vor allem dem Jugendamtssozialarbeiter gegenüber vorab zu verdeutlichen, dass die Anliegen des Jugendamtes Berücksichtigung finden. Dazu ist es notwendig, dass seitens des Jugendamtes, der Schule, des Kindergartens u. Ä. Kriterien dargelegt werden, anhand derer messbar ist, ob das vorgegebene Ziel erreicht worden ist. Da auch trotz zunehmend professionellerer Durchführung von Hilfeplangesprächen dennoch nicht immer zu Beginn eine Operationalisierung der Arbeitsziele im Rahmen des Hilfeplans möglich ist, erweist es sich als hilfreich, je nach Konzept nach einigen (4–6) Wochen ein weiteres Klärungsgespräch zu suchen, in dem aufgrund der bisherigen Arbeit detailliertere Kriterien für das Erreichen der Ziele formuliert und vereinbart werden können. Es muss z. B. deutlich sein, unter welchen Bedingungen das Kind letztendlich in der Schule verbleiben kann. Welche Verhaltensweisen darf das Kind zeigen, ohne dass das Damoklesschwert des Schulverweises erneut über ihm hängt? Wie viel Meldungen von Nachbarn in welchem Zeitraum dürfen beim Jugendamt eintreffen, ohne erneute Maßnahmen nach sich zu ziehen?

In diesem Zusammenhang ist die Notwendigkeit zu betonen, seitens der Therapeuten eine wertschätzende Haltung gegenüber der Arbeit derjenigen Jugendamtskollegen einzubringen, die bereit sind, Druck auf die Eltern auszuüben (Conen 1999a). Aufgaben im Zusammenhang mit sozialer Kontrolle sind unter professionellen Helfern nicht unbedingt beliebt und werden von diesen nicht mit der meines Erachtens notwendigen Anerkennung betrachtet. Den „schwarzen Peter" möchten professionelle Helfer eher nicht in die Hand nehmen, da die Chancen eines Zwangskontextes, in dem auf Klienten Druck ausgeübt wird, immer noch nicht ausreichend gesehen werden. Denn erst dieser Druck ermöglicht es, dass sich im Falle der aufsuchenden Familientherapie die Therapeuten und die Familie überhaupt zusammensetzen können.

Der Druck selbst bzw. ein Zwangskontext an sich bewirkt keine der geforderten Veränderungen. Denn wichtiger Bestandteil dieses Konzepts ist die systemische Prämisse, dass innere Prozesse und Haltungen von Menschen nicht instruierbar sind (Maturana u. Varela 1987). Auch wenn die Anwendung eines Zwanges möglicherweise impliziert, dass Veränderungen bei Menschen durch Zwang herbeigeführt werden, so ist diese Annahme unzutreffend. Bedingt durch die Prämisse der Nicht-Instruierbarkeit innerer menschlicher Prozesse wird in systemisch gestalteten Zwangskontexten dort angesetzt, die betreffenden Menschen, hier Jugendhilfeklienten, damit zu konfrontieren, dass ihr Verhalten Konsequenzen hat – bei Kindesmisshandlung gegebenenfalls der Entzug der elterlichen Sorge. In welcher inneren Haltung jedoch die geforderten Veränderungen möglicherweise vorgenommen werden, unterliegt nicht dem Einfluss von Instruktionen. So ist es möglich, dass Eltern weiterhin ihre

Sicht beibehalten, dass der Lehrer ihrem Sohn nicht wohlgesonnen ist, und dafür „Beweise sammeln", jedoch sich entscheiden, mit ihrem Sohn zu diskutieren, wie dieser sich verhalten kann, um nicht mehr der erhöhten Aufmerksamkeit durch den Lehrer ausgesetzt zu sein. Hierzu sind – wie bei vielen Problemen – zahlreiche Lösungen möglich: die Schule wechseln, ein Dienstaufsichtsverfahren gegen den Lehrer anstreben, den Sohn ermutigen, sich bei Streitereien anderer Kinder zurückzuziehen, etwas Nettes zum Lehrer sagen, die Schularbeiten erledigen, sich besser auf Klassenarbeiten vorbereiten, sich nicht an andere „problematische" Mitschüler hängen, Freundschaften mit Mitschülern suchen usw.

Vordringlich gilt, auch in Zwangskontexten die implizierten Entscheidungsmöglichkeiten herauszustellen und diese Optionen zum Ausgangspunkt für die Arbeit zu machen: *„Wie erklären Sie sich, dass Sie mit uns hier zusammensitzen, obwohl Sie eigentlich nicht wollen, dass wir da sind? Wenn Sie sich entschieden hätten, dieses Angebot nicht anzunehmen, was wäre dann?"* Gelingt es, diese Optionsebene in den Vordergrund zu stellen, trägt dies bei den einzelnen Familienmitgliedern dazu bei, ein Gefühl von Einflussnahme und Gestaltungsmöglichkeit in den Vordergrund zu stellen. Dadurch erhöhen sich die Chancen, dass dieser Kontext so genutzt wird, dass weiterer Druck und Zwang nicht mehr ausgeübt werden „müssen".

In diesem Zusammenhang ist noch einmal deutlich zu betonen, dass die Schaffung eines Zwangskontextes durch das Problemverhalten der Eltern oder Kinder auch als Ausdruck dessen betrachtet wird, über Probleme eine Hilfe zu erhalten, diese also in gewisser Weise eine Einladung darstellen, eine Hilfe „serviert" zu bekommen. In der Regel – es sei denn, dass eigene schwerst traumatisierende Erfahrungen der Eltern dies verhindern – wissen Eltern sehr wohl, welche Situationen dazu beitragen, die staatliche Kontrolle auf sich zu richten: ungepflegte Kinder bzw. schmutziges Erscheinen der Kinder im Kindergarten oder in der Schule, keine Versorgung der Kinder mit Nahrung und Kleidung, sprachliche und soziale Entwicklungsverzögerungen, unzureichende Förderung der Kinder, kein Anhalten zum regelmäßigen Schulbesuch, Misshandlung der Kinder, einschließlich sexueller Ausbeutung der Kinder u. Ä. Dieses Problemverhalten wird nicht als Ausdruck von Unkenntnis darüber, wie Kinder aufzuziehen sind, betrachtet, so dass instruktive Maßnahmen ergriffen werden müssten. Diese „Demonstrationen" unzureichender Wahrnehmung elterlicher Aufgaben erfüllen in dem Kontext, in dem sie geschehen, Funktionen und zeigen Problemlösungsmuster auf, deren Sinn sich u. a. durch Gespräche erschließen, und sie weisen auf Möglichkeiten hin, diese gesellschaftlich nicht-erwünschten Verhaltensweisen gegenüber den Kindern so zu beeinflussen, dass sozial akzeptierteres und konstruktiveres Lösungsverhalten gezeigt werden kann.

Auch in einem Zwangskontext geht es darum, die Handlungsmöglichkeiten zu erweitern (von Förster 1985). Diese Erweiterung wird dadurch ermöglicht, dass die Familientherapeuten in einem Detriangulierungsprozess in ihrer Arbeit sowohl die Problemdefinitionen der Institutionen der sozialen Kontrolle als auch der Familie aufgreifen. Ausgangspunkt bildet dabei die Überlegung, dass aufgrund der Kritik an ihrem Erziehungsverhalten die Familie zumindest das Problem hat, dass andere Probleme sehen und deren Veränderung einfordern. In der dann folgenden Klärung des Arbeitsauftrags, etwa im Sinne: „Wie können wir Ihnen helfen, uns wieder loszuwerden?" (Conen 1996a), entwickeln die Familien Vorgehensweisen, die dazu beitragen (sollen), dass Kritik an und Mängel in der Erziehung der Kinder nicht mehr notwendig sind.

Deutlich wird dies an folgendem Beispiel: *Eine Mutter (26 Jahre) mit vier Kindern zwischen einem Jahr und neun Jahren gibt dem Jugendamt Anlass zur Besorgnis. Mitteilungen aus Schule, Hort, Kindergarten und Nachbarschaft lassen darauf schließen, dass die Kinder häufig nicht beaufsichtigt sind sowie unzureichend mit Nahrung und Kleidung versorgt werden. Ferner gibt es Anzeichen für gravierende körperliche Misshandlungen der Kinder. Der Jugendamtssozialarbeiterin ist die Mutter bereits seit längerem bekannt. Die Kindesmutter zeigt im Umgang mit der Sozialarbeiterin eher Erwartungen, die an eine Mutter gerichtet sein könnten. Der Sozialarbeiterin gelingt es aufgrund des relativ guten Kontakts, die Kindesmutter von der Notwendigkeit einer Hilfe zu überzeugen. Die Mutter stimmt einer aufsuchenden Familientherapie zu.*

Als jedoch die Familientherapeuten vor ihrer Tür stehen, öffnet niemand. Es gelingt den Therapeuten weiter nicht, Zugang zu der Mutter zu bekommen. Die Sozialarbeiterin schreibt selbst Briefe, nimmt erneut Telefonkontakt auf und macht einen Hausbesuch. Sie verdeutlicht dabei stets der Mutter die Notwendigkeit, eine Hilfe in Anspruch zu nehmen. Der Druck auf die Mutter wächst zunehmend.

Co-Therapie

Die aufsuchende Familientherapie wird in diesem Konzept in Co-Therapie durchgeführt. Dies geschieht aus verschiedenen Gründen:

a) Da das **Reflecting Team** (Andersen 1990) eine Methode darstellt, die Grundbestandteil dieses Konzepts ist, ist es aus diesem Grunde unabdingbar, dass zwei Familientherapeuten die Therapiegespräche führen. Die beiden Familientherapeuten nehmen in den Reflexionen sowohl gegensätzliche als auch sich ergänzende Standpunkte ein. Absicht ist es, verschiedene Sichtweisen zu präsentieren, die die Familienmitglieder hören. Sie erfahren dadurch, dass Unterschiede möglich sind und respektiert werden können. Kontroverse Meinungen und Verhalten bedingen nicht „Entweder-oder-Situationen". Die Familienmitglieder erfahren, dass bei Unterschieden in den Sichtweisen jede für sich ihre Gültigkeit hat, es jedoch notwendig ist, daraus konstruktive Handlungen bzw. Verhaltensweisen zu entwickeln.

Diese Positionen mögen sich im Grundsätzlichen nicht wesentlich unterscheiden. Mögliche Gegensätze brauchen von den Therapeuten nicht künstlich eingenommen zu werden. Interessanterweise ist das Phänomen zu beobachten, dass sich, wenn eine Therapeutin eine bestimmte Einschätzung hat, der andere Therapeut sogleich herausgefordert fühlt, eine andere Position einzunehmen. Unterschiede in wichtigen Detailfragen können genutzt werden, wie z. B. ab wann die Eltern meinen, dass sie es mit ihren Kindern besser schaffen werden, und wer eher Zweifel daran bekommt, ob die Rückführung des Kindes eine gute Idee war oder nicht. Die Therapeuten sind sogar aufgefordert, in einen fairen Wettstreit um Ideen und Überlegungen zu treten.

Besonders hilfreich erweist es sich in den Therapiegesprächen, wenn sich die Therapeuten nicht einig werden bzw. sogar streiten. Abhängig vom Grad der Vertrautheit und auch Offenheit zwischen den beiden Familientherapeuten ist es hilfreich, auch Konflikte und Kontroversen, die zwischen den beiden Familientherapeuten in einem Gespräch mit der Familie auftreten, vor der Familie auszutragen.

Diese offenen Auseinandersetzungen stellen wichtige Erfahrungen für die Familie bzw. für ihre einzelnen Mitglieder dar. Die Auseinandersetzungen zwischen den beiden Therapeuten werden nicht geführt, um der Familie ein Lernen am Modell zu ermöglichen, sondern damit sie das Ringen in der Entwicklung von Ideen sowie den Respekt vor Unterschieden als nützlich erlebt. Die Kontroversen der beiden Familientherapeuten können wesentlich dazu beitragen, dass die Familie eigene Überlegungen aktiviert und daraus resultierend Verhaltensänderungen vornimmt. Erfahrungsgemäß tun sich die Familientherapeuten eher schwerer damit, diese offenen Auseinandersetzungen zu führen als die Familien.

Denn ein Streit vor einer Familie setzt voraus, dass die Therapeuten sich zum einen dies zutrauen und zum anderen bereit sind, mögliche eigene Ängste vor Streit und Kontroversen zu überwinden. Dies ist umso besser möglich, je mehr Erfahrungen die Therapeuten in ihrer Co-Arbeit gesammelt haben. Haben sie bereits mehrfach in der Vergangenheit die Erfahrung gemacht, dass ein Streit konstruktiv geführt werden und dieser eine Bereicherung darstellen kann, so nutzen sie dieses Instrument häufiger.

b) Um der **Sogwirkung der Familien** (Imber-Black 1990), insbesondere auch in einem aufsuchenden Setting, entsprechend begegnen zu können, ist es ebenfalls hilfreich, in einem co-therapeutischen Setting zu arbeiten. Diskussionen in Bezug auf die Nutzung von Teams wurden fast von Beginn an in der Familientherapie geführt sowie Erfahrungen damit gesammelt (Boscolo u. Bertrando 1997; Cecchin, Lane u. Wendl 1993). Es gilt, die Ressourcen eines Teams zu nutzen. Ein Team kann aufmerksamer die Sogwirkungen des Klientensystems beobachten sowie mit einem größeren Repertoire auf diese Wirkungen reagieren.

In der Regel haben insbesondere die Familien, die bereits über lange Zeit vom Jugendamt betreut werden, eine große Anzahl von Kontakten zu professionellen Helfern erfahren. Sie haben daher Formen entwickelt, Interventionen des Helfersystems aufzugreifen bzw. abzufangen. Die Familien haben gelernt, mit den an sie gerichteten Erwartungen so umzugehen, dass sie eine Hilfe abwehren oder unterlaufen, wenn sie diese ablehnen und sich ihr nicht offen entziehen können. Im Umgang mit dieser Situation ist es daher eine unabdingbare Hilfe, in einer Co-Therapie sich gegenseitig in dieser Dynamik zu beobachten und Rückmeldungen zu geben.

Nur wenn es gelingt, nicht zu sehr Teil des Systems zu werden, können neue Ideen und Vorstellungen eingebracht werden. Wenn auch in diesem Arbeitsansatz angestrebt wird, gelegentlich Bündnisse mit einzelnen Familienmitgliedern einzugehen, wird jedoch erheblicher Wert darauf gelegt, dass diese Koalitionen nur vorübergehend sind (Minuchin u. Fishman 1983). Sobald sich ein Familientherapeut zu deutlich oder zu lange mit einem Familienmitglied gegen andere verbündet, besteht die Gefahr, Teil der Familiendynamik zu werden. So kann es z. B. zwar hilfreich sein, der Frau zuzustimmen, dass eine Trennung von ihrem gewalttätigen Ehemann notwendig war. Was geschieht jedoch, wenn diese Einschätzung beibehalten wird und der Ehemann nach kurzer Zeit wieder in die Wohnung zurückkehrt?

Gelingt es nicht, ausreichend neue Impulse und Ideen in das Klientensystem einzubringen, so ist dies möglicherweise ein Zeichen dafür, dass die Therapeuten zu sehr in der Familiendynamik verfangen sind. Es ist daher für das Therapeutenteam notwendig, dies in einer Supervision zu thematisieren.

c) Eine co-therapeutische Arbeit ist auch deswegen hilfreich, da sie es ermöglicht, unmittelbar und direkt die gelegentlich notwendige **Unterstützung des Kollegen** zu erfahren. Die nicht selten anfängliche große Abwehr, auch Aggressivität einzelner Familienmitglieder, einschließlich Androhungen von Gewalt, sind durch die Arbeit in einem Co-Therapeutenteam leichter zu bewältigen. Ferner bringen die schweren traumatischen Erfahrungen und oftmals äußerst schwierigen Lebensbedingungen der Familie bzw. einzelner Familienglieder für die Familientherapeuten starke Belastungen mit sich, die eine gegenseitige Unterstützung in einem Co-Therapeutenteam erforderlich machen, um dauerhaft sowohl die Arbeitsfähigkeit als auch die notwendigen positiven Haltungen aufrechterhalten zu können.

d) In einem Co-Therapeutenteam zu arbeiten, ist auch aufgrund der **zeitlichen Befristung** der aufsuchenden Familientherapie erforderlich. Die aufsuchende Familientherapie in diesem Ansatz wird in einem Zeitraum von 6–12 Monaten durchgeführt. **Urlaube und längere Erkrankungen** während dieser Zeit haben einen wesentlichen Einfluss auf den Verlauf der Familientherapie. Die Familientherapeuten können sich krankheits- und urlaubsbedingt vertreten. Erfahrungen zeigen, dass die Arbeit eines Familientherapeuten als Einzeltherapeut/-person für einen Zeitraum von ca. 8–14 Tagen noch möglich ist. Eine längere alleinige therapeutische Arbeit mit der Familie endet jedoch im Allgemeinen in einer starken Verwobenheit des Familientherapeuten mit der Familiendynamik und führt zu Blockierungen zentraler Veränderungspotenziale der Familie. Oftmals sind nach längerer Tätigkeit nur eines Therapeuten erhebliche Nacharbeitungen notwendig, um die sich als problematisch erweisenden Wirkungen der alleinigen therapeutischen Arbeit wieder auszubessern. Bei längerer Abwesenheit als zwei Wochen eines Familientherapeuten ist es daher notwendig, eine Vertretung heranzuziehen. Daher bilden die Familientherapeuten möglichst Viererteams, in denen sie sich gegenseitig vertreten können. Sie sind aufgrund der gemeinsamen Supervision auch in Bezug auf den Stand der familientherapeutischen Arbeit auf dem Laufenden.

Männer/Frauen – kein Thema für das Co-Therapeutenteam

Die meisten Co-Therapiekonzepte fordern und fördern die Idee, dass das Co-Therapeutenteam sich möglichst aus einem Mann und einer Frau zusammensetzen sollte. Erfahrungen in diesem Ansatz der aufsuchenden Familientherapie zeigen jedoch, dass dieser Aspekt weitaus weniger Aufmerksamkeit bedarf, als dies in der Literatur, in den Weiterbildungen sowie bei anderen Konzepten bisher betont wird.

Hinter diesem immer noch weithin propagierten, jedoch meines Erachtens überholten Modell des gemischt-geschlechtlichen Co-Therapeutenteams steht in der Regel die Idee, dass Mann und Frau für die Eltern und Kinder ein Modell darstellen sollen. Sowohl geschlechtsrollen- als auch elternrollenspezifisch sollen modellhaft Handlungs- und Verhaltensmöglichkeiten vermittelt werden.

In diesem Ansatz wird jedoch im Allgemeinen kein modellhaftes Vorgehen angestrebt. Bestehende (Lebens-)Situationen werden konstruktiv einbezogen, es gilt, mit ihnen angemessen umzugehen. Dies bezieht sich sowohl auf die Situation der Familientherapeuten als auch der Familien. Bei den Familien, die eine aufsuchende Familientherapie in Anspruch nehmen, ist die Hälfte der Eltern (vorwiegend Mütter) allein erziehend und hat mehrere Kinder. Sowohl die Mütter als auch die Kinder haben oft gewalthafte Beziehungen zu den vorherigen Partnern bzw. Vätern erlebt. Anstatt den Müttern und Kindern durch ein mögliches Modell zu vermitteln, dass es eigentlich „normaler" oder „besser" sei, eine „vollständige" Familie zu sein, in der ein Mann bzw. Vater anwesend ist, respektieren die aufsuchenden Familientherapeuten in diesem Arbeitsansatz die Tatsache, dass die Mutter allein erziehend ist. Sie problematisieren gegenüber der Mutter auch die möglicherweise vorhandene Idee, die auch bei vielen professionellen Helfern vorhanden ist, dass die Erziehung der Kinder nur zu schaffen sei, wenn sie einen „Mann im Hause" hätte. Erfahrungen zeigen, dass es für manche Frauen einen Fortschritt darstellt, wenn sie nach einer Kette von negativen oder gar gewalthaften Beziehungen eine „Männerpause einlegen" und für sich klären, wie sie zukünftig eine Beziehung zu einem Partner gestalten können und wollen.

In der Rolle der allein erziehenden Mutter ist es wenig hilfreich und stellt keinesfalls eine ressourcenorientierte Arbeit dar, wenn diese Mütter in der Annahme bestärkt werden, ihnen fehle zum „Vollständigsein" ein Partner. Meist müssen sie sich, zumindest für eine geraume Zeit, ihrer Erziehungsverantwortung alleine stellen. Aber auch in einer Partnerbeziehung gilt es, eigene Erziehungsvorstellungen einzubringen, um eine von beiden Elternteilen getragene Erziehung zu gewährleisten.

Durch Respekt vor der (derzeitigen) Familienkonstellation vermeiden die Familientherapeuten implizite Abwertungen gegenüber allein erziehenden Müttern, die u. a. in traditionellen Vorstellungen von Familie enthalten sind. Die Entwicklungen innerhalb der Familien deuten – und dies insbesondere in Jugendhilfefamilien – darauf hin, dass in Zukunft Familien im Allgemeinen sich mütterzentriert gestalten werden, d. h. die jeweilige Familie und das Leben der Kinder – von verschiedenen Vätern stammend – konzentrieren sich im Alltag um die Mutter.

In ihrer Sozialisation machen Kinder aus Jugendhilfefamilien häufig negative Erfahrungen mit „Vätern" bzw. erleben keine oder kaum positive männliche Rollenvorbilder. Diesen Erfahrungen werden in der aufsuchenden Familientherapie im Gegensatz zu anderen Arbeitsansätzen bewusst keine Gegenerfahrungen gegenübergestellt. Wenn auch die Bemühungen von Vätern zugenommen haben, sich mehr an der Erziehung von Kindern zu beteiligen, so erleben Kinder dennoch weiterhin vorwiegend Frauen als verantwortlich in der Erziehungsarbeit: die Mutter, die Kindergärtnerin, die Lehrerin in der Grundschule, die Lehrerin in der Hauptschule, die

Erzieherin im Heim, die Therapeutin, die Logopädin usw. Dieser Tatsache wird daher auch in Hinblick auf die Zusammensetzung der Teams eindeutig Rechnung getragen, und diese werden entsprechend der Verteilung der Geschlechtszugehörigkeit in sozialen Berufen gestaltet.

Da in psychosozialen Berufen je nach Tätigkeitsfeld zwischen 60 und 95 % weibliche Fachkräfte tätig sind, ist es meines Erachtens notwendig, dass Kinder – und auch Erwachsene – aus dieser Tatsache eine Stärke und Ressource entwickeln, anstatt sie als defizitäre Situation zu betrachten.

Würden Arbeitsstellen und Teams im Verhältnis 1:1 mit Frauen und Männern besetzt[8], würde dies bei einem Verhältnis von 1:1 bei (Familien-)Therapeuten eindeutig eine Diskriminierung von (Familien-) Therapeutinnen mit sich bringen.[9] Daher werden aufsuchende Familientherapeuten entsprechend ihrer fachlichen Qualifikation – und nicht wegen ihres Geschlechts – ausgewählt.

Ferner entspricht die weit verbreitete Ansicht „… aus paritätischen Gründen einen männlichen Kollegen zu suchen" auf keinen Fall einer systemischen Sichtweise. Die Idee, nur Experte für das eigene Geschlecht sein zu können, lässt u. a. die seit mehreren Jahren geführte Diskussion außer Acht, die das „Expertensein" problematisiert. Cecchin, Lane u. Wendel (1993) weisen darauf hin, dass es meist Vorerfahrungen, Vorurteile und Vorannahmen sind, die unser Verhalten gegenüber anderen beeinflussen und es letztlich nur darum gehen kann, sie zu veröffentlichen, mitzuteilen und sich darüber auszutauschen. Selbstverständlich ist anzunehmen, dass sich Frauen und Männer in Bezug auf eine Vielzahl von Aspekten ihres Geschlechts jeweils besser auskennen. Daraus jedoch zu schlussfolgern, dass es somit für eine Arbeit mit Klienten notwendig ist, das jeweili-

8 Es wäre interessant zu sehen, wann diese Idee auch in anderen Berufsbereichen wie Technik, Wirtschaft, Bau aufgegriffen wird.
9 Oftmals setzen sich insbesondere weibliche Kollegen dafür ein, dass für ihr Team unbedingt ein Mann eingestellt werden soll. Dies trifft vor allem dann zu, wenn Frauen bereits überwiegen. Diese Idee steht nicht selten im Zusammenhang mit der Einschätzung, dass ein „reines Frauenteam" keine Anerkennung erfährt. Männer werden als Aufwertung erlebt; nicht „nur" ein Frauenteam zu sein, ist erstrebenswert. Daher kommt es immer wieder bei Stellenbesetzungen vor, dass der Tatsache, der Bewerber ist ein Mann, mehr Rechnung getragen wird als der angeforderten fachlichen Qualifikation, die eine weibliche Bewerberin erfüllt (Conen 2000).

ge andere (hier in der Regel männliche) Geschlecht im Team vertreten zu haben, ist zu hinterfragen. Auch Napier und Whitaker (1982) halten „das biologische Geschlecht der Therapeuten bzw. Helfer nicht für ein wesentliches Auswahlkriterium" (Conen 2000, S. 33). Die Erfahrungen in der aufsuchenden Familientherapie zeigen, dass es nur in wenigen Ausnahmefällen von Bedeutung ist, welches Geschlecht wie im Co-Therapeutenteam vertreten ist. Positive Erfahrungen in der Zusammenarbeit von zwei männlichen Familientherapeuten sind insbesondere bei allein erziehenden Vätern, die besonders große Enttäuschungen mit ihren ehemaligen Partnerinnen erlebt haben, zu verzeichnen. Die Arbeit von zwei männlichen Familientherapeuten zeigt sich jedoch als eher kontraindiziert, wenn allein erziehende Mütter massive sexuelle Gewalt erfahren haben. Die Zusammensetzung eines Co-Therapeutenteams aus zwei weiblichen Familientherapeuten stellt im Allgemeinen kein Problem dar.

Notwendig ist es jedoch stets, dass jede (geschlechtsbezogene) Kombination eines Co-Therapeutenteams gegenüber den Klienten thematisiert wird. Ein Team von zwei Frauen kann gegenüber einem Elternpaar folgende Kommentierung geben:

„Wir sehen es als notwendig an, als Frauen darüber zu sprechen, dass wir beide Frauen sind und Sie als Paar ein Mann und eine Frau sind. Wir sind uns dessen bewusst, dass wir vieles bei Männern nicht verstehen. Wir haben festgestellt, dass wir die Männer daher mehr als die Frauen fragen. Wir haben darüber hinaus die Gefahr erkannt, dass wir als Frauen oftmals bei Frauen denken, wir wissen, was sie meinen. Und weil wir dies denken, fragen wir bei den Frauen viel weniger. Dies kann dazu führen, dass wir oftmals bei Frauen nicht genügend nachfragen, um wirklich zu verstehen, während wir uns bei den Männern mehr bemühen, und die sich dann gegebenenfalls besser verstanden fühlen als die Frauen. Wir bitten Sie, uns zu sagen, wenn Sie beobachten, dass wir bei Ihnen, Frau Ahlers, nicht genügend nachfragen!"[10]

REFLECTING TEAM

Neben der herausragenden Rolle, die die Orientierung an den Ressourcen der Familie in der aufsuchenden Familientherapie spielt,

---

10 In unserer cotherapeutischen Arbeit sprechen wir stets im Erstgespräch das Thema „Frauenteam" in dieser Art und Weise an.

kommt im Reflecting Team eine weitere zentrale systemische Vorgehensweise zum Tragen. Das Reflecting Team (Andersen 1990) ist unabdingbarer Bestandteil der Methoden in der aufsuchenden Familientherapie. Die Familientherapeuten arbeiten zu zweit in den Familien, wodurch es ihnen möglich ist, ihre Reflexionen in Form eines Reflecting Teams in die Arbeit einzubringen. Während in der direkten Kommunikation der jeweilige Gesprächspartner sich unmittelbar mit dem auseinander setzt und auch darauf reagiert, was sein Gegenüber gerade vorher gesagt hat, ist dieser Prozess durch das Reflecting Team verlangsamt. In diesem Konzept des Reflecting Teams tauschen die Familientherapeuten ihre Gedanken, Überlegungen und Beobachtungen vor der Familie aus. Die Familie hört den Ausführungen der beiden Familientherapeuten zu. Der Austausch findet auf einer Ebene der Meta-Position der Familientherapeuten statt. Voraussetzung auf Seiten der Familientherapeuten sind Offenheit und Ehrlichkeit. Beides trägt im Laufe der familientherapeutischen Arbeit mit der jeweiligen Familie zu einer hohen Glaubwürdigkeit und damit auch Akzeptanz seitens der einzelnen Familienmitglieder bei.

Beispielsweise konfrontieren die Familientherapeuten die Eltern nicht (direkt) mit einer Kritik am Verhalten der Mutter, die erneut ihrem Kind keine deutlichen Grenzen setzt, sondern diskutieren ihre Beobachtungen, Wahrnehmungen und Einschätzungen von Vor- und Nachteilen dieses Verhaltens: dass dadurch der Vater die Möglichkeit hat, sich einzubringen, das Kind seinen eigenen Willen verdeutlicht, die Mutter eine positive freundschaftliche Beziehung zur Tochter pflegt, aber auch, was das gleiche Verhalten bei der Lehrerin auslösen könnte, was die Jugendamtssozialarbeiterin dazu meinen würde u. Ä.

Im Reflecting Team ist es möglich, sich mit einer Reihe von Aspekten auseinander zu setzen, die in anderen Zusammenhängen bei der Familie wenig Gegenliebe oder gar offene Ablehnung hervorrufen würden:

Es ist ein Austausch möglich über:

- die Gründe, die für ein Beibehalten der bestehenden Probleme sprechen

- die Kritik von Außenstehenden, insbesondere am Erziehungsverhalten der Eltern und dem Verhalten der Kinder in verschiedenen Kontexten
- die positiven Aspekte der bestehenden Schwierigkeiten
- die möglichen Hindernisse und Hürden, die bei neuen Problemlösungen auftreten können
- die möglichen Implikationen und Dimensionen von angestrebten Veränderungen
- die Ängste vor neuen und damit gegebenenfalls ungewohnten Verhaltensweisen bzw. anderen Einstellungen
- die Ängste vor einem erfolgreichen Erziehungsverhalten, vor Erfolg im Allgemeinen
- die möglichen „Sabotagemanöver" von einzelnen Familienmitgliedern oder Personen aus dem Umfeld
- die Reaktionen des Umfelds, vor allem anderer professioneller Helfer, auf Veränderungen
- die möglichen Strategien und Verhaltensweisen in Reaktion auf diese gedachten Reaktionen
- die Einschätzungen und Beurteilungen von Außenstehenden, einschließlich abwesender und verstorbener Mitglieder der beiden Herkunftsfamilien
- die Zukunftsperspektiven und -szenarien im Allgemeinen und im Besonderen in Bezug auf mögliche zukünftige Krisen und Schwierigkeiten
- das Vorhandensein von mehr als einer Handlungsoption, Bewertungsmöglichkeiten und Perspektiven u. a.

Die Klienten hören den Familientherapeuten, die sich im Reflecting Team austauschen, dabei zu. Die Familienmitglieder sind in der Rolle eines „außenstehenden" Zuhörers und haben dadurch die Möglichkeit,

- in ihren Gedanken mitzugehen,
- das eine oder andere abzuwägen, ihre eigene Einschätzung innerlich abzufragen,
- weitergehende Überlegungen anzustellen, die die Therapeuten nicht diskutieren,
- den Raum und die Zeit zu nutzen, bei sich zu bleiben,
- nicht sofort zu antworten und
- nicht unmittelbar in Abwehr gehen zu müssen.

Diese Form der Gespräche trägt erheblich zu einem respektvollen Umgang miteinander bei. Der Austausch der beiden Familientherapeuten ist für die anwesenden (und auch abwesenden) Familienmitglieder in der Regel so interessant, dass – abgesehen vor der ersten Gewöhnung und somit anfänglichen Umstellung – im Allgemeinen keine Störungen auftreten. Kinder, die sonst unruhig sind, hören zu. Eltern, die sonst keinem zuhören können, halten sich mit eigenen Äußerungen zurück. Jugendliche, die sonst Gespräche „ätzend" finden, bleiben dabei und gehen nicht aus dem Raum u. Ä. Die Familie fühlt sich durch die Offenheit und Wohlgesonnenheit der beiden Familientherapeuten wertgeschätzt und ernst genommen.

Häufig haben diese Jugendhilfefamilien die Erfahrung gemacht, dass professionelle Helfer in Gesprächen und Hilfeplanaushandlungen nicht offen sprechen und ihnen gegenüber kritisch oder gar ablehnend sind. Sie gehen oftmals davon aus, dass die „Profis" nicht ehrlich sind, man vor ihnen am besten auf der Hut ist, und wenn sie nett sind, man ihnen eher misstrauisch begegnen sollte. Beim Reflecting Team erleben sie die beiden Familientherapeuten als ihnen zugewandte und offene professionelle Helfer, die viel Positives sehen, aber auch Kritisches anzumerken haben.

Störungen und Geräusche werden von den Familien im Allgemeinen selbst gut geregelt, so dass eine aufmerksame und gute Gesprächssituation vor Ort hergestellt wird. Erfahrungen zeigen, dass es in Bezug auf drei Aspekte zu Störungen kommen kann:

1. Die einzelnen Familienmitglieder können zu dem gegenwärtigen Zeitpunkt noch nicht die positiven Rückmeldungen „aushalten", da diese ihnen zu fremd, zu abwegig sind oder zu sehr die Veränderungspotenziale aufweisen.
2. Die Inhalte, die von den beiden Familientherapeuten im Reflecting Team erörtert werden, können stören, gehen den Familienmitgliedern zu nahe oder sind zu früh besprochen worden, als dass die Familie bzw. einzelne Mitglieder diesen zuhören können. Durch Störungen wird dann gegebenenfalls die weitere Beschäftigung mit diesen Inhalten verhindert.
3. Die Familientherapeuten sind sich in diesem Vorgehen noch unsicher und haben noch nicht ausreichend geklärt, wie sie ihre Gedanken einbringen sollen, wie sich der Kollege verhal-

ten soll und wie sie mit Störungen durch die Familie umgehen wollen.

Insbesondere wenn die besprochenen Inhalte zu Störungen seitens einzelner Familienmitglieder führen, ist dies meines Erachtens auch als Hinweis zu betrachten, dass das Wohlwollen der beiden Familientherapeuten noch nicht in ausreichendem Maße eingebracht wurde bzw. sich bei der Familie eingepflanzt hat. Von daher ist es möglicherweise noch einmal notwendig, den Zugang zur Familie wieder stärker in den Vordergrund zu stellen und die Vor- und Nachteile der Ressourcen und Fähigkeiten der Familie (erneut) im Reflecting Team zu diskutieren.

Während im Allgemeinen bei co-therapeutischen Konzepten sehr viel Wert darauf gelegt wird, dass beide Therapeuten an „einem Strang ziehen", setzt dieses Vorgehen an der Nützlichkeit von Unterschieden in Betrachtungen, Einschätzungen und Wahrnehmungen an. So kann es geschehen, wenn ein Familientherapeut sich eher optimistisch und positiv zu einer Entwicklung oder dem Verhalten eines Familienmitglieds äußert, dass der andere Familientherapeut – fast automatisch – eine eher abwartende, möglicherweise sogar skeptische Haltung einnimmt. Während der eine positive Veränderungen herausstellt, kann der andere eher misstrauisch sein in Bezug auf die Dauerhaftigkeit dieser Veränderungen. Beide tauschen sich dann in ihren Argumenten aus und zeigen diesen oder jenen Aspekt auf, der für ihre Sichtweise spricht.

Es ist wenig sinnvoll oder hilfreich, diese „kontroversen" Betrachtungen zu „schauspielern" (dies würden die Familien eh bemerken). In der Regel ergibt es sich fast automatisch, dass bei einer positiven Betrachtung dem anderen eher kritische Aspekte einfallen (auch wenn er die positiven ebenfalls sieht). Die Anwendung dieses „Automatismus" führt, wie dies in menschlicher Kommunikation häufig geschieht, dazu, dass eben nicht die Familie die Bedenken, Probleme und Hindernisse einwirft: „Ja, aber ...", sondern die Familie die beiden Aspekte wahrnehmen und sich in einer Zuhörerposition mit dem Sowohl-als-auch auseinander setzen kann.

Die aus dem Umgang im Reflecting Team resultierende angenehme Distanz ermöglicht es auch, neue Sichtweisen einzubringen, die bei direkter Ansprache oftmals unmittelbar aufgegriffen und in der Regel mit dem häufig zu hörenden „Ja, aber ..." abgewehrt werden. Indem in einer Haltung des Sowohl-als-auch gesprochen wird, Dilemmas als nicht lösbar beschrieben und diskutiert werden, Probleme auch mit ihren Vorteilen – und nicht nur Nachteilen – erörtert werden und Widersprüche als sich gegenseitig Ergänzendes betrachtet werden, gelingt es, bisherige Wahrnehmungen zu „verstören" (Cecchin, Lane u. Wendel 1993).

Diese Öffnung für neue Sichtweisen, die wiederum oftmals Vorbedingung sind für neue und auch konstruktivere Lösungsstrategien, führt zu deutlichen Veränderungen in den Familien. Indem die Familie bzw. die einzelnen Familienmitglieder in diesem Prozess ihre eigenen Lösungsideen entwickeln bzw. auf diese zurückgreifen, gestalten sich Problemlösungsmuster und -verhalten konstruktiver.

Im Reflecting Team folgen die beiden Familientherapeuten der systemischen Prämisse der Nicht-Instruierbarkeit von inneren Prozessen und Haltungen bei Menschen. Die Familie wird daher auch durch das methodische Vorgehen der Therapeuten ermutigt, ihre eigenen Lösungsideen zu entwickeln. Erfahrungen zeigen, dass die Ideen, die selbst entwickelt werden, die tragfähigsten und meist auch die besten sind, da sie aus der eigenen inneren Haltung bzw. Einstellung entstanden sind. So ist oft zu beobachten, dass die Familie – vor allem Eltern – auf eine ganz andere Art und Weise die an sie gerichteten Anforderungen von Institutionen der sozialen Kontrolle berücksichtigen. Kritik wird nicht mehr in der bisherigen Form abgewehrt, sondern findet ihre Einbeziehung in die Handlungen der Eltern, und sei es, dass sie anstreben, dass das Jugendamt oder die Schule sich nicht weiter einmischen. Die positiven Veränderungen in der Familie sind für Außenstehende häufig schon nach recht kurzer Zeit deutlich sichtbar

Während ich zu Beginn eher skeptisch war, ob das Reflecting Team bei diesen Jugendhilfefamilien im Rahmen einer aufsuchenden Familientherapie angewandt werden kann, zeigen vorliegende mehrjährige Erfahrungen, dass es sich beim Reflecting Team um eine der wirksamsten und bedeutendsten Interventionsformen bei diesen Familien handelt. Die Familien gewöhnen sich sehr schnell an diese Form des Gesprächs.

Um diese Form der Reflexion zu erläutern, wird der Familie zu Beginn Folgendes mitgeteilt:

„Wir als Familientherapeuten stellen immer wieder fest, dass Klienten sich oft damit beschäftigen, was die Therapeuten wohl ‚wirklich' denken. Da über diese Überlegungen dann aber nie gesprochen, aber damit irgendwie umgegangen wird, ist es einfacher, diese Gedanken gleich öffentlich zu machen. (Gegebenenfalls erzählen die Therapeuten die Geschichte vom Mann, der einen Hammer braucht (Watzlawick 1983).) Wir haben darüber hinaus auch gemerkt, dass wir beide manchmal denken, wir wissen, was die Familien meinen. Um sicher zu gehen, dass wir uns richtig verstanden haben, wollen wir dabei auch schauen, ob das, was wir jeweils sagen, und auch das, was Sie gesagt haben, richtig verstanden wurde. Dazu müssen wir dann darüber sprechen. Wir stellen darüber hinaus aber auch immer wieder fest, dass wir ganz unterschiedliche Meinungen und Einschätzungen haben zu dem, was wir in den Familien sehen und beobachten. Während ich das z. B. eben eher gut fand, dass Sie Ihrem Sohn gesagt haben, er soll die Füße vom Wohnzimmertisch nehmen, glaube ich, wie ich meine Kollegin kenne, dass sie denkt, Sie hätten das mit einer festeren Stimme sagen können. Darüber reden wir gerne, und anstatt, dass wir alle denken, was wohl der andere denkt, finden wir es besser, wenn wir beide uns ein- bis dreimal während eines Gesprächs miteinander austauschen. Wir sind dann natürlich sehr daran interessiert zu hören, was Sie zu dem meinen, was wir gesagt haben. Denn Sie haben sicherlich eigene Gedanken dazu, die, wenn Sie uns die wissen lassen möchten, uns auch wiederum Anregungen geben können."

Mit einer Einleitung in diesem Sinne gelingt es, bis auf wenige Ausnahmen gleich zu Beginn einer aufsuchenden Familientherapie, in der Regel die volle Aufmerksamkeit aller anwesenden Familienmitglieder zu gewinnen.

Die Äußerungen im Reflecting Team werden von den Familienmitgliedern sehr aufmerksam verfolgt. Oftmals festgefahrene Situationen geraten aufgrund der Diskussionen zwischen den beiden Familientherapeuten bereits wenig später in der Familie wieder in Bewegung. Neue Verhaltensweisen werden ebenso entwickelt wie neue Sichtweisen von Personen und Problemen, die zutage treten. Die in den Kommentierungen und Beiträgen der Familientherapeuten eingebrachten Hypothesen zu Vorgängen und Problembereichen in der Familie führen, insbesondere wenn sie kontrovers zwischen den beiden Familientherapeuten diskutiert werden, zu raschen Neugestaltungen.

Ist z. B. ein Familientherapeut der positiven Einschätzung der Kollegin gegenüber eher skeptisch und hat Zweifel am Gelingen einer geplanten Veränderung, so ist es im Reflecting Team möglich, die verschiedensten Varianten, warum es nicht gelingen kann und welche Probleme zusätzlich auftreten könnten, anzuschauen. Dies führt dazu, dass den Klienten eine große Bandbreite an Hindernissen und Schwierigkeiten deutlich wird – z. B. in Bezug auf die Rückführung eines Kindes aus dem Heim. Werden die Hindernisse im Anschluss an das Reflecting Team von den Klienten minimalisiert, so kann der „skeptische" Therapeut seine Bedenken einbringen. Die andere Familientherapeutin, die Zutrauen in die Veränderungsfähigkeit hat, geht mit der Familie bzw. der Familienmitgliedern diese Bedenken durch. Familientherapeutin: „Ja, was meinen Sie dazu, wie könnten Sie das hinbekommen, dass sich Ihr Sohn in der Schule so verhält, dass nicht jeder Lehrer gleich denkt, der wäre doch besser im Heim aufgehoben? Was müsste Ihr Sohn von Ihnen hören, damit er weiß, jetzt sind Sie wieder gefragt?"

Das Reflecting Team wird auch in anderen Gesprächssituationen wie z. B. mit Lehrern, Kindergartenmitarbeiterinnen, zuständiger Jugendamtsmitarbeiterin oder im Rahmen von Hilfeplangesprächen angewandt. Selbstverständlich bedarf es auch hier einer kurzen Einführung für die Kollegen. Unabdingbar ist dabei jedoch, dass bei den Reflexionen in Anwesenheit von Außenstehenden vorher mit der Familie abgestimmt wird, welche Informationen aus der Verschwiegenheitspflicht heraus nicht besprochen werden sollen. Besonders hilfreich erweist es sich, wenn zumindest ein Familienmitglied auch beim Austausch mit anderen professionellen Helfern anwesend ist, sei es, dass dieses Familienmitglied unmittelbar die Informationen aus diesem Gespräch erhält oder die Reaktionen der anderen professionellen Helfer von diesem Familienmitglied direkt beobachtet werden.

STÖRUNGEN WERDEN RESPEKTIERT

Die aufsuchende Familientherapie wird stets vor Ort in der Wohnung der Familie durchgeführt. Dies bedingt, dass alle Störungen und Situationen, die in der Wohnung der Familie auftreten bzw. vorhanden sind, einbezogen werden.

Lärmquellen sind u. a. folgende:

- Hunde kläffen
- Vögel zwitschern laut
- Fernseher oder Radio läuft
- Kinder schreien
- Kinder streiten und quengeln

Weitere Störungen sind u. a.:

- Nachbarn, die vorbeischauen, sich trotz des Gesprächs niederlassen und auch von den Eltern nicht aufgefordert werden, zu gehen
- Freunde, die beim Gespräch dabei sein wollen, um einzelne Gesprächsaspekte zu kommentieren
- Familienmitglieder aus der Herkunftsfamilie sind anwesend und versuchen eine gewisse Kontrolle über die Themen zu erringen u. a. um das Erzählen von Familiengeheimnissen zu verhindern
- Telefonanrufe der Mutter der Kindesmutter, die ihre Tochter überprüfen will
- Mangel an Sitzmöglichkeiten
- Renovierung der Wohnung, Umbauten innerhalb der Wohnung während der Gespräche

Vor allem zu Beginn einer aufsuchenden Familientherapie werden die diversen Störungen und Hindernisse als Ausdruck verschiedener Bemühungen betrachtet, das Ungleichgewicht in der Gesprächssituation zu beeinflussen und den „Heimvorteil" für sich zu nutzen. Sie sind nicht nur Bestandteil der Interaktions- und Kommunikationsmuster der Familie, sie stellen auch symptomatische Situationen dar, anhand derer neue Entwicklungen beobachtet werden können. Veränderungen in Bezug auf diese Störungen und Schwierigkeiten werden als Hinweis auf allgemein sich abzeichnende Veränderungen betrachtet. Das Verschwinden der Störungen ist nicht Voraussetzung für die Arbeit. Die Störungen zu nutzen und zu beeinflussen, ist Ziel der Arbeit.

Erfahrungen zeigen, dass sich die Familien im Allgemeinen zunehmend selbst um die Behebung von Lärmstörungen kümmern.

Die Familientherapeuten brauchen die Eltern nicht diesbezüglich aufzufordern. Gegebenenfalls warten die Therapeuten geduldig so lange, bis die Eltern für die Ruhe sorgen, die sie haben möchten. Das Abwarten der Therapeuten ist mit einer Haltung gegenüber den Eltern verbunden, dass diese kompetent sind, für das zu sorgen, was sie wollen. Diese Botschaft des Zutrauens trägt dazu bei, dass die Familienmitglieder im Allgemeinen selbst für eine Gesprächssituation sorgen, die es ihnen ermöglicht, die Kommentierungen der Therapeuten zu hören.

Andere Störungen, wie z. B. der Mangel an Sitzmöglichkeiten, werden ebenfalls als solche nicht kritisch betrachtet. Sie sind *Anlass* für Gespräche darüber, wie die Klienten ihre schwierigen Lebensumstände meistern. Daraus resultieren gegebenenfalls weitere Gespräche darüber, welche Wünsche und Hoffnungen bei Klienten in Bezug auf eine verbesserte Lebenssituation in der Vergangenheit bestanden. Erörterungen darüber, was sie veranlasste, manche Hoffnungen aufzugeben, führen schließlich dazu, über kurz- und mittelfristige Realisierungsmöglichkeiten von Wünschen – die implizit in den Störungen zum Ausdruck kommen können – zu sprechen.

In einer Familie war zu beobachten, dass die positiven Rückmeldungen der Therapeuten die gesamte Familie – auch Teile der Herkunftsfamilie der Mutter – beflügelten, so dass die Familie, nachdem die beiden Kinderzimmer renoviert worden waren, umfangreiche Umbauten in der Wohnung (u. a. Einbau eines Badezimmers) begann. Dies führte zu erheblichen Beeinträchtigungen bei den Gesprächen. Es war für geraume Zeit nur eingeschränkt möglich, an den Strukturveränderungen innerhalb der Familie zu arbeiten. Erst als krankheitsbedingt der Vater mit den Umbauarbeiten pausieren musste, konnten die Gespräche wieder so genutzt werden, dass positive Veränderungen sowohl in der Familiendynamik als auch in der Interaktion mit der Außenwelt einsetzten.

Die Störungen durch den „Baustellenbetrieb" wurden als Ausdruck dessen betrachtet, dass es der Familie schwer fällt, auch „unsichtbare" Veränderungen in der Familie zu sehen. Veränderungen in der Wohnung sind im Gegensatz zu inneren Prozessen deutlich sichtbar. Im späteren Verlauf wurde diese Annahme von den Familientherapeuten gegenüber der Familie geäußert. Dies war Anlass für eine Reihe von Gesprächen darüber, dass es der Familie schwer fällt, positive Veränderungen an den einzelnen Familienmitgliedern zu sehen bzw. anzunehmen.

In einem anderen Fall hatte die allein erziehende Mutter eines 3-jährigen Mädchens nur einen Stuhl in der Wohnung, so dass sich jeweils eine Therapeutin bei der Mutter mit auf das Bett setzte und die andere Therapeutin auf dem einzigen Stuhl saß. Im Laufe der familientherapeutischen Arbeit entwickelten die Therapeutinnen den Verdacht, dass der Bruder der Mutter diese bedrohte und möglicherweise auch sexuelle Gewalt gegenüber ihr sowie der kleinen Nichte ausübte. Der Bruder beschwerte sich darüber, wie ungemütlich es in der Wohnung der Schwester sei und besuchte diese seltener. Angesichts der anfangs noch sehr eingeschränkten Möglichkeiten der Kindesmutter, sich gegenüber ihrem Bruder – und auch anderen Menschen – abzugrenzen, stellte dieser Mangel an Sitzmöbeln eine sinnvolle Möglichkeit dar, in Ansätzen eine Grenze zu setzen.

Auch andere Störungen, wie die Anwesenheit von Personen, die nicht zur Familie gehören (Nachbarn, Freunde, „Zechkumpanen"), werden respektiert. Die Anwesenheit mancher Nachbarin oder Freundin wird auch als ein gewisses Schutzschild gegenüber den unbekannten Familientherapeuten betrachtet. Die Familientherapeuten respektieren dieses Schutzbedürfnis und laden die Außenstehenden ein; sie werden als Ressource für die weitere Arbeit genutzt.

Die Anwesenheit eines Außenstehenden wird in Bezug auf eine Reihe von Aspekten als hilfreich betrachtet:

- Klienten sind gegenüber dem Helfersystem nicht alleine und verschaffen sich durch die Anwesenheit von Außenstehenden Rückenstärkung
- Klienten können ihre eigene Einschätzung von den Therapeuten im Anschluss an das Gespräch mit ihrem „Gast" abgleichen
- Klienten können sehen, inwieweit auch das Umfeld von den Therapeuten respektvoll behandelt wird (Klienten beobachten, wie die Therapeuten auf das „Säuferumfeld" reagieren und treffen Schlussfolgerungen aus ihren Beobachtungen der Therapeuten in Bezug auf ihre eigene Person)
- Klienten schützen sich vor einer zu schnell wachsenden Vertrauensbeziehung

- Klienten bauen ein Sicherheitsnetz auf, das ihnen hilft, intime Aspekte zunächst zurückzuhalten
- Klienten neigen nicht dazu, in Anwesenheit von Außenstehenden Tabus zu brechen oder Familiengeheimnisse auszuplaudern etc.

In einer Familie war Folgendes zu beobachten: *Die allein erziehende Mutter von drei Kindern zog nach einer gewalthaften Beziehung mit ihrem letzten Partner wieder in die Nachbarschaft ihrer Herkunftsfamilie. In dieser Familie galt die Kindesmutter nach einigen dramatischen Vorfällen als das schwarze Schaf, dem nie etwas gelang. Die Großmutter bedachte ihre Tochter weiterhin mit Beschimpfungen und massiver Kritik. Sie rief häufig auch beim Jugendamt an und berichtete von der angeblichen Verwahrlosung ihrer Enkelkinder. Die Kindesmutter zeigte erhebliche Schwierigkeiten, sich sowohl gegenüber ihrer eigenen Mutter als auch gegenüber dem Jugendamt abzugrenzen. Im Laufe der Familientherapie wurde deutlich, dass die Kindesmutter jahrelang von ihrem eigenen Vater sexuell missbraucht worden war und von ihrer Mutter nicht unterstützt wurde, als sie ihr dies mit 14 Jahren eröffnete. Die Kindesmutter hatte in der Folge dieser Missbrauchserfahrungen offensichtlich ein Lebenskonzept entwickelt, das beinhaltete, sich nicht wehren zu können, keine Grenzen setzen zu können und anderen ausgeliefert zu sein (diese also mit ihr machen können, was sie wollen). Die „störenden" Anrufe der Großmutter unterblieben zunehmend, als die beiden Familientherapeutinnen in ihren Reflexionen u. a. Ideen zum möglichen schlechten Gewissen der Großmutter äußerten. Ferner wurden die Ängste der Kindesmutter angesprochen, die Mutter zu den Familiengesprächen einzuladen, obwohl diese so massiv störte (sie hatte z. B. die Befürchtungen, dass die Mutter diese Familientherapeutinnen wie viele anderen Helfer vorher ebenfalls wieder auf ihre Seite ziehen könnte, dass die Mutter auch diese Familientherapeutinnen „unterbuttern" würde, dass die Mutter die Familientherapeutinnen ablehnen und damit die Familiengespräche als unsinnig abwerten könnte oder dass die Familientherapeutinnen sich mit der Mutter streiten würden, was zum endgültigen Bruch mit der Mutter führen könnte und von der Kindesmutter auf jeden Fall nicht erwünscht war).*

Anlass für die aufsuchende Familientherapie war in einem weiteren Fall, dass die Kindesmutter u. a. ihren Kindern (vier bis zehn Jahre alt) keine Grenzen setzte. Daraus resultierten massive Verhaltensauffälligkeiten der Kinder. Diese führten dazu, dass es zahlreiche Beschwerden und Forde-

rungen von Nachbarn, Schule, Kindergarten und Polizei gab. Die Schwestern der Mutter waren während der ersten Wochen der Familientherapie sehr häufig zu Besuch. Die Schwestern gingen vor dem ebenerdigen Fenster auf und ab, spähten immer wieder durch das Fenster und beteiligten sich an dem Gespräch. Anstatt die Mutter vielleicht aufzufordern, die Fenster zu schließen, was den ersten Impulsen der Familientherapeuten entsprach, erwies es sich als sehr hilfreich, die Schwestern in die Wohnung und zu den Gesprächen hinzuzubitten. Erst als die Mutter im Laufe der Therapie immer mehr in der Lage war, Grenzen zu setzen, fand sie Wege, sich sowohl von ihren Schwestern als auch von ihrer Mutter abzugrenzen und souveräner auf diese zuzugehen.

Destruktive Stimmen – oder ohne die Herkunftsfamilie geht nur wenig

Erfahrungen in der aufsuchenden Familientherapie zeigen, dass Veränderungen im Familiensystem sowie bei einzelnen Familienmitgliedern im Allgemeinen tragfähig(er) sind, wenn die Botschaften und Einschätzungen der Herkunftsfamilien der Eltern in die therapeutische Arbeit einbezogen werden. Die Einbeziehung der Sichtweisen und Beurteilungen vor allem der Großeltern und hier insbesondere der Mütter der Kindesmütter stellt einen unabdingbaren Bestandteil der aufsuchenden Familientherapie dar.

Frau Martens elf- und neunjährige Kinder aus erster Ehe sind in einem Kinderheim untergebracht. Die beiden Kinder, sechs und fünf Jahre alt, aus ihrer letzten Partnerbeziehung sind von einer Heimunterbringung bedroht. Das Jugendamt stellte wiederholt eine Vernachlässigung der Kinder fest und drängt auf Veränderungen in der Familie. Nachdem die aufsuchenden Familientherapeuten bereits einige Gespräche mit der Familie geführt haben, zeichnet sich für sie ein Bild ab, dass die Mutter angesichts ihrer Probleme in der Erziehung ihrer Kinder unsicher und wenig selbstbewusst wirkt. Daraufhin sprechen die Familientherapeuten Frau Martens an und fragen: „Sagen Sie, Frau Martens, kann es sein, dass Sie als Mutter nicht so viel von sich halten? Wir sehen vieles, was bei Ihnen gut läuft, und wir haben ja auch gerade wieder feststellen können, was Sie vor allem mit Jessica zu tun haben. Wir verstehen in gewisser Hinsicht auch, wie belastend das eine oder andere für Sie ist. Aber irgendwie haben wir die Idee, Sie halten von sich als Mutter nicht allzu viel?" Frau Martens wirkt zunächst irritiert und versucht auszuweichen, woraufhin ein Familientherapeut nach-

fragt: „Sagen Sie mal, wenn Sie möglicherweise von sich denken, dass Sie eine schlechte Mutter sind, woher haben Sie die Idee? Seit wann denken Sie, dass Sie keine gute Mutter sind, obwohl Sie sich offensichtlich gut auf Ihre Art und Weise um Jessica und Franzi kümmern?" Während Frau Martens zunächst weiter herumdruckst, fragen die Familientherapeuten beharrlich weiter und versetzen ihre Fragen mit immer weiter greifenden Beispielen aus den Berichten der Mutter oder aus ihren eigenen Beobachtungen. Schließlich reagiert die Kindesmutter auf den Druck der Familientherapeuten und sagt: „Meine Eltern haben mir schon immer gesagt, dass ich nichts tauge, dass ich nichts hinkriege in meinem Leben. Meine Mutter hat mir auch schon bei den anderen Kindern gesagt, dass mir das Jugendamt die wegnehmen wird."

An diesem Punkt halten die beiden Familientherapeuten den Druck auf Frau Martens aufrecht und haken weiter nach: „Wie hat das Ihre Mutter gemeint? Ihre Mutter ist ja vor sieben Jahren verstorben, hat sie das auf die beiden Kinder bezogen, die sie noch kannte, oder auch auf die, die erst nach ihrem Tod geboren sind?" An diese Fragen schlossen sich eine Reihe von Gesprächen an, die sich mehr oder weniger darum drehten, wie das „Vermächtnis" oder auch der „Fluch" der Mutter über Frau Martens zu verstehen sei. Insbesondere wurde von den Familientherapeuten hinterfragt, welche Motive die Großmutter gehabt haben könnte, diesen „Fluch" über Frau Martens auszusprechen. Hierbei stellte eine wesentliche Verständnisbrücke dar, dass Frau Martens selbst von ihren Eltern für einige Jahre in einem Kinderheim untergebracht worden war. Indem einige Ideen entwickelt wurden, welche Situation für ihre eigenen Eltern bestanden haben könnte, die diese Heimunterbringung herbeigeführt hatte, konnten sich bei Frau Martens andere Sichtweisen in Bezug auf die „Prophezeiung" ihrer Mutter entwickeln. So wurden u. a. von den Familientherapeuten folgende Ideen geäußert: Die Mutter hatte wegen der Heimunterbringung selbst ein schlechtes Gewissen und wollte durch die Kritik an der Tochter eine Kritik an ihrer eigenen Erziehungsfähigkeit verhindern. Die Mutter kritisierte damit das Heim für die „unzureichende Erfüllung der Erziehungsaufgaben" während des Heimaufenthalts von Frau Martens. Die Mutter zeigte damit ihr Interesse und ihre Zuwendung, aber auch Sorge um das Wohlergehen von Frau Martens und tat dies in ihrer für sie eigenen Art. Die Mutter hatte aufgrund ihrer eigenen Geschichte viele Erwartungen an Frau Martens, ihre Tochter, konnte sie aber nicht entsprechend unterstützen.

Schließlich konnten die beiden Familientherapeuten Frau Martens fragen, ob ihre Mutter ihre „Prophezeiung" nur auf die beiden älteren Kinder, *die sie kannte und die bereits im Heim lebten, bezogen hatte oder ob sie sich gefreut hätte, wenn die beiden anderen Kinder von Frau Martens bis zum jungen Erwachsenenalter aufgezogen werden würden. Dieser Aspekt wurde noch in einer Reihe von Gesprächen von verschiedenen Seiten aus betrachtet. Letztlich zeichnete sich zunehmend die Entscheidung von Frau Martens ab, ihre Kinder so zu erziehen, dass es zu keiner weiteren Kritik des Jugendamtes oder von Personen aus ihrem Umfeld an ihr und ihrem Umgang mit den Kindern mehr kommen konnte.*

Dieses Beispiel verdeutlicht meines Erachtens die Notwendigkeit, die bestehenden Probleme in einer Familie auch in einem Mehrgenerationenkontext zu betrachten. Die inneren Dialoge von Jugendhilfeklienten werden oftmals von negativen, destruktiven und abwertenden Stimmen dominiert. Sind die Botschaften und Äußerungen eher kritisch und negativ bewertend, so haben diese häufig einen entsprechend negativen Einfluss auf die Entwicklung und Gestaltung des weiteren Lebens. Diese kritischen Dialoge mit sich selbst sind im Allgemeinen wesentlich beeinflusst von den Äußerungen und Haltungen sowie den Interpretationen von Erlebnissen von bzw. mit Personen aus der Herkunftsfamilie der Klienten. Da wir uns erst in der Interaktion und Kommunikation mit anderen erfahren und in diesem Koordinatensystem sich auch Prägungen entwickeln von bevorzugten Fähigkeiten und Fertigkeiten sowie Verhaltensweisen und Einstellungen, räumen wir den Äußerungen und Einstellungen von Menschen, die uns nahe stehen, meist eine große Bedeutung ein. Diese Personen sind im Allgemeinen die Menschen, die den Klienten wesentlich und wichtig sind, d. h. in der Regel die Eltern.

In dieser Abhängigkeit der Kinder von den Rückmeldungen und Einbettungen des näheren Beziehungsgefüges haben vor allem die Eltern erheblichen Einfluss auf deren Einstellungen und Betrachtungsweisen. Die inneren Dialoge lassen sich daher vielfach auf Themen, Botschaften und Einschätzungen der Eltern oder anderer wichtiger Bezugspersonen zurückführen. Dem kindlichen Wunsch nach Anerkennung und Bestätigung folgt das Bestreben, durch Tun oder Lassen diese Anerkennung zu erhalten. Dies ist ein Prozess, der weit in das Erwachsenenleben hineinreicht und in, oftmals auch destruktiver, Loyalität sowohl gegenüber diesen Personen als auch gegenüber den Vorstellungen und Erwartungen stattfindet.

Die starke Abhängigkeit der Kinder von ihren Eltern führt zu einer besonderen Loyalität, deren Aufkündigung seitens der Kinder im Allgemeinen erheblicher Enttäuschungen bedarf. Kinder sind in einem großen Ausmaß gegenüber ihren Eltern loyal, was Eltern gegenüber ihren Kindern nicht zum Ausdruck bringen. Diese Loyalität in ihrer destruktiven Form ist meines Erachtens wesentlicher Bestandteil der Dynamiken von Kindesvernachlässigung, Kindesmisshandlung und sexuellem Kindesmissbrauch sowie (sexueller) Gewalt gegenüber Erwachsenen. Gelingt es nicht, die tiefe Loyalität und Eingebundenheit der – dann auch erwachsenen – Kinder in die Arbeit mit den Klienten, und hier insbesondere in die Arbeit mit Jugendhilfeklienten, entsprechend einzubeziehen, sind nachhaltige und tragfähige Ergebnisse in der aufsuchenden Familientherapie nur bedingt erreichbar.

Daraus ergibt sich, dass die Herkunftsfamilie der Eltern sowie ihre Botschaften und Einstellungen stets in der aufsuchenden Familientherapie thematisiert und bearbeitet werden müssen. Die Einbeziehung der Herkunftsfamilie kann auf unterschiedliche Art und Weise erfolgen:

a) Die verstorbenen Eltern werden durch indirekte Fragen einbezogen und deren Sichtweisen und Vorstellungen von den zu lösenden Problemen und Aufgaben herangezogen; es werden insbesondere Vermächtnisse und „Flüche" aufgegriffen und in ihrer Gültigkeit und Reichweite problematisiert sowie anderen Interpretationen zugeführt.

b) Noch lebende Eltern, die jedoch eine Zusammenarbeit ablehnen, werden ebenfalls über indirekte Fragen einbezogen; vor allem sind die Aspekte der Ablehnung einer Zusammenarbeit positiv zu konnotieren und in ihrer Negativität in Hinblick auf das zugrunde liegende Zutrauen und Wohlwollen zu betrachten. Anzustreben ist im Allgemeinen eine Kontaktgestaltung zwischen der Familie und ihren Herkunftsfamilien, die einen wohlwollenderen und sich gegenseitig akzeptierenden Umgang ermöglicht.

c) Eltern und Geschwister aus der Herkunftsfamilie sollten – wenn irgendwie möglich – in die direkte familientherapeutische Arbeit einbezogen werden. Sie stellen nicht nur – wie für jede Familie – eine wichtige Ressource dar, sondern tragen erheblich dazu bei, die sich entwickelnden Kompetenzen und Fähigkeiten der Eltern und auch Kinder zu stärken, wenn sie die Arbeit unterstützen. Sie behindern diese Entwicklung, wenn sie nicht in einem gewissen Maße für die Arbeit gewonnen werden können.

Frau Bauer lebt alleine mit ihren beiden Kindern (fünf und zwei Jahre alt), die Vernachlässigung der Kinder hat Ausmaße angenommen, die dazu führten, dass das Jugendamt auch hier auf Veränderungen drängte und Frau Bauer schließlich einer aufsuchenden Familientherapie zustimmte. Den Familientherapeuten gelang es innerhalb kürzester Zeit, bei der Mutter Prozesse in Gang zu setzen und Entwicklungen zu fördern, die Außenstehende vorher nicht für möglich hielten. Nach drei Monaten kam es jedoch zu einer erheblichen Stagnation, die die Familientherapeuten zu einer grundlegenderen Betrachtung veranlasste. Festzustellen war, dass Frau Bauer mehr oder weniger deutlich jeden Versuch be- und verhinderte, auf das Thema „Herkunftsfamilie" und vor allem ihre Beziehung zu ihrer Mutter zu sprechen zu kommen.

Als die Familientherapeuten diese Verhinderungen erkannten, reflektierten sie zwar ihre Phantasien und Ideen dazu vor Frau Bauer, konnten allerdings nicht erreichen, dass sich Frau Bauer stärker darauf einließ. Stattdessen zeigte Frau Bauer im Umgang mit den Kindern erneut altes, überwunden geglaubtes Problemverhalten. Dies gipfelte letztlich darin, dass sie wiederholt ihre Kinder mehrere Tage alleine ließ. Trotz erheblicher Versuche der Jugendamtssozialarbeiterin, Druck auszuüben auf die Mutter, verblieb diese in ihrem Versuch, ihrer Umgebung deutlich zu machen, dass sie eine schlechte Mutter sei. Den Familientherapeuten, denen eine Reihe von Informationen über die Destruktivität von Frau Bauer und ihren Geschwistern von der Jugendamtssozialarbeiterin mitgeteilt wurde, gelang es nicht, sie für eine konstruktivere Gestaltung ihrer Rolle als Mutter zu gewinnen. Eigene massive Gewalterfahrungen – einschließlich sexueller Gewalt – von Frau Bauer von frühester Kindheit an sowie massive Abwertungen seitens ihrer Eltern konnten nicht aufgegriffen werden; die Kindesmutter blieb in einer negativen Loyalität gegenüber den Eltern sowie deren Botschaften verbunden. Die aufsuchende Familientherapie wurde daraufhin von den Familientherapeuten beendet, und nach einigem Zuwarten und verstärkter Problemeskalation beantragte die Jugendamtssozialarbeiterin den Entzug der elterlichen Sorge, dem das Gericht stattgab.

Fälle wie diese verdeutlichen meines Erachtens, dass bei Nicht-Einbeziehung der Erfahrungen mit der eigenen Familie sowie den Einstellungen und Sichtweisen der Herkunftsfamilie stabile Veränderungen nur eingeschränkt möglich sind. Daher sind aufsuchende Familientherapeuten bestrebt, in ihren Überlegungen vor allem in der offenen Reflexion im Reflecting Team die Herkunftsfamilie immer wieder einzubeziehen und die möglichen inneren Dialoge – mit vermuteten oftmals destruktiven oder negativen Inhalten – „öffentlich" zu machen. Ohne eine nähere Betrachtung der inneren Stimmen und deren Entstehungshintergrund ist es auch nicht möglich, die für eine konstruktivere Gestaltung der elterlichen Verantwortung und Verhaltensweisen notwendige Aus- bzw. Versöhnung mit der Herkunftsfamilie aufzubauen und zu einem positiveren inneren Dialog zu gelangen.

Dies trifft insbesondere vor allem bei Eltern zu, die selbst Erfahrungen mit Heimunterbringungen oder Aufwachsen in Pflegefamilien gesammelt haben. In ihren Bestrebungen, ihre Kinder besser aufzuziehen, als sie es selbst erfahren haben, steht meist eine (zumindest implizite) Kritik an dem Erziehungsverhalten der Eltern im Vordergrund. Selten liegt ein Verständnis bzw. Verstehen des elterlichen Verhaltens vor. Bestehen Entlastungsbestrebungen gegenüber den Eltern, wird die Heimunterbringung vielfach mit dem eigenen Problemverhalten (ich war schwierig, ich habe ja auch nicht auf meine Eltern gehört) begründet. Diese Erklärungsbemühungen sind zwar verständlich, tragen sie doch dazu bei, in gewisser Hinsicht die Idee eigener Beeinflussungsmöglichkeiten – die wesentlicher Teil der eigenen Identität und Handlungsfähigkeit sind – aufrechtzuerhalten. Gleichzeitig wirken diese Bemühungen jedoch auch kontraproduktiv, denn sie führen zu einer negativ gestalteten Sichtweise des Selbst und beinhalten eine Botschaft der Nicht-Akzeptanz des Kindes. Dies wiederum wirkt sich im Allgemeinen eher behindernd auf positive Gestaltungswünsche aus.

Häufig sind professionelle Helfer mit der Frage einer stationären Unterbringung von Kindern oder Jugendlichen konfrontiert, bei denen sich bei näherem Hinschauen herausstellt, dass ähnliche Problemlagen im selben Lebensalter bereits bei den Kindeseltern vorlagen. *Marko, elf Jahre alt, zeigt starke Verhaltensauffälligkeiten, die dazu führen, dass der Jugendamtssozialarbeiter eine Heimunterbringung in Betracht zieht. Bei der Unterredung zwischen Sozialarbeiter und den aufsuchenden Familientherapeuten, die eine solche Unterbringung verhindern helfen sollen, wird deutlich, dass der Kindesvater selbst im Heim aufgewachsen ist – und diese Zeit als positiv in Erinnerung hat – und die Kindesmutter selbst zwar nicht in einem Heim aufgewachsen ist, jedoch aus einer jugendamtsbekannten Familie stammt, und sich bereits ein Kind (15 Jahre) – von einem anderen Kindesvater – in einer Pflegefamilie befindet, zu dem kein Kontakt besteht. Im Verlauf der aufsuchenden familientherapeutischen Arbeit gelang es den Familientherapeuten, bei beiden Eltern die inneren Stimmen und „Einflüsterungen" der Herkunftsfamilie so einzubeziehen, dass der Verbleib des elfjährigen Marko in der Familie möglich war. Dazu war es notwendig, beim Kindesvater zum einen die positive Einschätzung der (für die Familientherapeuten äußerst rigiden) Erziehungsmethoden in einem Jugendwerkhof zu respektieren sowie seine Vorstellungen von Erziehung so entwickeln zu helfen, dass er als Vater nicht ein „Bild eines erziehenden Vaters" lebte, sondern mit seinem Sohn die Beziehung herstellen konnte, die ihm mit seinem Erfahrungshintergrund möglich war. Bei der Kindesmutter waren Vorstellungen und Botschaften der Herkunftsfamilie durch das entsprechende methodische Vorgehen der Familientherapeuten so zu hinterfragen, dass die bisherige Rolle eines „Aschenputtels" nicht mehr als passend erlebt und ein konstruktiver Umgang mit den als „Aschenputtel" entwickelten Kompetenzen und Fähigkeiten (sich um vieles kümmern können, trotz aller Widrigkeiten vieles schaffen usw.) ermöglicht wurde.*

Vor allem in Familien, in denen Elternteile Erfahrungen mit Unterbringungen in Heimen oder Pflegefamilien gemacht haben, ist es hilfreich:

a) die positiv beschriebenen Erfahrungen der Eltern mit Fremdunterbringungen zu respektieren
b) die negative Beschreibung von Heimerziehung mit positiven Einschätzungen von daraus entwickelten Fähigkeiten und Ressourcen zu verknüpfen (Was derjenige trotzdem daraus an Positivem in seinem Leben geschaffen hat)
c) die elterliche Entscheidung zur Fremdunterbringung als positiven Entschluss zu verdeutlichen (Ihre Eltern/Mutter haben Sie so geliebt und so viel Verantwortung für Sie übernommen, dass sie sich sagen konnten, mein Kind ist woanders besser aufgehoben)

d) die elterliche Entscheidung zur Fremdplatzierung zu verknüpfen mit Ideen und Vorstellungen zu möglichen eigenen Problemen der Mutter bzw. Eltern *(Ihre Mutter bzw. Eltern haben so viele eigene Probleme (Sucht, Depressionen, Misshandlung, Schulden, schwierige Partnerbeziehung) gehabt, dass sie nicht für Sie sorgen konnten)*
e) das „Fehlverhalten" (Vernachlässigung und Misshandlung der Kinder) der Eltern als Möglichkeit zu betrachten, dadurch Hilfe und Unterstützung für die Kinder einzuholen, anstatt irgendwie die Probleme zu verdecken versuchen
f) die Probleme der Eltern als deren Probleme herauszuarbeiten und nicht als Probleme der – nunmehr erwachsenen – Kinder

Diese Aspekte insgesamt sollten hinführen zu einer Sichtweise, die es den gegenwärtigen Kindeseltern erleichtert, wenn sie dies für sich so wollen, eine konstruktive Gestaltung der Erziehung ihrer Kinder vorzunehmen, so dass eine weitere soziale Kontrolle der Familie u. a. durch das Jugendamt und andere Einrichtungen nicht mehr notwendig ist. Diese Institutionen der sozialen Kontrolle müssen dazu in gewisser Weise nicht mehr die inneren destruktiven Stimmen repräsentieren.

KINDER IN DER AUFSUCHENDEN FAMILIENTHERAPIE

Auch wenn das Kinder- und Jugendhilfegesetz (KJHG) eine Unterstützung der Eltern in ihren Erziehungsaufgaben einfordert und damit den Eltern ihrer Bedeutung entsprechend eine herausragende Rolle in der Erziehung ihrer Kinder zuweist, so ist vielfach bei professionellen Helfern weiterhin eher eine starke Orientierung an den Bedürfnissen der Kinder und deren Förderung zu verzeichnen. Das Wohlbefinden und ein gutes Aufwachsen der Kinder sind wichtige Anliegen und tragen zu einem hohen Engagement in der Arbeit mit Kindern bei. Eltern, die nicht den sozial erwünschten Umgang mit ihren Kindern pflegen und ihre Kinder vernachlässigen, misshandeln oder sexuell missbrauchen, stoßen mit ihrem Verhalten auf Kritik und auch Ablehnung. Die aufsuchende Familientherapie greift die Forderung des KJHG nach Unterstützung der Eltern in ihrer Erziehungsfunktion auf, indem sie deutlich in Methoden und Inhalt der Arbeit die Rolle der Eltern stärkt.

Dennoch sind die Kinder in einer wesentlichen Position innerhalb der familientherapeutischen Gespräche. In der aufsuchenden Familientherapie wird sehr viel Wert darauf gelegt, dass die Kinder an den Familiengesprächen teilnehmen. Sie sind unmittelbare Ansprechpartner auf den verschiedensten Ebenen und tragen erheblich zu den erforderlichen Änderungen bei. Darüber hinaus stellen sie einen wichtigen seismographischen Faktor dar, der Aufschluss über bereits bewältigte oder noch zu lösenden Probleme gibt.

Während die erste Generation (1975–1985) ausgebildeter Familientherapeuten nicht selten bestrebt war und ist, die Probleme der Kinder alleine auf die elterlichen Kommunikations- und Interaktionsprobleme zurückzuführen, legt die aufsuchende Familientherapie Wert darauf, die gesamte Familie an der Lösung der bestehenden Probleme von Anfang bis Ende zu beteiligen. Es wird nicht angestrebt, zunächst die Probleme der Kinder zu bearbeiten, um diese dann aus der Familientherapie zu entfernen und schließlich eine Paartherapie mit den Eltern durchzuführen. Es entspricht nicht den Zielsetzungen und Aufträgen der aufsuchenden Familientherapie, wenn die Kinder aus den Familiengesprächen entfernt werden. Die Kinder – auch als wichtiger Indikator – sorgen in solchen Fällen in der Regel durch (erneutes) Problemverhalten dafür, wieder in die Familiengespräche aufgenommen zu werden. Auch ist möglichen Bestrebungen der Eltern entgegenzuwirken, ihre Kinder aus den Gesprächen herauszuhalten, so dass die Familientherapeuten nicht die Interaktionen zwischen Eltern und Kindern sehen können. Vielmehr ist es Ziel, durch Veränderungen in den Kommunikations- und Interaktionsmustern der gesamten Familie dazu beizutragen, dass alle Familienmitglieder eine befriedigendere Situation erfahren sowie entsprechend den Forderungen des Jugendamtes sozial erwünschteres Erziehungs- und Sozialverhalten zeigen.

Als die beiden Familientherapeutinnen feststellen, dass die Kinder ein drittes Mal nicht an den Familiengesprächen teilnehmen, sprechen sie dies bei der Mutter an. Frau Danner teilt daraufhin mit, dass sie ihre drei kleinen Kinder in das Kinderzimmer eingeschlossen habe, da diese ständig stören würden und sie daher dem Gespräch nicht folgen könne. Den Familientherapeutinnen gefällt diese Situation nicht, da sie in den Gesprächen beobachten konnten, dass Frau Danner ihren Kindern keinerlei Grenzen setzte; außerdem gab es zunehmend Anhaltspunkte, dass die Kinder möglicher-

weise sexuell missbraucht werden. Daher entschlossen sich die Familientherapeutinnen, Frau Danner zu bitten, die Kinder wieder zu den Gesprächen zuzulassen; dies erfolgte jedoch erst, als die Jugendamtssozialarbeiterin auf die Teilnahme der Kinder bestand. Erst jetzt war es den Familientherapeutinnen möglich, an den eingeforderten Veränderungen mit der gesamten Familie zu arbeiten.

Die Kinder in ihrer Eigenständigkeit und ihren eigenen Willensbekundungen wahrzunehmen, ist ein wesentliches Kennzeichen der aufsuchenden Familientherapie. So werden im Allgemeinen zirkuläre Fragen an alle Familienmitglieder gerichtet, und bei Kindern wird darauf geachtet, dass diese ihre Einschätzungen und Meinungen äußern können. Es gibt zwar keine umfangreich dokumentierten Ergebnisse von Beobachtungen zu zirkulären Fragen an Kinder, doch die Erfahrungen in der aufsuchenden Familientherapie zeigen, dass Kinder ab einem Alter von vier bis fünf Jahren sehr gut dem Prinzip der Zirkularität folgen können. Anfängliche Zurückhaltung von aufsuchenden Familientherapeuten, auch an jüngere Kinder zirkuläre Fragen zu stellen, erwies sich als überflüssig. Selbstverständlich ist es notwendig, sich sprachlich an das Verständnis und die sprachlichen Ausdrucksmöglichkeiten der Kinder anzupassen. Gelingt dies, so sind Kinder oft hilfreiche und ergänzende „Co-Therapeuten" insbesondere in der Formulierung von Forderungen an die Eltern. So manches Kind sagt dem einen oder anderen Elternteil, dass dieser doch endlich der Boss sein soll, es hat also klare Vorstellungen vom Verhalten der Eltern, während die Eltern gegebenenfalls noch auf der Suche sind.

Während früher meine eigene Skepsis, auch in Anwesenheit jüngerer Kinder Reflexionen in Reflecting Teams durchzuführen, überwog, verflogen die Bedenken angesichts der durchgehend positiven Erfahrungen nach kurzer Zeit. Die starke Aufwertung, die Kinder auch in diesem methodischen Vorgehen erleben, trägt erheblich dazu bei, dass sie nicht nur ausgezeichnete Zuhörer sind (trotz aller alters- oder entwicklungsbedingter Bereitschaft, sich ablenken zu lassen), sondern auch gedankliche Vorwegnahmen von Problemen und ihren Lösungen sehr gut aufgreifen und umsetzen können. Ihre Entwicklung ist ein zuverlässiger Maßstab für Fortschritte und für noch nicht überwundene Hindernisse.

Neben der Anwendung verbaler Methoden ist es notwendig, insbesondere kleinere Kinder, aber auch Kinder im Grundschulalter durch andere Methoden stärker einzubeziehen. Zu diesen Methoden können gehören:

- Rollenspiele von Problemsituationen
- Szenische Darstellung von angestrebten Lösungen
- Einsatz des Familienbretts
- Herstellung von Enactments
- Anwendung von Familienskulpturen
- Einführung von Ritualen
- Konfrontation und Zuspitzungen
- Doublebinds schaffende Prophezeiungen
- Erteilungen von Aufgaben und Hausaufgaben
- Zeichnen und Malen von Erfahrungen und Wünschen
- Einbeziehung von Materialien und Gegenständen in der Wohnung (Kissen, Stühle, Geschirr, Gläser usw.)
- Nutzung von Fotos und Familienerinnerungsstücken
- Spielen mit Puppen und anderem Spielzeug
- Schreiben von Briefen
- Gestaltung von Wetten und „Wettbewerben"
- Preisvergaben und Belohnungen
- Aushändigung von „Zeugnissen", „Belobigungen", „Zertifikaten" oder „Orden" für erreichte (Teil-)Ziele u. Ä.

Da auch die Kinder (und Jugendlichen) eine Sichtweise zu den bestehenden Problemen und Konflikten entwickelt haben, gilt es, nicht nur diese kennen zu lernen, sondern ihnen Unterstützung, auch durch spielerische oder andere Methoden, zukommen zu lassen, die konstruktivere Problemlösungsmöglichkeiten entwickeln helfen. Den Möglichkeiten, kreative und gestalterische Elemente in die aufsuchende Familientherapie einzubeziehen, sind keine Grenzen gesetzt. Auch die Eltern, die sich vor allem anfangs bei einer vorwiegend verbal gestalteten Familientherapie gegebenenfalls eher zurückzuhalten versuchen, bringen sich erfahrungsgemäß engagiert ein, wenn spielerische und nonverbale Elemente mit Gesprächen vermischt werden.

Die Herausforderung der kindlichen Sichtweise, die bereits von der Resignation und Perspektivlosigkeit in der Familie beeinflusst ist, ist auch durch deutliche Konfrontationen und Beschreibungen der gegenwärtigen Probleme möglich. Dazu ist es wiederum sehr hilfreich, wenn die co-therapeutische Aufsplittung genutzt wird, d. h. ein Familientherapeut das Kind konfrontiert und der andere es emotional unterstützt. Familientherapeut A zu Marco, neun Jahre alt: „Bist du dumm oder faul, dass es nicht in der Schule klappt?" Familientherapeut B: „Ich glaube, Marco ist ein schlauer Bursche, der vieles kann, aber sich viele Sorgen um die Mama macht und daher nicht lernen kann!" Vor allem bei der Einbeziehung von jüngeren Jugendlichen ist es notwendig, als aufsuchender Familientherapeut wenig „berechenbar" und für jede Überraschung offen zu sein, die auch mit Provokationen und Ungewöhnlichem verbunden sein kann.

Es ist wichtig, vor allem bei den (jüngeren) Kindern durch spielerische Methoden das Gefühl auf- und auszubauen, dass das Leben von ihnen gestaltet werden kann. Aggressive und verhaltensauffällige Kinder zu bitten, das Problemverhalten zu zeigen, indem man z. B. auf einen gemeinsam mit dem Kind gesuchten und imaginierten Knopf (Minuchin 1983) auf dem Rücken drückt, ist hilfreich, um ihnen die Beeinflussbarkeit bzw. Abrufbarkeit von Verhalten, Haltungen und Einstellungen zu vermitteln. Gelingt es, ein Problemverhalten „auf Knopfdruck einzuschalten", gestaltet sich die Suche nach dem „Aus-Schalter" spannend und kommunikativ für alle Familienmitglieder. Auf der Suche nach dem „Aus-Schalter" können alle Familienmitglieder ihre Vorstellungen und Ideen einbringen und ausprobieren.

Die oft von kindzentrierten Kinderschutzfachkräften formulierte Bedürftigkeit der Kinder ist vor allem bei Kindern aus armen Familien vorzufinden. Sicherlich würde die eine oder andere ergänzende Kindertherapie den Kindern wesentliche Entwicklungsschritte erleichtern, jedoch verhindern Vorbehalte – oft aufgrund von Vorerfahrungen – der Eltern, diese Möglichkeit zu nutzen. Erfahrungen zeigen, dass Kinder, die vor Beginn der aufsuchenden Familientherapie erhebliche Entwicklungsdefizite sowie schulische bzw. soziale Probleme hatten, im Laufe der Familientherapie diese in großem Umfang abbauen. Es ist, als ob Veränderungen und Entwicklungen zum Positiven hin erst dann möglich sind, wenn es eine Art innere Erlaubnis dafür gibt. Kindern, denen über lange Zeit versucht wurde, logopädische oder andere fördernde Hilfen zukommen zu lassen, gelingt es, Entwicklungsschritte zu vollziehen, die vorher nicht für denkbar gehalten wurden. Kinder sprechen auf einmal deutlich und klar, holen erhebliche Sprachentwicklungsverzögerungen auf, weil sie nunmehr „sprechen dürfen"; Geheimnisse und Traumatisierungen rauben offensichtlich nicht mehr die Energien, die zum Lernen und zur Entwicklung benötigt werden, da sie nun ausgesprochen, angegangen und konstruktivere Lösungen gefunden werden. Die Kinder blühen auf, ihr Lachen und ihre Fröhlichkeit sind zunehmend deutlicher zu hören, ihre abgestumpften, greisenartigen Blicke verschwinden, und neugierige und fragende Augen kommen zum Vorschein – die Kinder nutzen auf ihre Art und Weise intensiv und voller Hoffnung die Möglichkeiten, die ihnen die aufsuchende Familientherapie bietet. Voraussetzung ist, dass der Kontakt in partnerschaftlicher Weise und verbunden mit einem hohen Interesse an ihnen und ihren Betrachtungsweisen gestaltet wird.

PROBLEMBEREICHE DER FAMILIEN UND INDIKATION

Im Allgemeinen haben die Familien, denen eine aufsuchende Familientherapie angeboten wird, bereits eine Reihe von Hilfen zur Erziehung in Anspruch genommen: sozialpädagogische Familienhilfe, intensive pädagogische Einzelfallhilfe, Betreuungshilfe, Tages(heim)gruppe, Sonderkindertagesstätte und -hort, Integrationsklasse, gegebenenfalls Heimerziehung oder Pflegefamilie, Begutachtung durch die kinder- und jugendpsychiatrischen Dienste oder kinder- und jugendpsychiatrische Kliniken usw.

Nicht selten wird den Familien die aufsuchende Familientherapie angeboten, weil die beteiligten professionellen Helfer ratlos sind, wie weiterhin mit der Familie zu verfahren ist. Dies trifft insbesondere bei Familien zu, in denen trotz erheblicher Erziehungsschwierigkeiten der Eltern ein Antrag auf Entzug des Personensorgerechts vor Gericht möglicherweise keine Aussicht auf Erfolg hat.

In anderen Fällen sehen engagierte Jugendamtssozialarbeiter ausreichend Ressourcen bei den Familien, so dass sie der Familie eine weitere Chance in Form einer aufsuchenden Familientherapie geben möchten. In manchen Fällen wächst wiederum der Problemdruck, jedoch wird eine Heimunterbringung nicht als Lösung für alle Kinder in Betracht gezogen. Das Familiensystem wird trotz aller

Schwierigkeiten als ausreichend veränderbar betrachtet. Vor allem Jugendamtssozialarbeiter, die keine weitere – oftmals depotenzierend wirkende – Betreuung der Kinder und Familie einsetzen wollen, sondern eine Veränderung des Familiensystems anstreben, fordern eine aufsuchende Familientherapie für diese Familien an. Eine **Indikation für aufsuchende Familientherapie besteht nicht** bei Familien aus der Mittelschicht bzw. bei Familien, die über ein ausreichendes Hoffnungspotenzial verfügen und daher in der Lage sind, auch andere ambulante Hilfen in Anspruch zu nehmen bzw. diese selbst aufsuchen können. Die Hilfeform der aufsuchenden Familientherapie sollte nicht Familien zur Verfügung gestellt werden, die möglicherweise aufgrund ihrer Arbeitsanforderungen (ungünstige Dienstzeiten wie z. B. bei einer Arzthelferin, Kita-Erzieherin, Warenhausverkäuferin) nicht die gängigen Beratungsangebote in Anspruch nehmen können. Es sollte Aufgabe dieser Beratungsdienste sein, ihr Angebot entsprechend den Bedürfnissen ihrer potenziellen „Kunden" umzustellen. Es ist nicht Aufgabe einer solch qualifizierten und umfangreicher Hilfeform, wie sie die aufsuchende Familientherapie darstellt, Lücken im Versorgungsangebot, die durch Mangel an Flexibilität in anderen Bereichen bestehen, zu schließen.

Es sollte sich bei den Familien, denen aufsuchende Familientherapie angeboten wird, um solche handeln, die aufgrund ihres hohen Grades an Resignation und Hoffnungslosigkeit sowie aufgrund ihrer erschwerten Lebensbedingungen und Armut sich klassischen „Komm-Struktur-Angeboten" gegenüber nicht öffnen können.

Häufig steht bei diesen Familien die Frage im Vordergrund, ob das Kind bzw. mehrere Kinder außerhalb der Familie untergebracht werden sollen oder nicht. Die aufsuchende Familientherapie soll dabei in der Regel eine **Heimunterbringung oder Vermittlung in eine Pflegefamilie verhindern helfen**. US-amerikanische Studien zur „Home-Based Family Therapy" zeigen eine Rate von 67–80 % der Fälle, in denen es durch die aufsuchende Familientherapie möglich war, eine Fremdplatzierung zu verhindern und den sicheren Verbleib der Kinder in der Familie zu ermöglichen (Dore 1991).

Sowohl die **Vermeidung von Fremdplatzierungen** als auch die **Rückführung der Kinder** werden zwar zunehmend auch aus Kostengründen von den Jugendämtern angestrebt. Dennoch steht für die Arbeit der Familientherapeuten im Vordergrund, die Eltern und Kinder zu unterstützen, ihre Lebensplanung entsprechend ihren eigenen Wünschen und Vorstellungen zu gestalten. Im Allgemeinen gehen die aufsuchenden Familientherapeuten davon aus, dass die meisten Kinder – und die Eltern –, wenn auch möglicherweise aus verschiedenen Gründen –, den Familienzusammenhalt wünschen (Conen 1990c, 1992; Berg 1992).

Ist die **Rückführung der Kinder** aus dem Heim in die Familie Ziel der aufsuchenden Familientherapie, so hat es sich als hilfreich erwiesen, wenn folgende Aspekte zutreffen:

- die Rückführung wird vor allem vom Jugendamtssozialarbeiter gewünscht und getragen
- die Rückführung wird von den Eltern bzw. der Familie gewünscht
- die Rückführung wird auch von anderen (wie z. B. vom Lehrer, von der Kindergartenerzieherin) getragen
- die Rückführung ist bereits mit dem Heim oder der Pflegefamilie weitgehend abgeklärt

Es hat sich als äußerst schwierig erwiesen, Rückführungen fremdplatzierter Kinder herbeizuführen, die die Eltern wünschen, die jedoch vom Jugendamt nicht unterstützt oder von den Pflegeeltern oder den Heimmitarbeitern abgelehnt werden. Insbesondere bei Rückführungen aus Pflegefamilien zeigt es sich als zunehmend schwierig, den enormen Einfluss, den diese auf die (jüngeren) Kinder in relativ kurzer Zeit haben können, konstruktiv einzubeziehen, wenn diese sich – trotz bestehendem Personensorgerecht bei den leiblichen Eltern – gegen eine Rückführung stemmen. In ihrem oftmals verdeckten „Adoptionsprozess" des Kindes sind sie dermaßen intensiv mit dem Kind verbunden, dass sie nur sehr schwer die Potenziale und Ressourcen der Herkunftsfamilie des Kindes sowie die äußerst starke Loyalitätsbindung des Kindes an seine Eltern erkennen und in ihre Handlungen einbeziehen können.

Ähnliche Prozesse sind ebenfalls bei manchen Heimmitarbeitern gegenüber von ihnen betreuten Kindern und Jugendlichen zu beobachten. In ihrer vermeintlichen „Kenntnis" der Defizite, Probleme und Schwierigkeiten und der „Monstrosität" der Eltern sowie des Schadens, den die Eltern auch in Zukunft den Kindern antun würden, lehnen sie weiterhin – trotz Forderungen des KJHGs nach Einbeziehung der Eltern in den Erziehungsprozess – die Eltern ab.[11] Wird von Seiten der Eltern oder des Jugendamtes eine Rückführung angestrebt, wehren sie sich nicht selten mit allen zur Verfügung stehenden Mitteln gegen eine Vereinnahmung des Kindes durch die „schädlichen" Eltern. Diesen Loyalitätskonflikt zwischen Heim und Elternhaus beantwortet das betreute Kind bzw. der Jugendliche im Allgemeinen mit einer (späteren) Demonstration der „Unfähigkeit" der Heimmitarbeiter. Angestrebte Erziehungsziele des Heimes sind mit diesem Kind bzw. Jugendlichen nicht zu erreichen. Die Eskalationen von Problemverhalten enden nicht selten mit einem Wechsel der Einrichtung.

Noch immer werden von vielen Heimmitarbeitern wesentliche Aspekte der Dynamik von Fremdplatzierungen aus der Perspektive der Herkunftsfamilien sowie der Loyalität des Kindes zu seinen Eltern (Conen 1996b) nicht im Alltag stationärer Einrichtungen der Erziehungshilfe berücksichtigt. Ferner wird sowohl von Heimen als auch von Jugendämtern weitgehend außer Acht gelassen, dass eine längere Fremdplatzierung auch wesentlichen Einfluss auf die Bindung der Eltern an das Kind hat. Colapinto (1997) ermittelte in einer Studie in New York, dass bereits ein halbes Jahr, nachdem die Kinder fremdplatziert sind, die Eltern beginnen, ihre Kinder nicht mehr „mitzudenken". Mit zunehmender Dauer der Fremdplatzierung gehören die Kinder nicht mehr zur Familie: Die Einladung zu einem Kindergeburtstag wird nicht weitervermittelt, das Lieblingseis des Kindes wird nicht mehr gekauft, bei Schulkontakten werden die Eltern nicht mehr einbezogen bzw. verweisen die Eltern an das Heim, das Kinderzimmer wird renoviert und unter den anderen Kindern „aufgeteilt", bis schließlich in der Familie kein Platz mehr für das „Kind im Heim" ist.

Ferner wird von den beteiligten Helfersystemen meist nur wenig in Betracht gezogen, dass die Eltern in ihren eigenen Ängsten und Ambivalenzen vor einer Rückführung des Kindes die professio-

11 Es hat sich als äußerst erschwerend für die Arbeit der Therapeuten erwiesen, wenn Heimmitarbeiter bzw. Pflegeeltern massiv abwertend gegenüber den Eltern auftreten und das Kind in eine Zwickmühle bringen, indem es aus Loyalität zu den leiblichen Eltern und den Mitarbeitern beiden zeigen muss, dass es sich sowohl im Heim bzw. Pflegefamilie als auch bei den Eltern nicht positiv entwickeln kann (Conen 1996b).

nellen Helfer dahingehend „verführen", nicht an ihre Kompetenzen und Fähigkeiten zu glauben. Oftmals schaffen es die Eltern, das Helfersystem so zu funktionalisieren, dass seitens der professionellen Helfer die Zweifel an dem Gelingen einer Rückführung überwiegen. Die Eltern bzw. Elternteile treten dann in einen „Ringkampf" mit den Heimmitarbeitern und gegebenenfalls auch mit den Jugendamtsmitarbeitern, der sich über Jahre hinziehen kann. In diesem „Kampf" gelingt es den Eltern, eine Dynamik herzustellen, die es ermöglicht, sich zu schützen vor einer Auseinandersetzung mit ihren eigenen Zweifeln und Sorgen in Bezug auf den Verbleib der Kinder.

Daher ist es notwendig, dass in der aufsuchenden Familientherapie die Therapeuten diese Dynamik erkennen und in ihren Gesprächen mit den Eltern, oftmals auch unter Einbeziehung der Herkunftsfamilien der Eltern[12], einbeziehen. Nur wenn es gelingt, die Funktionalisierung des Helfersystems durch die Eltern aufzugreifen, ihre Handlungen und Einstellungen, beeinflusst durch ihre Gefühle von Inkompetenz und Resignation, zu hinterfragen und auf die Ressourcen und Fähigkeiten der Eltern zu verweisen, ist es möglich, eine tragfähige Rückführung in die Herkunftsfamilie herbeizuführen. Andernfalls können die Eltern als Sorgeberechtigte „agieren", jedoch die anderen insgeheim zu überzeugen versuchen, dass die Kinder doch besser woanders aufgehoben seien.

Auch wenn die Jugendämter zunehmend u. a. aus Kostengründen eine Rückführung der Kinder aus Heimen – derzeit weniger aus Pflegefamilien – anstreben, ist die Situation für aufsuchende Familientherapeuten dennoch davon gekennzeichnet, nicht selten „gegen" den Willen der stationären Einrichtung und mit dem „Segen" des Jugendamtes die Rückführung herbeizuführen und zu begleiten. Diese Rückführungen sind nicht immer tragfähig – je jünger das Kind, desto schwieriger. Die Rückführungen bedürfen einer intensiven gemeinsamen Betrachtung der Dynamiken durch die aufsuchenden Familientherapeuten und Jugendamtssozialarbeiter. Werden diese Dynamiken nicht ausreichend analysiert, führen sie zu Zweifeln bei den beteiligten Helfersystemen, die bei ausreichender Analyse

---

12 Nicht selten arbeiten aufsuchende Familientherapeuten mit Eltern, die selbst entweder von Fremdplatzierung bedroht waren oder in stationären Einrichtungen der Erziehungshilfe aufgewachsen sind.

der Dynamiken nicht auftreten. Denn das Kind wird in seiner Ambivalenz oder Unsicherheit in Bezug auf die „Erziehungskompetenz" der Eltern und der fürsorglichen Betreuung durch die Heimmitarbeiter erwartungsgemäß die „Kompetenz" der Eltern austesten. Angesichts der derzeit weit verbreiteten Situation – auch bedingt durch Belegungsdruck – bei einer Vielzahl von stationären Einrichtungen und auch Pflegeeltern werden zwar Lippenbekenntnisse in Bezug auf die Rückführung von Kindern und Jugendlichen gegeben. Es wird jedoch nicht die notwendige Unterstützung der von außen kommenden ambulanten Hilfe, wie sie in der Regel die aufsuchende Familientherapie darstellt, gewährt. Es ist daher zu empfehlen, eine aufsuchende Familientherapie mit dem Ziel einer Rückführung nur dann durchzuführen, wenn bereits im Vorfeld durch das Jugendamt eine enge und tragfähige Kooperation zwischen der stationären Einrichtung, dem Jugendamt und den Eltern gegeben ist. Ist dies nicht der Fall, so ist es derzeit in der Regel ratsam, diesen Klärungsprozess im Helfersystem gären zu lassen und zu einem späteren Zeitpunkt, wenn die Entscheidung zur Rückführung größere Akzeptanz im Helfersystem findet, mit der aufsuchenden Familientherapie zu beginnen.

Angesichts einer im Durchschnitt sechs- bis neunmonatigen Tätigkeit sind die enormen Veränderungsanforderungen durch die Familie bzw. Eltern nur erfüllbar, wenn vom ersten Moment der aufsuchenden Familientherapie an auf eine klare Entscheidung zur Rückführung zurückgegriffen werden kann. Das Kind bzw. der Jugendliche wird in seiner hohen Ambivalenz – je länger fremdplatziert, desto mehr – die Eltern und die gesamte Familie „austesten". Es bedarf hoher Anstrengung aller Familienmitglieder, die eigenen Zweifel so zu bewältigen, dass in Krisensituationen – die unweigerlich auftreten werden – die Entscheidung zur Rückführung weiterhin bestehen bleibt. Ist diese äußerst belastende Situation auch noch konfrontiert mit eskalierenden Kämpfen und Konflikten innerhalb des Helfersystems, ist es sehr schwierig, innerhalb der zur Verfügung stehenden Zeit die Rückführung zu stabilisieren und für alle Familienmitglieder als tragfähig zu erweisen.

Alkohol- und Drogenmissbrauch der Eltern, die deren Erziehungsfähigkeit beeinträchtigen, sind ebenfalls Anlass für eine aufsuchende Familientherapie. Die Familientherapeuten stellen keine Forderungen nach einem Alkohol- oder Drogenentzug der Eltern bzw. des betreffenden Elternteils. Der Alkohol- und Drogenkonsum wird als eine Entscheidungssache (Efran, Heffner u. Lukens 1988) betrachtet. Die Entscheidung darüber, ob ein Problem besteht, wird dem Klientensystem ebenso überlassen wie der Zeitpunkt, wann und in welchem Umfang der Alkohol- oder Drogenkonsum beendet wird (Efran, Heffner u. Lukens 1988). Von daher wird nicht – wie dies bei anderen therapeutischen Verfahren der Fall ist – gefordert, dass das betreffende Familienmitglied „trocken" sein muss, bevor eine Familientherapie beginnen kann. Vielmehr wird deutlich daran gearbeitet, dass es Sache und Verantwortung des Betreffenden ist, dies für sich zu entscheiden. Anlass für die aufsuchende Familientherapie ist im Allgemeinen ja nicht der Alkohol- oder Drogenmissbrauch eines Elternteils, sondern dass in dessen Folge – so häufig die Sichtweise der beteiligten professionellen Helfer – die Eltern die Erziehungsverantwortung für die Kinder nicht oder in unzureichendem Maße übernehmen und die Kinder vernachlässigen, verwahrlosen lassen oder misshandeln.

Aufgrund ihrer systemischen Orientierung gehen die aufsuchenden Familientherapeuten davon aus, dass die Verknüpfung von Alkohol- und Drogenmissbrauch eines Elternteils mit der ausreichenden Übernahme von Erziehungsverantwortung durch die Eltern nicht hilfreich ist. Stattdessen gehen sie von dem Vorhandensein elterlicher Fähigkeiten und Kompetenzen aus, die trotz des Alkohol- und Drogenkonsums sichtbar sind. Anstatt mit dem betreffenden Elternteil eine Diskussion über die Notwendigkeit eines Entzugs zu führen, ziehen die Familientherapeuten die Kritik der Institutionen der sozialen Kontrolle heran, die das Kindeswohl gefährdet sehen. Im Mittelpunkt steht daher die Frage, wie die Eltern für die Kinder besser sorgen können, so dass keine Institutionen mehr an ihrem Erziehungsverhalten Kritik üben müssen – der Alkohol- und Drogenkonsum wird weitgehend nicht thematisiert. Es können in diesem Zusammenhang immer Beispiele angeführt werden von Menschen, die trotz ihres Alkohol- oder Drogenkonsums ihren Aufgaben nachgegangen sind. Die Frage stellt sich, wie die Eltern dies auch für sich und ihre Kinder erreichen können.

Dieses Vorgehen löst in der Regel die gewünschte „Verstörung" (Schmidt 1996, S. 49 ff.) aus (vor allem wenn Helfersysteme bereits seit langem auf einen Entzug drängen), so dass in relativ kurzer Zeit Probleme in der Versorgung und Erziehung der Kinder Thema in der Familientherapie werden. Immer wieder führen die daraus resultierenden Gespräche dazu, dass entscheidende Probleme und Themen bei den Eltern deutlich werden und vor allem negative Prophezeiungen der eigenen Herkunftsfamilie eine wesentliche Rolle spielen[13], wie und ob die elterliche Erziehungsverantwortung übernommen wird oder nicht. Können diese Aspekte in der weiterlaufenden Familientherapie behandelt werden, so sind im Allgemeinen gravierende positive Veränderungen sowohl bei dem betreffenden Elternteil selbst als auch im Erziehungsverhalten gegenüber den Kindern und im Familienalltag zu beobachten.

Von Seiten der Familientherapeuten wird nur eine einzige Forderung gestellt, sie besteht darin, dass der Alkohol- oder Drogenkonsumierende in der Lage ist, den Gesprächen zu folgen. Ist dies nach Einschätzung der Therapeuten nicht möglich, wird das Gespräch abgebrochen und zu einem anderen Zeitpunkt, an dem diese Bedingung erfüllt ist, fortgesetzt.

In Fällen von **Misshandlung und Gewalt innerhalb der Familie** sind die Familientherapeuten in der Lage, in akuten Situationen auch zu dienstunüblichen Zeiten in die Familien zu gehen. Während die US-amerikanischen aufsuchenden Familientherapeuten über Mobiltelefon Tag und Nacht erreichbar sind, ist dieser Einsatz bisher in Deutschland offensichtlich nicht notwendig. Es zeigt sich, dass Jugendamtssozialarbeiter in Krisensituationen – trotz enorm hoher Arbeitsbelastungen – sich in der Regel lieber selbst um die dann notwendigen Gespräche und Hilfen kümmern. Vergleicht man die Situation von amerikanischen (Ghetto-)Familien mit der deutscher Jugendhilfefamilien, so ist trotz zunehmender Verelendung auch in Deutschland dieses Ausmaß an Not (noch) nicht vorzufinden. Dies könnte u. a. dadurch bedingt sein, dass andere Faktoren die Gefährdungsmomente für das Kindeswohl in Deutschland nicht so gravierend erscheinen lassen, dass derzeit eine solch intensive Arbeit erforderlich wäre. Es könnte jedoch auch sein, dass es einer Vielzahl von Jugendamtssozialarbeitern noch schwer fällt – trotz hoher Arbeitsbelastungen –, aus einer dann erforderlichen federführenden „Case-Management-Position" heraus auch in Krisensituationen ausreichend an ambulante Hilfeformen zu delegieren.

---

13 Übermässiges Trinken kann erheblich dabei helfen, dem eigenen Bild sowie dem anderer zu entsprechen, eine schlechte Mutter zu sein.

Deswegen arbeiten aufsuchende Familientherapeuten vorwiegend mit Familien, die sich nicht in einer Akutkrise befinden. Die Familien sind aufgrund ihrer materiellen, sozialen und psychischen Situation erheblichen Dauerbelastungen ausgesetzt, die nicht durch entsprechende Netzwerke und Strukturen Entlastung finden. Sie befinden sich daher in chronischen Strukturkrisen (Nielsen, Nielsen u. Müller 1986). Die Familien geraten von einer Krisensituation in die nächste und sind in einer Situation von Dauerkrisen gefangen. Anlässe für Hilfeangebote seitens professioneller Helfersysteme stehen dabei in der Regel mit akuten Konflikten im Zusammenhang. „Auslösende Konflikte in Strukturkrisen lassen sich (jedoch) nur schwer von der Strukturkrise selbst trennen, d. h. sie stehen in engem Zusammenhang mit der Strukturkrise der Familie" (Nielsen, Nielsen u. Müller 1986, S. 102)

Von daher steht zwar selbstverständlich im Vordergrund der aufsuchenden Familientherapie, die aktuellen Anliegen der Familie (und auch der professionellen Helfersysteme) aufzugreifen, allerdings in der weiteren Arbeit vor allem Veränderungen im Familiensystem anzuregen. Es geht darum, Entwicklungen zu unterstützen, die die Strukturen der Familie so weit festigen helfen und tragfähig machen, dass die Eltern in sozial akzeptierterer Form ihrer Erziehungsverantwortung wieder nachgehen können und keinen weiteren Anlass geben für Kritik und Interventionen von Institutionen der sozialen Kontrolle.

Die aktuelle Krisensituation liegt daher im Allgemeinen bei Beginn einer aufsuchenden Familientherapie bereits einige Wochen zurück, so dass die Krise nicht (mehr) in dem Umfang für die krisenorientierte Arbeit der aufsuchenden Familientherapie genutzt werden kann, wie es hilfreich wäre. Zwar ist dies nicht unbedingt der Arbeit abträglich, dennoch kann es notwendig sein, dass die Familientherapeuten möglichen einsetzenden „Verschließungen" und „Verkrustungen" durch Aktualisierungen von Krisensituationen zuvorkommen und damit die Krise als Chance für Weiterentwicklungen (wieder) aufgegriffen werden kann.

In aktuellen Krisensituationen – insbesondere bei gewalthaften Auseinandersetzungen – steht im Vordergrund, eine Deeskalierung herbeizuführen. Es wird versucht, die Krise für den weiteren Verlauf der aufsuchenden Familientherapie konstruktiv zu nutzen. Vor allem eine genaue Betrachtung der Situation, bevor es zur Gewalteskalation kam, erweist sich als hilfreich, sowohl für die Misshandler als auch die Misshandelten. Die Misshandlung des Kindes wird konsequent der systemischen Sicht folgend als sinnhaftes Verhalten betrachtet; sie wird u. a. als elterlicher Versuch angesehen, Kontrolle über das Kind zu gewinnen, so dass das Kind verstärkt die elterlichen Vorgaben annimmt. Insbesondere bei Kindesmisshandlungen ist eine klare Rollenverteilung zwischen Jugendamtssozialarbeiter und aufsuchenden Familientherapeuten notwendig. Noch mehr als in anderen Kritikpunkten elterlichen Erziehungsverhaltens ist es dringend geboten, dass Jugendamtssozialarbeiter ihr Wächteramt positiv wahrnehmen und während der Dauer der aufsuchenden Familientherapie bei den Eltern ständig ein angemessenes Erziehungsverhalten einfordern.

Konstruktivere Lösungsmöglichkeiten werden mit der Familie nicht nur erörtert, sondern auch vor Ort erprobt und gegebenenfalls auch konkret durchgespielt, so dass die einzelnen Familienmitglieder ein erweitertes Handlungsrepertoire bei möglichen späteren Gewalteskalationen zur Verfügung haben. In diesem Zusammenhang wird eine Vielzahl von hypothetischen Fragen zur Situation *vor und während* einer möglichen weiteren Gewalteskalation gestellt. Darüber hinaus werden mögliche Handlungsalternativen der einzelnen Familienmitglieder durchgesprochen.

Ein großer Teil der aufsuchenden Familientherapien wird in Familien mit vermuteter oder aufgedeckter **sexueller Misshandlung der Kinder** durchgeführt. Oftmals gibt es zu Beginn der Arbeit eine Reihe von Hinweisen auf die sexuelle Misshandlung eines oder mehrerer Kinder, jedoch keine gerichtsverwertbaren Beweise, die eine Herausnahme des Kindes ermöglichen würden. Da es keine Beweise gibt, wird vielfach versucht, die notwendigen Beweise zu „ermitteln", und professionelle Helfer werden damit beauftragt, diese im Zusammenhang mit ihrer Arbeit zu erbringen. Wenn auch der Wunsch mancher Helfer nach Sicherung von Beweisen verständlich sein mag, so werden „Detektivaufträge" seitens der Familientherapeuten nicht angenommen.

Der Schwerpunkt der aufsuchenden Familientherapie liegt in der Erarbeitung von notwendigen Veränderungen. Daher werden weitere Aspekte (z. B. aggressives Verhalten, Schulschwänzen und andere Symptome und Problemverhalten), die Anlass geben, eine Gefährdung des Kindeswohls aufzuzeigen und die Eltern in ihrer Erziehungskompetenz zu fordern, aufgegriffen und werden zunächst Arbeitsauftrag und Inhalt der Arbeit. Dieses Vorgehen stellt für Jugendamtssozialarbeiter in solchen Fällen häufig die einzige Möglichkeit dar zu intervenieren, denn eine Herausnahme des Kindes aus der Familie ist aufgrund der vorliegenden Informationen bzw. „Beweise" nicht möglich.

Dieses Vorgehen setzt bei den beteiligten Helfern, einschließlich Familientherapeuten, voraus, dass sie ein Arbeiten, das nicht direkt die sexuellen Übergriffen thematisieren kann, aushalten, um so die notwendige Stärkung der verschiedenen Familienmitglieder herbeiführen zu können (Conen 1997b, 2002).

Lassen verschiedene Vorkommnisse und Verhaltensweisen die Familientherapeuten darauf schließen, dass sexuelle Übergriffe stattfinden, so ist es ihr oberstes Ziel, weitere sexuelle Übergriffe verhindern zu helfen. Die sexuelle Kindesmisshandlung wird als eine – wenn auch die schwerwiegendste – Form der Grenzüberschreitung und Grenzverletzung betrachtet. In Familien, in denen es zu sexuellen Übergriffen gekommen ist, ist im Allgemeinen auch eine Vielzahl weiterer – in anderen Bereichen liegenden – Grenzverletzungen zu verzeichnen. Von daher gilt die volle Aufmerksamkeit der Familientherapeuten der Bestärkung der Eltern, – und hier vor allem der Mutter (Conen 1997b, 2002; Trepper u. Barrett 1991) –, Grenzen zu setzen.

Derzeit wird von einem Konzept ausgegangen, das der Mutter einen zentralen Stellenwert zuweist und sie deutlich auffordert und bestärkt, ihre Kinder vor weiteren sexuellen Übergriffen zu schützen (Conen 1997b). Erst wenn die Mutter ihren Kindern glaubhaft vermittelt hat, dass sie bereit und in der Lage ist, Grenzen zu setzen, ist zu beobachten, dass die Kinder ihre Mutter ernst nehmen. Daraus folgert, dass die Kinder zunehmend offener und konkreter über sexuelle Übergriffe in der Vergangenheit und auch in der Gegenwart sprechen. Erfahrungen lassen darauf schließen, dass erst wenn die Kinder die Sicherheit haben, dass Menschen, die sie vor weiteren Übergriffen schützen könnten, diese Aufgabe auch übernehmen bzw. zu übernehmen bereit sind, sie den Mut haben, über die sexuellen Übergriffe zu sprechen.

Ein Konzept durchzusetzen, wie es Trepper und Barrett (1991) meines Erachtens wegweisend für die (familien-)therapeutische Arbeit mit Inzestfamilien entwickelt haben und seit vielen Jahren anwenden, ist in dem erforderlichen Umfang (Einzeltherapie des Missbrauchers beispielsweise des Vaters, Einzeltherapie der Mutter, Einzeltherapie der Kinder, Paartherapie, Gruppentherapie des Täters, Gruppentherapie der Mutter, Gruppentherapie der Kinder, Familientherapie) derzeit in Deutschland in der Regel noch nicht möglich, so dass nur einzelne Elemente daraus auch in der aufsuchenden Familientherapie ihre Anwendung finden.

Aufsuchende Familientherapeuten sind meiner Erfahrung nach vorwiegend in Familien tätig, in denen

a) zwar eine sexuelle Kindesmisshandlung innerhalb der Herkunftsfamilie vermutet wird, jedoch keine Beweise vorliegen, so dass sich die Familientherapeuten darauf beziehen müssen, die allgemeine Grenzsetzung zu unterstützen,
b) die Missbraucher entweder die Familie bereits verlassen haben oder dabei sind, diese zu verlassen, vor allem wenn sie befürchten müssen, dass die Kinder sprechen und die Mutter ihnen glaubt,
c) vorherige Partner der Mutter die Kinder sexuell misshandelten, derzeit jedoch die Mutter keinen Partner hat, allerdings zu befürchten ist, dass der nächste Partner die emotional und sozial nicht ausreichend versorgten Kinder sexuell ausbeuten wird,
d) ein „neuer" Partner in der Schwebe ist, er jedoch durch das zunehmend kompetentere Erziehungsverhalten der Mutter „abgeschreckt" wird, sich sexuell den Kindern zu nähern,
e) der sexuelle Missbrauch der Kinder durch Außenstehende erfolgte, jedoch die Kinder weiterhin einem erhöhten Risiko ausgesetzt sind und daher sowohl eine entsprechende Stärkung der Kinder als auch der Eltern, in der Regel vor allem der Mutter, notwendig ist.

Leider sind aufsuchende Familientherapeuten in noch zu geringem Maß bei Rückführungen von sexuell missbrauchten Kindern in ihre Herkunftsfamilien tätig. Hier gilt es – wie auch in Bezug auf andere Formen der Hilfen zur Erziehung –. Weiterentwicklungen bestehender Konzepte zu forcieren, so dass eine entsprechende Arbeit mit den Missbrauchern (die in den Jugendhilfefamilien nur in äußerst geringem Maß erfolgt), den Müttern, den Kindern, an der Paarbeziehung und der Eltern-Kind-Beziehung sowie sozialen Integration der Familie möglich wird (Trepper u. Barrett 1991; Bentovim 1995), um so eine sichere Rückführung des Kindes zu gewährleisten.

Weitere Problembereiche, in denen aufsuchende Familientherapeuten die Familien unterstützen wollen, wieder selbst den an sie gerichteten Anforderungen – jedoch in konstruktiverer Weise – nachzukommen, stellen auch problematische und äußerst schwierige **Trennungs- und Scheidungssituationen** dar, in denen die Kinder als „Munition" im Kampf der Erwachsenen benutzt werden. Viele der auftretenden Verhaltensauffälligkeiten der Kinder sind meiner Erfahrung nach im Zusammenhang mit der Trennung bzw. Scheidung der Eltern zu sehen. Der Rückzug der Väter oder auch das Verdrängen der Väter löst offensichtlich insbesondere bei männlichen Kindern und Jugendlichen Prozesse aus, die zu erheblichen Verhaltensauffälligkeiten beitragen. Oftmals ist zu beobachten, dass deviantes oder auch delinquentes Verhalten auftritt, wenn kein oder kaum Kontakt zum (leiblichen) Vater besteht. Es ist, als ob versucht wird, den fehlenden (leiblichen) Elternteil durch das auffällige Verhalten wieder zurück in die Familie zu holen und den anwesenden Elternteil – in der Regel die Mutter – in seiner Kompetenz zu untergraben, um so beide – fast wie in Kästner's Geschichte vom doppelten Lottchen – zu einem gemeinsamen Auftreten zu veranlassen. Dies gelingt auch häufiger, als allgemein wahrgenommen wird, nicht selten jedoch mit dem Ergebnis, dass es dem nun wieder aufgetauchten Elternteil ebenfalls nicht gelingt, positiven Einfluss auf das Kind bzw. den Jugendlichen zu nehmen.

In Familien mit einer schwierigen Trennungs- und Scheidungssituation beziehen die aufsuchenden Familientherapeuten, neben den bekannten Vorgehensweisen, vor allem die Sichtweisen und Einschätzungen des abwesenden Elternteils in die Arbeit ein. Da oftmals bei den Kindern und Jugendlichen – vor allem wenn der Vater kein Thema ist bzw. sein darf – die schlimmsten Phantasien bestehen, wer und was ihr Vater ist, werden diese Phantasien in das Gespräch einbezogen und negative Erfahrungen der Mutter – und damit Gründe für deren Schweigen und Ablehnung – verständlich gemacht. Ziel ist es, dass den Kindern die Verletzungen der Mutter sowie der daraus resultierende Ausschluss bzw. Rückzug des Vaters verständlich werden und sie dies stärker respektieren können. Gleichzeitig wird die Mutter darin unterstützt, die Beschäftigung der Kinder mit ihrem (jeweiligen) Vater zuzulassen, auch wenn sie nicht selbst daran teilhaben will. Zum großen Teil ergeben sich massive Probleme in den Familien aufgrund ihrer neuen Zusammensetzung. Oftmals versucht der (neue) Stiefelternteil, als „neuer Besen gut zu kehren" und mit dem „Schlendrian" und „Lotterleben" in der Familie aufzuräumen. Dies trifft insbesondere bei Jugendlichen im Allgemeinen auf massive Abwehr. Lange eingefahrene familiale Interaktionen und Handhabungen werden gegebenenfalls durch den Stiefelternteil (im Allgemeinen Stiefväter) abgeschafft, woraufhin die Kinder rebellieren. Das in der Regel positive Ansinnen des (neuen) Stiefelternteils kehrt sich ins Gegenteil um. Die Konflikte nehmen eher zu als ab, und die Kinder äußern gegebenenfalls sogar offen die Meinung, dass es besser wäre, wenn der Stiefvater verschwinden würde. Die Kinder lehnen es ab, die mit dem „Auskehren" durch den Stiefelternteil verbundene implizite Abwertung des bisherigen Erziehungsverhaltens des anwesenden Elternteils hinzunehmen. Durch ihre Verhaltensauffälligkeiten zeigen sie sich loyal. Sie machen damit deutlich, dass der Stiefvater nichts bei ihnen ausrichten kann, dass nur die Mutter ihnen etwas sagen kann. Sie verweigern sich, dem Stiefvater ohne Weiteres eine Vaterrolle zuzubilligen, da sie sich sonst illoyal auch gegenüber dem leiblichen Vater erweisen würden. Gleichzeitig sind sie enttäuscht und wütend auf die mangelnde Unterstützung durch die Mutter, die in ihrem Hin- und Hergerissensein sich nicht so recht entscheiden kann, auch wenn sie sich gegen die implizite Abwertung wehrt. Gleichzeitig erhofft sie aber, dass „der starke Mann im Haus" ihr die weniger erfreulichen Erziehungs- und Disziplinierungsaufgaben abnimmt. In dieser Dynamik brechen vor allem die Jugendlichen aus und zeigen Symptome von Suizidalität bis hin zu Trebegehen, Alkohol- oder Drogenmissbrauch, delinquentes Verhalten (Conen 1999b) und allgemein Verhaltensauffälligkeiten verschiedenster Art.

Verhärtete **Stieffamilienproblematiken** sind für die aufsuchenden Familientherapeuten ein häufiger Anlass, ihre Arbeit aufzunehmen. Neben dem Bestreben, die bestehende Situation des Kindes bzw. Jugendlichen zu entschärfen, besteht ein wesentlicher Teil der Arbeit der Familientherapeuten darin, mit dem anwesenden leiblichen Elternteil, dem Stiefelternteil und den Kindern klare Vereinbarungen über „Mandate" und „Befugnisse" des Stiefelternteils auszuhandeln. Ferner werden „Aufträge" und „Botschaften" des anwesenden und auch des abwesenden leiblichen Elternteils in Hinblick auf Gelingen oder Nicht-Gelingen der Erziehung des Kindes erörtert. In diesem Zusammenhang wird besonders den Loyalitätsbindungen des Kindes deutlich Rechnung getragen. Die Verhärtung der Stiefelternproblematik und die damit einhergehende Verfestigung der Verhaltensprobleme der betreffenden Kinder und Jugendlichen – meist erweist sich eines der Kinder als besonders loyal – sind nicht immer leicht aufzuweichen. Je länger diese Problematik bereits andauert und je mehr Hilfestellungen die Familie bzw. die einzelnen Familienmitglieder erfahren haben, desto größer ist die Resignation und Kränkung der Eltern angewachsen und das Risiko erhöht, dass Mutter und Stiefvater das Kind bzw. den Jugendlichen aus der Familie ausstoßen wollen. Hier wäre es sicherlich hilfreicher, wenn systemverändernde Hilfen wie die aufsuchende Familientherapie zeitlich eher angefordert werden würden, dennoch verzeichnen gerade in diesem Problembereich aufsuchende Familientherapeuten erhebliche Erfolge.

Kinder und Jugendliche aus Stieffamilien, die bereits längere Zeit im Kontakt mit dem Jugendamt sind, zeigen häufig auch **delinquentes Verhalten**. Ihre Delinquenz stellt oftmals einen Versuch dar,

a) innerhalb der Familie eine eigene Positionierung herbeizuführen, um mehr Berücksichtigung ihrer Interessen und Bedürfnisse zu erreichen;
b) sich gegen Vereinnahmungen und Zuweisungen in vorgestanzte Bilder und Erwartungen der Eltern zu wehren, um so die eigene Individualität und Eigenständigkeit zu behaupten;
c) Loyalitätsbindungen gegenüber anwesenden und vor allem abwesenden Elternteilen zum Ausdruck zu bringen, um so mögliche Abwertungen durch den Stiefelternteil oder den anwesenden Elternteil zu kompensieren („Wenn ihr meinen Vater so abwertet, werde ich euch zeigen, dass es mit euren Erziehungsmethoden bei mir auch nicht klappt");
d) negative Prophezeiungen aus Loyalität zu erfüllen („Du wirst noch mal so ein ‚schlechter' Mensch wie dein Vater, der im Gefängnis, auf der Straße oder im Suff geendet ist");
e) vor allem Eltern, die festgelegte Erwartungen an sie haben, in ihre Schranken zu weisen, deren Hilflosigkeit „herbeizufüh-

ren", um so den Anspruch auf Erziehung bzw. Beeinflussung durch die Eltern zu unterminieren und eigene Vorstellungen durchzusetzen.

Die Eltern befinden sich angesichts der Eskalation von Verhaltensauffälligkeiten (einschließlich Delinquenz) in einer Situation, in der ihre Hilf- und Ratlosigkeit von Tag zu Tag zunehmen. Sie – und vor allem die Eltern, die sich ganz besonders um Einflussnahme auf ihr Kind bemühen – erfahren im Zusammenleben mit ihrem Kind jeden Tag, dass ihre Möglichkeiten, Einfluss zu nehmen, mehr als eingeschränkt sind. In der sich steigernden Hilflosigkeit geraten sie mit ihrem Kind in eine Eskalation von Enttäuschung, Ärger, Wut, Abwertung, auch Gewalt, die bis hin zum Wunsch nach Entfernung des Kindes aus ihrem Leben reicht. Ist es doch dieses Kind – meist ein Sohn im Alter von zehn bis dreizehn Jahren – das deutlich macht, wo die Grenzen sind, was nicht gelungen ist, das eine Versinnbildlichung des Scheiterns darstellt. Immer wieder suchen Eltern in dieser Situation eine „Lösung" darin, dass sie dieses Kind aus der Familie entfernen wollen. In ihrem Ärger und auch Verzweiflung versuchen sie dem jeweiligen Jugendamtsmitarbeiter deutlich zu machen, dass sie am Ende ihres „Lateins" sind, sie nicht mehr mit dem Sohn weiter wissen und nun andere (Heim, Internat u. Ä.) mit ihm zu tun haben sollen. Sie haben die Nase voll, als inkompetente Eltern „vorgeführt" zu werden – und vielleicht auch noch Kritik von allen Seiten zu erhalten, die ihnen vermittelt, dass sie „nicht gut erziehen".

Bedauerlicherweise gehen die Jugendämter dem Wunsch dieser Eltern nach Fremdplatzierung ihrer Kinder vielfach nach, anstatt die krisenhafte Situation, in der sich die Familie befindet, durch Gespräche zu entschärfen und in einer (aufsuchenden) Familientherapie die Anliegen und Wünsche der einzelnen Familienmitglieder zu bearbeiten.

Vor allem bei Kindern, die noch nicht strafmündig sind, erweist es sich als besonders hilfreich – sofern auch die sonstigen Kriterien für eine aufsuchende Familientherapie erfüllt sind – mit der Familie, jedoch vor allem mit den Eltern, deren Hilflosigkeit aufzugreifen und positive Zukunftsszenarien zu entwickeln, die einen Verbleib des Kindes bzw. des Jugendlichen in der Familie ermöglichen. Dabei ist es bedeutsam, vor allem an den positiven Intentionen der elterlichen

Erziehungsvorstellungen anzusetzen. Dies ist für manche beteiligten professionellen Helfer sicherlich nicht einfach, da es auch voraussetzt, das Engagement und die Sorge eines misshandelnden Vaters, die Fürsorge und Wünsche der rigide Regeln setzenden Mutter, die Bemühungen um Integration des Stiefvaters in die neue Familie bei Verhängung drakonischer Strafen u. Ä. zu sehen. Erst mit einer Aufwertung der elterlichen Bemühungen, die hinter dem „Problemverhalten" der Eltern stehen, kann es gelingen, wieder einen konstruktiv zu gestaltenden Kontakt zwischen Eltern und Kind herzustellen.

Auch bei älteren Kindern bzw. Jugendlichen ab 14 Jahren ist es sinnvoll, aufsuchende Familientherapien durchzuführen. Es ist anzunehmen, dass eine Vielzahl von Fremdplatzierungen von über 14-Jährigen vermieden werden könnte, würden die eskalierenden Familienkonflikte in Familiengesprächen bearbeitet werden. Dies wird jedoch häufig durch folgende Prozesse auf Seiten der beteiligten professionellen Helfer erschwert:

- Der in diesen Fällen notwendige hohe Grad an Kooperationsbereitschaft zwischen Sozialarbeitern im Allgemeinen Sozialpädagogischen Dienst, in der Jugendgerichtshilfe, zwischen Lehrern, Mitarbeitern von sozialen Trainingskursen u. Ä. besteht nicht in ausreichendem Maße.
- Die Interaktionsdynamik zwischen Jugendlichen und Eltern wird von den beteiligten professionellen Helfern oftmals parteiisch wahrgenommen (Verständnis für den Jugendlichen, gegebenenfalls noch für die Mutter und starke Ablehnung des Vaters bzw. Stiefvaters).
- Überlegungen zur Rückführung eines Jugendlichen in seine Herkunftsfamilie sind zwischen beteiligten Helfern in der Regel tabuisiert. Gibt es Konflikte zwischen Jugendlichen und Eltern, lautet in der Regel das Zauberwort „Verselbstständigung", auch wenn der übliche weitere Verlauf der stationären Unterbringung eher weitere Problemverschärfungen vermuten lässt.
- Ein überhöhter Anspruch, in kürzester Zeit Einfluss auf das Problemverhalten bzw. Legalverhalten des Jugendlichen zu nehmen – oft aus der Befürchtung heraus, dass weitere Straftaten weitere Entwicklungen zu sehr behindern könnten.

Auch wenn die aufsuchende Familientherapie insbesondere in der Arbeit mit den Eltern schon nach kürzester Zeit erreicht, dass die Eltern von der massiven Abwertung ihres Kindes ablassen, so stellen die oben benannten Aspekte jedoch erhebliche Hindernisse dar, einen bereits fremdplatzierten Jugendlichen und dessen Einrichtung für eine Zusammenarbeit zu gewinnen. Erfolgreich erweisen sich hier Bemühungen, den Jugendlichen in der Einrichtung aufzusuchen und Gespräche mit ihm alleine zu führen und seine Sichtweisen zu der bestehenden Situation zu „verstören". Wenn dies jedoch von der Einrichtung her nicht unterstützt wird, wird es dem Jugendlichen einfach gemacht, Konfrontationen und Infragestellungen durch Fernbleiben und „Sabotagemanöver" zu behindern bzw. verhindern. Gelingt es jedoch, den Jugendlichen durch die co-therapeutischen Diskussionen im Reflecting Team neugierig auf (weitere) Gespräche (gegebenenfalls ist es notwendig, zuerst brieflich Kontakt aufzunehmen) zu machen, ist im Allgemeinen bereits nach kurzer Zeit festzustellen, dass weniger der Wunsch nach Entfernung aus dem Elternhaus im Vordergrund stand, als ein „anderes" Elternhaus zu „haben", das der Jugendliche wieder respektvoll annehmen kann. In diesem Rahmen (Cecchin 1999, 2002) kann nicht weiter ausführlich darauf eingegangen werden, dass es für Kinder und Jugendliche ein wichtiges Anliegen ist, sowohl von den Eltern Respekt gegenüber ihren Vorstellungen zu erfahren als auch gegenüber den Eltern respektvoll sein zu können. Respektvoll jedoch gegenüber den Eltern sein zu können, die Verhaltensweisen zeigen, die die Kinder bzw. Jugendlichen ablehnen (Misshandlung, sexueller Missbrauch, Rigidität bezüglich eigener Lebensvorstellungen, Verneinung einer Existenzberechtigung des Kindes u. Ä.) ist für die meisten in einer Jugendhilfemaßnahme befindlicher Kinder und Jugendlichen schwierig und bedarf einer intensiven „Verstörung" bestehender Sicht- und Denkweisen bei allen Familienmitgliedern.

Auch und vor allem Schulprobleme der Kinder sind häufig Anlass für Familien, dass sie in den Fokus des Jugendamtes geraten. Massive Verhaltensauffälligkeiten des Kindes in der Schule führen dazu, dass Lehrer Meldungen an das Jugendamt geben. Diesen Weg beschreiten vor allem Lehrer, die oftmals über längere Zeit versucht haben, Einfluss auf das Verhalten des Kindes zu nehmen, und die auch mit den Eltern Kontakt gesucht haben. Wenn dem Lehrer deutlich wird, dass er an die Grenzen seiner Möglichkeiten stößt, nimmt er Kontakt mit dem Jugendamt auf. Dies ist meist mit der Hoffnung verbunden, vom Jugendamt eine schnelle Lösung des Problems zu erhalten.[14] Die Eltern sind zu diesem Zeitpunkt bereits in einer Position, in der sie sich angesichts der Kritik der Schule an ihrer Erziehungskompetenz defensiv oder gar abwehrend verhalten. Eltern: „*Wir haben zu Hause kein Problem mit unserem Sohn. Die Lehrerin hat ein Problem. Sie hat unseren Sohn schon immer auf dem Kieker gehabt. Die mag ihn sowieso nicht.*" Die zunehmende Eskalation zwischen Eltern und Kind einerseits und Lehrerin – und gegebenenfalls Schulleitung – andererseits führt in solchen Fällen nicht selten dazu, dass Kinder durch Schulverweisdrohungen, Suspendierungen vom Unterricht oder auch gar Schulverweis nicht mehr am Unterricht teilnehmen (können).

Sicherlich bedarf es einer Verstärkung der Diskussion um die Aufgaben und Zielsetzungen der Institution Schule. Sowohl die Gesellschaft allgemein als auch die Eltern fordern von der Schule neben der Wissensvermittlungsfunktion verstärkter die Wahrnehmung auch von Sozialisationsfunktionen. Die ganz offensichtliche Zunahme von „Problemverhalten" von Kindern und Jugendlichen wird jedoch bisher von den Schulbehörden, die letztlich den Alltag eines Lehrers bestimmen, noch weitgehend in ihrer Tragweite ignoriert, da deren Bearbeitung im Rahmen der Schule mit Kosten verbunden wäre. Die immer wieder gestellte Forderung von professionellen Helfersystemen gegenüber dem einzelnen Lehrer, sich kooperativer zu zeigen, wird so lange das „Privatvergnügen" von Lehrern sein, bis sie die geforderte – und dringlich notwendige – Kooperation nicht mehr in ihrer Freizeit leisten (müssen). Bisher hängt die Bereitschaft zur Kooperation letztlich stets vom individuellen Engagement des einzelnen Lehrers ab. Dies wird in der Regel von professionellen Helfern nicht ausreichend berücksichtigt. Von daher setzen aufsuchende Familientherapeuten sehr darauf, den jeweiligen Lehrer für eine Zusammenarbeit in Bezug auf eine Familie zu gewinnen. Ohne eine konstruktive Zusammenarbeit mit ihm ist die schulische Inte-

---

14 Die omnipotenten Erwartungen von Lehrern an Jugendamtssozialarbeiter sind im Zusammenhang mit dem Ausmaß der eigenen Ratlosigkeit zu sehen. Von Seiten der Jugendämter wäre eine offensivere Abgrenzung gegenüber diesen Omnipotenzerwartungen wünschenswert.

gration eines Kindes bzw. Jugendlichen erheblich erschwert und kann rasch ins Schwanken gebracht werden.

Kennen Lehrer das Hilfeangebot einer aufsuchenden Familientherapie in Ansätzen, verbinden sie damit häufig auch Hoffnungen, dass sich die schwierige Situation zwischen Lehrer und Schüler bzw. seiner Familie verbessern könnte. Sie sind dann oft bereit, es noch einmal mit dem Kind bzw. Jugendlichen zu versuchen, wenn die Eltern eine aufsuchende Familientherapie annehmen und sich das Verhalten des Kindes verändert. In dieser Situation ist es seitens der Familientherapeuten angebracht, eine gewisse Vorsicht zu wahren. Es hat sich als hilfreicher erwiesen, wenn Lehrer ihren Bestrebungen in Bezug auf Sanktionen (z. B. Schulverweis) eher zu Beginn oder vor Beginn einer aufsuchenden Familientherapie nachgehen. Erst wenn der jeweilige Lehrer bereit ist, die Sanktionen fallen zu lassen – oder sie gegebenenfalls zu oder vor Beginn der aufsuchenden Familientherapie durchführt –, gelingt es, das „Damoklesschwert" zu entfernen und eine Arbeit, die Veränderungen im Familiensystem herbeiführen soll, in die Wege zu leiten.

Werden die Sanktionen jedoch weiter in den Raum gestellt und hängen wie ein Damoklesschwert über dem Kind bzw. Jugendlichen, kann sich jederzeit die Situation anhand neuer Vorfälle, die in einzelnen Phasen der Therapie unweigerlich auftreten (müssen), zuspitzen. Es besteht die Gefahr, dass sowohl Eltern als auch Familientherapeuten zum Spielball dieser Dynamik (des Kindes bzw. Jugendlichen) werden und somit ihre Handlungsmöglichkeit eingeschränkt wird. Ein Schulwechsel erweist sich oft sinnvoller als der Versuch, im bisherigen System ständig das Nichtvorhandensein von Problemen und Auffälligkeiten zu demonstrieren und einen Schulverweis zu verhindern.

Ist jedoch die Bereitschaft der Lehrer vorhanden, ihre bisherige Sichtweise in Bezug auf das Verhalten des Kindes zu überprüfen und sich auf neue Wahrnehmungen einzulassen, besteht die Möglichkeit, auch in der bisherigen Schule die Integration des Kindes voranzutreiben. Dies setzt allerdings voraus, dass der jeweilige Lehrer zu – möglichst regelmäßigen – Gesprächen mit den Eltern und Familientherapeuten bereit ist, so dass die Eltern und der Lehrer bezogen auf einzelne Arbeits- und Erziehungsaufgaben ein Team bilden können, das gemeinsam seine Aufgabe bewältigt.

Richterliche Auflagen sind ebenfalls Bestandteil der Indikation für eine aufsuchende Familientherapie. Problemeskalationen innerhalb des Familiensystems und auch im Umfeld der Familie selbst führen, insbesondere in Fällen von Kindesverwahrlosung, Kindesvernachlässigung, Kindesmisshandlung und sexueller Kindesmisshandlung, dazu, den Eltern per richterlichen Beschluss das Personensorgerecht für ihre Kinder entziehen zu lassen. Das Angebot einer aufsuchenden Familientherapie kann hier in mehrfacher Hinsicht genutzt werden:

a) Die aufsuchende Familientherapie wird von der Familie bereits im Vorfeld angenommen, so dass der Richter aufgrund der begonnenen Familientherapie das Sorgerecht zunächst bei den Eltern belässt.

b) Der Richter spricht daraufhin keinen Sorgerechtsentzug aus, sondern empfiehlt die aufsuchende Familientherapie, um der Familie eine weitere Chance zu geben. Die aufsuchende Familientherapie wird als Angebot von der Familie angenommen.

c) Die richterliche Auflage beinhaltet die Teilnahme an einer Familientherapie. Wird die Familientherapie durchgeführt, wird der Sorgerechtsentzug nicht umgesetzt. Der Sorgerechtsentzug bleibt jedoch aufrechterhalten für den Fall, dass die Familientherapie nicht erfolgreich beendet wird.

d) Der Sorgerechtsentzug wird umgesetzt, die Kinder fremdplatziert, jedoch wird gleich von Beginn an einer Rückführung der Kinder ins Elternhaus gearbeitet. Auch ist es möglich, den weiteren Verbleib anderer Kinder in der Familie zu unterstützen. Darüber hinaus kann in Bezug auf die fremdplatzierten Kinder die mit der Unterbringung verbundene Kränkung der Eltern insoweit bearbeitet werden, dass die Eltern ihre Kinder „loslassen" und an einem anderen Ort erziehen lassen können (Conen 1996b).

In diesem Arbeitsansatz der aufsuchenden Familientherapie wird nicht eine Motiviertheit zur (Familien-)Therapie vorausgesetzt, sondern mittels der richterlichen Auflagen ein Arbeitskontrakt geschlossen, der sowohl die Interessen der Familie als auch die der Institutionen der sozialen Kontrolle, die u. a. das Kindeswohl zu sichern haben, berücksichtigt.

Die Klage vieler Richter darüber, dass sie kaum Therapeuten finden, die mit diesen „unmotivierten" Klienten arbeiten wollen, ist darauf zurückzuführen, dass leider immer noch viele Therapeuten, einschließlich Familientherapeuten, Konzepte vertreten, die eine Motiviertheit bei ihren Klienten fordern, um auf dieser Basis eine Therapie durchzuführen, und die Arbeit mit „unmotivierten" Klienten ablehnen. Zwar finden Konzepte zur Arbeit mit unmotivierten Klienten (u. a. Conen 1996a, 1999c) zunehmend großes Interesse unter professionellen Helfern, jedoch ist weiterhin noch immer wenigen Familienrichtern bekannt, dass es diese Konzepte gibt, die eine erfolgreiche Arbeit auch mit „unmotivierten" Klienten ermöglichen. Hier gilt es, verstärkter Richter über diese Arbeitsansätze zu informieren und mit zunehmender Fallzahl Erfahrungen sammeln zu lassen, die sie von diesen Konzepten überzeugen. Hilfreich ist es selbstverständlich in diesem Zusammenhang, wenn bereits der zuständige Jugendamtssozialarbeiter eine entsprechende Empfehlung ausspricht bzw. Vorgaben in einer Stellungnahme einfließen lässt.

In der Kooperation mit Familienrichtern und in den Vorarbeiten zu der Stellungnahme des Jugendamtes erweist es sich als außerordentlich wichtig, darauf hinzuarbeiten, dass in der richterlichen Entscheidung möglichst viele Details und Einzelheiten festgelegt werden. Diese detaillierten Vorgaben sind von großer Wichtigkeit, wenn es zu Konflikten kommt, die Zusammenarbeit erschwert wird, Diskussionen über Zielvereinbarungen auftreten usw. Auf der Grundlage der möglichst detaillierten richterlichen Entscheidung können mittels der „Triangulation" des Gerichtsurteils immer wieder Situationen einer Klärung zugeführt werden: Wie oft darf eine Familie die Familiengespräche in welchem Zeitraum ausfallen lassen? Wie oft müssen die Eltern ihr Kind im Heim besucht haben? Wie viel Meldungen in welcher Zeit dürfen von der Schule kommen? Wie oft darf die Polizei bei Auseinandersetzungen zwischen den Eltern gekommen sein? usw. – um nur einige Beispiele zu nennen.

HELFERBEZOGENE INDIKATIONS- UND AUSWAHLKRITERIEN

In der Praxis erwies es sich als notwendig, nicht nur Indikationskriterien bezogen auf die Familien zu entwickeln, sondern auch **helferbezogene Auswahlkriterien** heranzuziehen.

Frau Griesinger (38 Jahre alt) lebt seit sieben Jahren mit einem Partner zusammen. Sie wird schwanger. Die Sozialarbeiterin der Geburtsklinik erfährt in einem Gespräch mit Frau Griesinger, dass diese bereits zuvor drei Kinder hatte, die jedoch zur Adoption freigegeben wurden. Daraufhin schaltet die Kliniksozialarbeiterin den zuständigen Jugendgesundheitsdienst ein. Über Frau Griesinger liegt dort bereits eine umfangreiche Akte vor. Aus dieser ist zu entnehmen, dass Frau Griesinger jeweils nach den Geburten massive depressive und schließlich psychotische Verhaltensweisen zeigte. Das erste Kind verblieb zunächst bei ihr. Frau Griesinger gebar ca. ein Jahr später ein weiteres Kind. Im Anschluss an die zweite Geburt zeigte sie erneut psychotische Verhaltensweisen. Ihre damalige Partnerbeziehung war durch gewalttätige Auseinandersetzungen geprägt, die Versorgung der Kinder wurde von ihr vernachlässigt. Meldungen aus dem Umfeld von Frau Griesinger führten dazu, dass der Jugendgesundheitsdienst eingeschaltet wurde. Im Verlauf der nächsten Monate erfuhr Frau Griesinger zunehmend Druck, ihre Kinder wegzugeben. Letztendlich stimmte sie einer Adoption beider Kinder zu. Eineinhalb Jahre später gebar sie ein weiteres Kind von einem anderen Partner, der sie jedoch bereits während der Schwangerschaft verließ. Unmittelbar nach der Geburt wurde ihr dieses Kind aufgrund einer richterlichen Verfügung abgenommen und zur Adoption freigegeben. Frau Griesinger zeigte erneut Symptome einer postnatalen Psychose.

Die Mitarbeiterin des Jugendgesundheitsdienstes war sehr pessimistisch in Bezug auf die weitere Entwicklung von Frau Griesinger. Sie sah keine Möglichkeit, dass Frau Griesinger es dieses Mal – auch auf dem Hintergrund einer stabilen Partnerbeziehung und siebenjährigen symptomfreien Zeit – mit Hilfe einer Familientherapie schaffen könnte, für ihr Kind und auch für sich selbst ausreichend zu sorgen. Die Mitarbeiterin hatte bislang keine Erfahrungen mit der aufsuchenden Familientherapie. Es entstand der Eindruck, dass sie dieses Hilfeangebot nur in Erwägung zog, weil die Koordinatorin für ambulante Hilfen darauf bestand, dieser Mutter eine Chance zu geben, und entsprechenden Druck auf die Kollegin ausübte. Die Mitarbeiterin des Jugendgesundheitsdienstes blieb jedoch – trotz mehrmaligem Nachfragen – ihrer tiefen Skepsis verhaftet. Darauf beschlossen die Familientherapeuten, den Fall nicht anzunehmen.

Erfahrungen zeigen, dass es von grundlegender Bedeutung ist, bei den überweisenden Helfern ein Minimum an optimistischer oder konstruktiver Einschätzung vorzufinden. Mag auch bei einem neuen Hilfeangebot eine möglicherweise berechtigte Skepsis bestehen, so sollten bisherige Helfer möglichst positive Entwicklungen antizipieren können. Ist dies nicht der Fall, wirken negative Einschätzungen wie Prophezeiungen, denen sich die Familie bzw. einzelne Familienmitglieder in bestimmten Phasen der Familientherapie unterordnen. Den Familien gelingt es dann allzu leicht, die anderen Helfer von ihrer „Unfähigkeit" zu überzeugen. Notwendig ist jedoch, dass alle beteiligten Helfer Vorfälle und „Rückfälle" (Simon u. Weber 1992) im Kontext der jeweiligen Situation und Dynamik betrachten. Möglicherweise als „Tests" eingeführte erneute Probleme werden jedoch bei einer pessimistischen Haltung der Helfer nicht als solche gesehen. Sie werden im Gegenteil als Ausdruck des Scheitern auch dieser Hilfe betrachtet.

An einem weiteren Beispiel lässt sich dies gegebenenfalls kurz verdeutlichen:

Kollegin Kronberg ist als Schwangerschaftsvertretung zuständig für Familie Mende. Sie unterstützt das Anliegen der Eltern, ihren Sohn (zwölf Jahre) aus dem Heim zurück nach Hause zu bekommen. Er war vor zwei Jahren aufgrund von Misshandlungen durch die Eltern in einem Heim untergebracht worden – das Personensorgerecht verblieb bei den Eltern. Die Eltern hätten formal jeder Zeit die Unterbringung beenden können. Den aufsuchenden Familientherapeuten gelingt es, innerhalb kurzer Zeit eine positive Entwicklung nach der Rückführung des Sohnes in die Familie herbeizuführen. Nach drei Monaten aufsuchender Familientherapie kehrt die zuständige Kollegin Dankwart zurück. Sie ist schier entsetzt, dass der Junge in die Familie zurückgekehrt ist. In den nächsten zwei Monaten äußert sie bei jeder sich bietenden Gelegenheit sowohl gegenüber der Familie als auch gegenüber anderen Helfern und den Therapeuten selbst deutlich ihre Bedenken gegen die Rückführung des Sohnes. Das Heim beteiligt sich ähnlich kritisch an der Diskussion. Heimmitarbeiter rufen den Jungen zu Hause an und äußern sich abwertend über die Eltern. Vor allem die Mutter gerät massiv unter Druck. Die Spannungen in der Familie nehmen deutlich zu. Schließlich schlägt die „Stunde der Wahrheit": Der Junge provoziert seine Eltern durch abwertende Aussagen, die Mutter schlägt zu, der Junge läuft weg, landet schließlich in einer Kriseneinrichtung.

So sehr es für aufsuchende Familientherapeuten notwendig ist, die positiven Aspekte einer Familie wie Ressourcen, Fähigkeiten und

Stärken zu sehen und diese in den Mittelpunkt ihrer Arbeit mit den Familien selbst zu stellen, zeigt es sich doch immer wieder, dass diese positive Sichtweise der Therapeuten eine Art „Einladung" zum Pessimismus für die bestehenden Helfersysteme darstellt. Nicht selten ist in manchen Hilfeplangesprächen zu beobachten, dass je mehr die positiven Entwicklungen einer Familie herausgestellt werden, desto mehr werden einzelne Beteiligte wie z. B. Lehrer, Kita-Erzieher, Heimmitarbeiter oder Jugendamtssozialarbeiter skeptisch und finden immer „mehr Haare in der Suppe" bis dahin, dass neue Vorgaben und Auflagen der Familie gegenüber formuliert werden, woraufhin sich bei dieser das Gefühl verstärkt, nie ihr Ziel erreichen zu können.

Daher sollten aufsuchende Familientherapeuten berücksichtigen, dass auch bei den beteiligten professionellen Helfern gilt, dass deren Skepsis, Abwehr und Misstrauen ebenfalls eine Schutzfunktion erfüllen können. Denn in der Regel sind diese Helfer bereits seit längerem mit diesen Familien konfrontiert. Sie verfügen daher über umfangreiche Erfahrungen auch mit positiven Entwicklungen der betreffenden Familie und „wissen", wie der weitere Verlauf, nämlich ein Wiederauftreten der Probleme, sein „wird". Es stellt in gewisser Weise eine Art „Kränkung" dar, wenn „neue" Kollegen mit einem „neuen" Arbeitsansatz mehr oder weniger „demonstrieren" wollen, dass dieser Familie doch geholfen werden kann bzw. könnte. Um die vorherigen Bemühungen in gewisser Weise nicht „abzuwerten", ist es gegebenenfalls für die eigene berufliche Identität und den Bezug zum eigenen Arbeitsansatz notwendig, sich zumindest skeptisch und abwartend gegenüber einem, womöglich auch neuen Arbeitsansatz zu zeigen, der andere Ergebnisse in Aussicht stellt (Conen 1997a).

Aufgrund dieser möglichen Dynamik im Helfersystem ist es daher unbedingt notwendig, bei der Auswahl der angebotenen Familien darauf zu achten, dass auch Informationen über die bisherigen Erfahrungen der beteiligten Helfersysteme eingeholt werden. Deren Erfahrungen sollten nicht nur respektvoll angehört, sondern auch in die Überlegungen zum Vorgehen in Bezug auf Familie und Helfersysteme einbezogen werden. Denn in der Regel ist es so, dass die bisher beteiligten Helfersysteme, vor allem Jugendamt, Schule und Kindergarten, auch nach Beendigung einer aufsuchenden Familientherapie mit der Familie in Kontakt bleiben. Sie werden diejenigen sein, die in gewisser Hinsicht die Arbeit fortsetzen werden, wobei sie sich auf die Ergebnisse der aufsuchenden Familientherapie beziehen müssen. Bleiben die beteiligten Helfersysteme in der anfänglichen Skepsis verhaftet, gelingt es den Familien im Allgemeinen nur unter erschwertem Aufwand, die von ihnen erzielten positiven Ergebnisse nach Beendigung der aufsuchenden Familientherapie aufrechtzuerhalten.

ZUSAMMENARBEIT ZWISCHEN JUGENDAMT UND FAMILIENTHERAPEUTEN

Dem Jugendamtssozialarbeiter kommt nicht nur im Vorfeld der Installierung einer aufsuchenden Familientherapie eine herausragende Rolle zu. Insbesondere in Fällen, in denen eine erhebliche Problematik in der Ausübung der Erziehungsfunktion durch die Eltern vorliegt, sind Institutionen der sozialen Kontrolle, zu denen auch das Jugendamt gehört, aufgefordert, sozial erwünschte Verhaltensweisen einzufordern. Für Jugendamtssozialarbeiter bedeutet dies, in solchen Fällen ihrem Wächteramt nachzukommen und das Kindeswohl sichern zu helfen.

Aufsuchende Familientherapeuten werden im Allgemeinen nach den Vorklärungen im Rahmen eines Hilfeplangespräches hinzugezogen. Sobald die Eltern den Antrag auf Hilfe zur Erziehung nach § 27.3 KJHG unterzeichnet haben, werden den Familientherapeuten vorab Informationen zur Familie mitgeteilt, so dass sie eine entsprechende erste Entscheidungsgrundlage zur Fallübernahme haben. In diesem Zusammenhang hat der Sozialarbeiter des Allgemeinen Sozialpädagogischen Dienstes (ASPD) Gelegenheit, die (neuen) Therapeuten und ihre Überlegungen kennen zu lernen. Danach wird in der Regel ein Gespräch vereinbart, an dem entweder Sozialarbeiter, Familie und Familientherapeuten oder Familie und Familientherapeuten teilnehmen. Bei manchen Jugendamtssozialarbeitern besteht die Vorstellung, bei einer (Familien-)Therapie müssten Vorbereitungen größerer Art als bei anderen ambulanten Hilfen getroffen werden. Dies trifft nur in wenigen Ausnahmen zu, wie z. B. die aufsuchende Familientherapie als Auflage per Gericht anordnen zu lassen, wozu möglichst detaillierte Vorgaben (welche Aufgaben die Familie erfüllen soll usw.) entwickelt werden müssen.

Nachdem die Familie – nach einer ausgehandelten kurzen Bedenkzeit von wenigen Tagen – der aufsuchenden Familientherapie zugestimmt hat, suchen die Therapeuten die Familie in der Regel ein- bis zweimal wöchentlich in einem Zeitraum von 6–12 Monaten auf. Während dieses Zeitraums bleibt der Sozialarbeiter des ASPD weiterhin zuständig für alle Aufgaben, die er üblicherweise inne hat. Die Therapeuten übernehmen keine seiner Aufgaben. Von den Familientherapeuten werden keine Betreuungsfunktionen übernommen. Sie gehen davon aus, dass mit einer Aktivierung der Ressourcen, Fähigkeiten und Stärken die Familie und dabei vor allem die Eltern selbst den an sie gestellten Aufgaben zukünftig so nachgehen können, dass bisher kritisiertes Erziehungsverhalten der Eltern sowie problematisches Sozialverhalten der Kinder nicht mehr auftreten werden. Zentraler Ansatzpunkt der aufsuchenden Familientherapie stellt die Einschätzung dar, dass die an die Familie gestellten Anforderungen von diesen erfüllt werden können und Kritik an der bisherigen Art und Weise der Bewältigung ihrer Aufgaben zukünftig nicht notwendig sein wird.

Diese grundlegende Haltung gilt es in der Arbeit der aufsuchenden Familientherapeuten nicht nur den Familienmitgliedern zu vermitteln, sondern es ist auch erforderlich, den zuständigen Jugendamtssozialarbeiter für ein Vertrauen in die Fähigkeiten und Kompetenzen der Familie zu gewinnen. Die ausschlaggebende Bedeutung dieses Vertrauens wird nicht selten sowohl von manchen Familientherapeuten als auch vor allem von den Jugendamtssozialarbeitern erheblich unterschätzt. Ist der zuständige Jugendamtssozialarbeiter nicht ausreichend über die Entwicklung der Familie sowie über die Einschätzung der Familientherapeuten im gesamten Verlauf der aufsuchenden Familientherapie informiert, können Vorfälle und kritische Situationen der Familie nach Beendigung der aufsuchenden Familientherapie erheblich dazu beitragen, dass erreichte Ergebnisse durch depotenzierend wirkende Fortsetzungshilfen unterminiert werden.

Anders als bei US-amerikanischen aufsuchenden Familientherapien, in denen der zuständige Jugendamtssozialarbeiter stets die beiden Familientherapeuten kontaktiert und sich mit ihnen berät, wenn nach Beendigung der aufsuchenden Familientherapie erneut Probleme auftreten, ist es derzeit – wie auch bei anderen ambulanten Hilfen – in Deutschland noch nicht üblich, dass Jugendamt und Träger sich in Gesprächen darüber austauschen, welche Dynamiken und Entwicklungen dazu beigetragen haben, dass überwunden geglaubte Probleme erneut oder neue Probleme auftreten. Hier gilt es zukünftig, sich mehr dafür einzusetzen, dass Jugendamtsmitarbeiter eine höhere Bereitschaft entwickeln, die umfangreichen Kenntnisse und Erfahrungen der aufsuchenden Familientherapeuten mit den Familien und über deren Dynamiken, Kommunikations- und Interaktionsmuster sowie Mehrgenerationenaspekte zu nutzen, um zu einer gemeinsamen Einschätzung zu gelangen, auf deren Grundlage notwendige Entscheidungen getroffen werden können.

Immer wieder gelingt es Familien, vor allem nach Abschluss ambulanter Hilfemaßnahmen, ihr Umfeld, einschließlich der Sozialarbeiter des Jugendamtes, durch erneut auftretende Störungen davon zu überzeugen, dass sie „hoffnungslose Fälle" sind. Nicht selten säen die Familien oder einzelne Familienmitglieder Zweifel, um zu sehen, ob das verbal geäußerte Vertrauen auch dem Handeln der professionellen Helfer entspricht. Misstrauen der Familienmitglieder in die nun sicht- und spürbaren positiven Veränderungen und Angst vor ihrer Verantwortung, nunmehr konstruktivere Problemlösungsmuster vor allem in der Erziehung und Versorgung der Kinder zu zeigen, kommen in „Testversuchen" gegenüber dem Umfeld zum Ausdruck.

Die Familien testen daher das bestehende Helfersystem häufig aus, ob ihnen wirklich die Möglichkeit überlassen wird, eigenständige Entscheidungen zu treffen. Je länger Helfersysteme Einfluss auf die Familie nehmen konnten, desto schwieriger ist es, sowohl für die beteiligten professionellen Helfer als auch für die Familien selbst, sich vorzustellen, weitgehend ohne diesen Einfluss zu leben.

Dabei müssen sowohl professionelle Helfer als auch die Familie lernen, dass es möglich ist, andere – mehr natürliche – Bezugssysteme zu nutzen, um die Anforderungen und Schwierigkeiten des Lebens zu meistern. Allein erziehende Mütter können sich einen Freundes- und Bekanntenkreis aufbauen, Kontakte zu Verwandten können wieder aufgenommen und besser als in der Vergangenheit genutzt werden, die Arbeitssuche gestaltet sich positiv, die schulische und allgemeine soziale Integration der Kinder verbessert sich usw. Eines der wesentlichen Ziele ist es, die Familien zu bestärken, zukünftig ihre Probleme weitgehend mit den üblichen Ressourcen, über die Familien verfügen, zu bewältigen. Auch wenn armen Familien der Zugang zu einer Vielzahl von Ressourcen nicht möglich ist, soll aufsuchende Familientherapie auch ihren Beitrag dazu leisten, dass diese Familien entsprechende Unterstützungen und Hilfeangebote erhalten – dann jedoch nicht für den Preis, dass erst Problemeskalationen auftreten müssen, um diese zu erhalten, sondern in souveränerer und selbstbewussterer Haltung. Nur in Ausnahmefällen sollte die Familie nach Abschluss der aufsuchenden Familientherapie erneut Erziehungshilfen in Anspruch nehmen müssen. Dazu ist es natürlich notwendig, dass der Jugendamtssozialarbeiter Entwicklungen und Dynamiken sowohl während der Familientherapie als auch nach ihrer Beendigung entsprechend einschätzen kann. Dies gelingt u. a. durch einen Austausch von Therapeuten, Familie und Sozialarbeiter. Dieser Austausch geschieht in einer offenen Atmosphäre und schließt auch kritische Anmerkungen und Hinweise des Jugendamtssozialarbeiters auf die Notwendigkeit weiterer Veränderungen ein. Ständig wird dabei überprüft, inwieweit die Familie den Anforderungen nachkommt, so dass das Jugendamt sich zunehmend weniger um die Familie bzw. um deren Probleme kümmern muss. Hierbei ist es natürlich wichtig, dass zwar einerseits die gebotene Verschwiegenheit eingehalten wird, jedoch andererseits dem Informationsbedürfnis je nach Auftragslage des Jugendamtes entsprochen wird – dies selbstverständlich unter Einbeziehung und in Absprache mit der Familie. Eine Abgrenzung, wie dies vielfach von verschiedenen Therapeuten gegenüber Jugendämtern gepflegt[15] wird, die keinerlei Austausch vorsieht, führt nicht nur zu einer erheblichen Verärgerung bei den Jugendamtsozialarbeitern, sondern ist meines Erachtens auch wenig hilfreich für die Familien selbst. Die auch richterlich geforderte Zusammenarbeit („Stuttgarter Urteil") zwischen Jugendamtssozialarbeiter und (ambulanten) Erziehungshilfen, verdeutlicht auch noch einmal – vor allem bei Gefährdungen des Kindeswohls –, der Kooperation eine konzeptionell hohe Stellung zu geben.

15 Wie wesentlich ein Austausch zwischen Jugendamt und ambulant tätigen Therapeuten ist, zeigt sich in folgendem Beispiel: *Der elfjährige Mirko ist seit zehn Monaten in einer Kindertherapie. Seit einigen Wochen ruft die Schule ständig im Jugendamt an und fordert eine Arbeit mit dem verhaltensauffälligen Jungen ein. Als die Sozialarbeiterin die Therapeutin um Informationen über den Stand der Therapie bittet, lehnt diese Auskünfte mit dem Verweis auf die Schweigepflicht ab. Da der Sozialarbeiterin keine weitere Maßnahme bewilligt wird, nutzt sie den Ablauf des Bewilligungszeitraums der Kindertherapie nach zwölf Monaten, um diese Maßnahme zu beenden, um dann eine Hilfe zu installieren, die das Umfeld des Kindes mehr in die Arbeit einbezieht.*

Die Zusammenarbeit zwischen Jugendamt und Therapeuten sollte möglichst durch Gespräche in einem regelmäßigen Abstand von vier bis sechs Wochen gesichert sein. Dies ist heute in Anbetracht der hohen Arbeitsbelastungen der ASPD-Sozialarbeiter nicht immer möglich. Bedauerlicherweise hat dies erhebliche Auswirkungen auf die Arbeit mit den Familien, da gegebenenfalls erst in krisenhaften Situationen Gespräche ermöglicht werden. Vorzuziehen sind jedoch regelmäßige Gespräche, die dem Austausch und der Erläuterung bisheriger Entwicklungen dienen, so dass problematische Vorfälle im Zusammenhang mit der Familien- und Helferdynamik gesehen werden.

Wichtig ist in diesem Zusammenhang, die Skepsis oder abwartende Haltung auf Seiten des zuständigen Jugendamtssozialarbeiters zu respektieren. Eigene Erfahrungen mit der betreffenden Familie oder Kenntnisse aus umfangreichen Akten haben Einfluss auf den Grad der Bereitschaft, sich auf eine positivere Sichtweise der Potenziale und Ressourcen der Familie einzulassen. Langjährige Bemühungen des Jugendamtssozialarbeiters selbst oder von Vorgängern können nicht übersehen werden und müssen auf Seiten der aufsuchenden Familientherapeuten in ihr Vorgehen einbezogen werden. Bestrebungen der Familie bzw. einzelner Familienmitglieder, auch die Familientherapeuten von ihrer „Veränderungsunfähigkeit zu überzeugen", werden zu beobachten sein. Ob die Familie mit dieser Überzeugungsarbeit erfolgreich ist oder nicht, hängt wesentlich davon ab, inwieweit es ihr gelingt, sich beim Helfersystem so zu positionieren, dass eine Bestätigung der „Veränderungsresistenz" ausbleibt.

Von besonders großer Bedeutung ist es, dass die aufsuchenden Familientherapeuten letztlich die Überzeugungsarbeit der Familie bzw. den einzelnen Familienmitgliedern überlassen. Der Familie muss es am Ende der familientherapeutischen Arbeit zunehmend gelingen – und dies in der Folge fortsetzen –, ihre Ressourcen, Stärken und Fähigkeiten so weit zum Tragen kommen zu lassen bzw. zu verdeutlichen, dass weitere Gefährdungen des Kindeswohls nicht mehr bestehen sowie Kritik am Erziehungsverhalten der Eltern und am (sozialen) Verhalten der Kinder (weitgehend) nicht mehr erforderlich ist. Zwar können die aufsuchenden Familientherapeuten durch ihren (regelmäßigen) Austausch mit dem zuständigen Jugendamtssozialarbeiter einen gewissen Einfluss auf die Sichtweise des Jugendamtes nehmen, jedoch liegt es bei den jeweiligen Familien, dieser Zuarbeit mit den aufsuchenden Familientherapeuten entsprechendes Handeln bzw. Verhalten folgen zu lassen.

Des Weiteren ist es wichtig, dass die aufsuchenden Familientherapeuten sich intensiv mit dem provokativen Aspekt der zeitlichen Befristung dieser Hilfeform auseinander setzen. Für eine Vielzahl von Jugendamtssozialarbeitern stellt die Vorstellung eine Provokation dar, dass insbesondere die Familien, die bereits seit Jahren oder Generationen vom Jugendamt betreut werden, eine Hilfe erfahren könnten, die weitere Interventionen des Jugendamtes erübrigt. Insbesondere zu Beginn der Einführung von aufsuchender Familientherapie stellte die zeitliche Befristung einer Hilfe ein Novum dar. Dies ist sicherlich in einer Reihe von Jugendämtern weiterhin der Fall, wenn sich deren Zahl auch angesichts des starken Kostendrucks verringert und immer mehr Jugendämter ebenso auf die Dauer von Hilfemaßnahmen achten. Die zeitliche Befristung der aufsuchenden Familientherapie geschieht jedoch nicht aus Kostengründen, sondern erfolgt aufgrund der Einbeziehung von Forschungsergebnissen, die deutlich machen, dass längerfristige Hilfen nicht mehr helfen. Lang anhaltende Hilfestellungen – auch verschiedener Art – werden zurzeit noch immer nicht ausreichend in ihren depotenzierenden Wirkungen auf die Familie diskutiert.

Jugendamtssozialarbeiter, die einerseits – insbesondere bei Eigenbudgetierung – unter erheblichem Kostendruck stehen, andererseits jedoch angesichts eigener Erfahrungen mit den betreffenden Familien und auch wegen der zeitlichen Befristung skeptisch gegenüber einer aufsuchenden Familientherapie sind, gilt es, zuerst von einem Fall bis zum nächsten von den Möglichkeiten der aufsuchenden Familientherapie zu überzeugen. Jugendamtssozialarbeiter sollten vor allem für eine Zusammenarbeit auch nach Beendigung der aufsuchenden Familientherapie gewonnen werden, so dass depotenzierende Folgehilfen nicht notwendig sind und kurzfristige Interventionen bei möglichen neuen Krisen erfolgen können.

Nicht nur in Bezug auf die Befristung hat die aufsuchende Familientherapie vor rund zehn Jahren innovativ in den Hilfen zur Erziehung gewirkt, sondern auch in Hinblick auf die Hervorhebung der Bedeutung der Zusammenarbeit zwischen Jugendamt, Familie und Familientherapeuten sowie zwischen Jugendamt, Familie, Familientherapeuten und anderen beteiligten Helfersystemen. Die relativ kurze Zeit, in der aufsuchende Familientherapie mit einem qualifizierten Anspruch die angestrebten Ziele erreichen will, setzt Anforderungen an eine Zusammenarbeit zwischen allen Beteiligten, die meines Erachtens eigentlich grundlegend auch für andere ambulante Hilfen gelten sollten. Jede Form der ambulanten Hilfe zur Erziehung bedarf einer möglichst engen Kooperation mit dem zuständigen Jugendamtssozialarbeiter. Anders als stationäre Hilfen sind ambulante Hilfen viel mehr auf das Gelingen einer Zusammenarbeit mit den Familien angewiesen (Conen 1997a). Finden ambulante Helfer keinen Zugang zu den Familien, stehen sie rasch vor geschlossenen Türen – dies im deutlichen Unterschied zu stationären Hilfen, die sich zunächst in der Illusion wähnen können, dies Problem nicht zu haben. Um einen Zugang insbesondere zu den „unmotivierten" Klienten zu finden, bedürfen die ambulanten Hilfen der Unterstützung und engen Kooperation mit den Jugendamtssozialarbeitern.

Mit einer Vielzahl von Familien ist erst dann eine Zusammenarbeit möglich, wenn der Jugendamtssozialarbeiter bereit ist, den „schwarzen Peter" zu übernehmen und auf die Familie Druck auszuüben (Conen 1996a, 1999c). Die Erfolge in der Arbeit sind nur möglich, weil der Jugendamtssozialarbeiter diesen notwendigen Druck ausgeübt hat. Diesem Vorgehen gilt es, ausreichende Wertschätzung und Anerkennung gegenüber dem Jugendamtssozialarbeiter entgegenzubringen. Die durch diese Vorgehensweise erzielten Erfolge gehen zu einem großen Teil auf die Unterstützung durch den Jugendamtssozialarbeiter zurück. Erhält der Jugendamtssozialarbeiter für diese Zusammenarbeit eine entsprechende Wertschätzung von den Familientherapeuten, so ist er auch in weiteren Fällen bereit, erneut Druck auszuüben.

Arbeitet der Jugendamtssozialarbeiter erstmals mit aufsuchenden Familientherapeuten, muss er im Allgemeinen erst für ein solches Konzept des „Zwangskontextes" gewonnen werden. Zu tief sitzen die Erfahrungen vieler Sozialarbeiter, die sie bei Herausnahmen von Kindern aus Familien gemacht haben. Oftmals erlebten sie, dass nach der Herausnahme eines Kindes der Zugang zur Familie nicht mehr möglich war. Darüber hinaus wird dies oftmals als ein Scheitern ihres Bemühens um Verbesserungen in der Familie erlebt. Auch in diesem Zusammenhang müssen die Bemühungen eines Jugendamtssozialarbeiters betrachtet werden, eine Herausnahme eher zu vermeiden. Des Weiteren erfahren Jugendamtssozialarbeiter häufig, dass ihre Einschätzungen zur Kindeswohlgefährdung und entsprechende Anträge auf Entzug der elterlichen Sorge seitens der Gerichte nicht entsprechend aufgegriffen werden. Sie fühlen sich nicht selten von den Gerichten im Stich gelassen, wenn es gilt, das Kindeswohl zu sichern. Darüber hinaus müssen Jugendamtssozialarbeiter, wie auch andere professionelle Helfer, die in Arbeitskontexten tätig sind, deren Klienten als „unmotiviert" bezeichnet werden, immer wieder in Interaktion mit anderen Helfern feststellen, dass sie deswegen eher wie professionelle Helfer der „zweiten Klasse" betrachtet werden. Nicht selten sind bei Jugendamtssozialarbeitern Bitternis und Unwillen zu verzeichnen, wenn sie feststellen müssen, dass Therapeuten und Berater dann doch letztlich auf ihre Eingriffsmöglichkeiten (wie z. B. Inobhutnahme eines Kindes) zurückgreifen, zuvor jedoch keine hinreichende Wertschätzung für ihr „Wächteramt" zu verzeichnen war.

Die Bereitschaft, den „schwarzen Peter" für eine begrenzte Zeit zu übernehmen, wächst erfahrungsgemäß schneller, wenn Jugendamtssozialarbeiter bei einer erfolgreichen Arbeit der Familientherapeuten eine wesentliche Verbesserung der Beziehung zwischen Familien und Jugendamt erfahren. Denn in dem bereits dargelegten Dreieck wird die Problemdefinition der Klienten: „Helfen, das Jugendamt loszuwerden", von den Familientherapeuten konsequent aufgegriffen. Die Eltern werden sich in ihrer Auseinandersetzung mit der Kritik an ihrem Erziehungsverhalten zwar anfänglich von der „Problemdefinition" des Jugendamtssozialarbeiters abgrenzen, diese gar als unberechtigt zurückweisen, dann jedoch sich zunehmend damit auseinander setzen, was in ihrem Verhalten verändern und wie sie es tun (müssen), um keine weitere „Einmischung" oder Kritik zu erfahren. In diesem Prozess verändert sich bei den Familien in der Regel fast automatisch das Verhältnis zu dem zuständigen Jugendamtssozialarbeiter. Lautstarke und abwertende Äußerungen sowie passiv-aggressive Rückzüge und „Verweigerungen" werden im Laufe der aufsuchenden Familientherapie zunächst von verhalteneren Formen der Auseinandersetzung abgelöst und gehen dann über in eine akzeptierendere Haltung der Klienten gegenüber dem zuständigen Jugendamtssozialarbeiter. Zunehmend entwickeln sie Verständnis für die Aufgaben und die Rolle des Jugendamtssozialarbeiters, in deren Rahmen er auch über das Wohl des Kindes zu wachen hat. Diese Veränderungen in der Beziehung zwischen

Jugendamtssozialarbeiter und Familie führen schließlich hin zu einer kooperativeren Haltung der Familie bzw. Eltern gegenüber dem Jugendamtssozialarbeiter, die auch die Möglichkeit einschließt, Hilfen ohne vorherige Problemeskalationen einzuholen. Denn letztlich ist es eigentlich das Bestreben jeder Erziehungshilfe, dass diese dazu führt, dass die Klienten entweder möglichst keine weiteren Hilfen in Anspruch nehmen (müssen) oder Hilfen eigenständig einfordern können, ohne mit einer Eskalation von Problemen in der Familie bzw. bei den Kindern deren Notwendigkeit zu demonstrieren.

Probleme in der Zusammenarbeit zwischen Jugendamtssozialarbeiter und aufsuchenden Familientherapeuten treten – wie bei anderen ambulanten Hilfen auch – in den Fällen auf, in denen es nicht gelingt, eine befriedigende Kontaktgestaltung herzustellen. Dies kann zutreffen im Zusammenhang mit den nur geringen terminlichen Möglichkeiten seitens der Jugendamtssozialarbeiter, der mangelnden Einbeziehung der Jugendamtssozialarbeiter durch die aufsuchenden Familientherapeuten in die Entwicklungen und Veränderungsprozesse der Familien bzw. Familienmitglieder oder dem (häufigen) Wechsel im Personal des Jugendamtes.

Darüber hinaus zeigt sich gegebenenfalls in der Zusammenarbeit zwischen Jugendamtssozialarbeiter und aufsuchenden Familientherapeuten, dass die Hinzuziehung einer (weiteren) Hilfe, hier in Form einer aufsuchender Familientherapie, auch eine Art Kränkung für einen Jugendamtssozialarbeiter darstellen kann. Dies ist insbesondere dann möglich, wenn der Sozialarbeiter bereits über längere Zeit sich selbst intensiv um die Familie bemüht und auch mit der Familie selbst Beratungsgespräche durchgeführt hat. Nicht selten besteht bei Jugendamtssozialarbeitern ein hoher Anspruch, durch eigene Beratungsarbeit die notwendigen Veränderungen im Erziehungs- und Sozialverhalten der Klienten zu erreichen. Dieser Anspruch führt dazu, die Einbeziehung anderer professioneller Helfer gegebenenfalls als eine Art „Scheitern" zu erleben (Conen 1997a). Dies ist auch der Fall, wenn aufgrund hoher Fallzahlen und sich ausweitender Verwaltungsaufgaben eigentlich die dafür erforderliche Zeit nicht zur Verfügung steht.

Gelingt es Jugendamtssozialarbeitern nur unzureichend, sich mit den Grenzen ihrer zeitlichen und inhaltlichen Möglichkeiten positiv auseinander zu setzen, können Wirkungen entstehen, die einen Erfolg in der aufsuchenden Familientherapie erschweren. Diese Effekte können beinhalten, dass aus „Eifersucht" auf die „interessantere

Arbeit" der aufsuchenden Familientherapeuten eher auf die möglichen problematischen Aspekte in der Entwicklung der Familie geschaut wird, anstatt auf das positive Wachstum der Familie zu fokussieren. Die Dynamiken, die durch das „Abgeben" von Klienten zwischen Jugendamtssozialarbeitern und ambulanten Helfern entstehen können, sind meines Erachtens noch viel zu wenig in der fachlichen Diskussion erörtert worden, dies betrifft insbesondere die Diskussion von Erfolg in der Erziehungshilfe (Conen 1997a). Hier leisten systemische (aufsuchende) Familientherapeuten vielfach grundlegende Vorarbeiten, die zu einer neuen Betrachtung dieser Zusammenarbeit beitragen.

Erschwerend wirkt sich immer wieder auf die Zusammenarbeit zwischen Jugendamtssozialarbeitern und aufsuchenden Familientherapeuten, aber auch anderen professionellen Helfern und Helfersystemen aus, dass eine systemische Sichtweise in ihrer konsequenten Einbeziehung der Ressourcen und Stärken von Klienten auch weiterhin zu starken Irritationen und Verstörungen beiträgt. Diese Prozesse bringen immer wieder Verunsicherungen mit sich, in deren Folge positive Betrachtungsweisen der systemischen Therapeuten kritisch betrachtet werden und möglicherweise als eine „Rosarote-Brillen-Sicht" abgewehrt und nicht ernst genommen werden. Daher gilt es meines Erachtens für systemische Familientherapeuten, verstärkter darauf zu achten, nicht nur die positiven Konnotationen in den Vordergrund zu stellen. Insbesondere unter Nutzung der co-therapeutischen Arbeit sollten Sichtweisen der anderen professionellen Helfer über die Probleme und Schwierigkeiten der Familie vor allem in Hinblick auf Gefährdungen der Kinder deutlicher aufgegriffen werden, so dass diese sich in ihrer Kritik des Erziehungsverhaltens der Eltern und Sozialverhaltens der Kinder stärker angenommen fühlen. Sicherlich wäre es insgesamt hilfreicher, wenn noch mehr Jugendamtssozialarbeiter eine systemische Betrachtung der Funktionalität von Problemen und Symptomen entwickeln würden. Erinnert sei aber hierbei, dass insbesondere Sozialarbeiter und Sozialpädagogen ein starkes Interesse an einer systemisch orientierten Arbeitsweise entwickelt haben.

KOOPERATION MIT ANDEREN HELFERSYSTEMEN

Neben der Kooperation mit dem Jugendamt und hier vor allem mit dem Allgemeinen Sozialpädagogischen Dienst, aber auch mit der

Jugendgerichtshilfe, ist für die aufsuchenden Familientherapeuten auch die Zusammenarbeit mit anderen Institutionen und Einrichtungen wichtiger Bestandteil der Arbeit:

- Schule: Klassenlehrer, Schulleiter, Schulpsychologe, Integrationsklasse, Förderausschuss
- Kindergarten, Sonderkindertagesstätten, Hort, Krippe
- Kinder- und Jugendheim, Wohngemeinschaft, Pflegefamilie
- Beratungsdienste: Erziehungsberatungsstelle, Jugendberatungsstelle, Suchtberatungsstellen
- Einrichtungen der Kinder- und Jugendpsychiatrie: kinder- und jugendpsychiatrischer Dienst, kinder- und jugendpsychiatrische Klinik, Gutachter im Auftrag dieser Einrichtungen
- Einrichtungen der Erwachsenenpsychiatrie: sozialppsychiatrischer Dienst, psychiatrische Kliniken und Stationen, psychiatrische Tageskliniken- und -zentren
- Tages(heim)gruppe, Träger der Familienhilfe, Betreuungshilfe, Einzelfallhilfe
- Gericht: Richter, Gutachter usw.

Die Vielzahl der möglichen Kooperationspartner erfordert von den aufsuchenden Familientherapeuten sowohl umfangreiche Kenntnisse über die Aufgaben dieser Institutionen und Einrichtungen als auch eine große Bereitschaft, sich in den Geflechten der bestehenden Helfersysteme zu bewegen. Den Mitarbeitern dieser Institutionen sollte zum einen Anerkennung für die bisherigen Problemlösungsversuche entgegengebracht werden und zum anderen sollten diese für eine weitere Zusammenarbeit gewonnen werden.

Aufsuchende Familientherapeuten sind auch bei anderen beteiligten Helfersystemen mit ähnlichen Dynamiken und Interaktionsmustern konfrontiert wie in der Zusammenarbeit mit dem Jugendamt. Auch hier gilt im Allgemeinen, dass vielfach die Mitarbeiter dieser Institutionen gegebenenfalls bereits seit längerem mit der betreffenden Familie bzw. einzelner Familienmitgliedern gearbeitet haben. Auf ihren Erfahrungen basierend haben sie Vorstellungen zu den Potenzialen und Entwicklungsmöglichkeiten, die wiederum ihre Ideen und Wünsche zur Weiterarbeit mit der Familie bzw. einzelnen Familienmitgliedern beeinflussen. Diese Wünsche gilt es sicherlich einerseits in die Familiengespräche einzubeziehen, gleichzeitig jedoch auch die Familie zu befähigen, aus einer eigenen Positionierung heraus diese aufzugreifen oder auch zurückzuweisen. Eine hilfreiche und sich ergänzende Kooperation zwischen den beteiligten Helfersystemen verdeutlicht den Familien, dass eine positive Zusammenarbeit möglich ist. Diese exemplarischen Erfahrungen helfen ihnen auch, nach Beendigung der Therapie die (möglicherweise) weiterhin beteiligten Helfersysteme als Netzwerk nutzen zu können.

Da **Schule** auch aufgrund ihrer Selektionsfunktion großen Einfluss auf das Leben von Kindern und Jugendlichen hat, wirken sich Schulprobleme gegebenenfalls negativ auf die Lebensplanung der Kinder und ihrer Eltern aus. Kinder und Eltern aus armen Familien erleben Schule im Allgemeinen als eine Institution, die die soziale und materielle Ausgrenzung verschärft. Der Mangel an Geld für eine Klassenfahrt, das Nichttragen von Markenkleidung, das Nichthaben von Statussymbolen wie Gameboys, Walkmans oder Mobiltelefonen führt nicht nur bei den betroffenen Kindern zu Gefühlen von Ausgegrenztheit, sondern auch bei den Eltern. Die Eltern erleben in ihren Kindern am deutlichsten ihre materiell und sozial erschwerten Lebensbedingungen. Während die Eltern sich häufig mit ihrer Armut irgendwie – meist resignativ – arrangieren, ist der Mangel an materiellen Möglichkeiten, ihren Kindern ein entsprechendes Leben zu ermöglichen, deutlicher bewusst. Nicht wenige dieser Eltern sind aufgrund ihrer Erfahrungen von sozialer Ausgrenzung und Randständigkeit in dem Gefühl verfangen, dass sie ihre Liebe und Zuneigung zu ihren Kindern nur und vor allem über materielle Leistungen zum Ausdruck bringen können. Sie vertrauen im Allgemeinen zu wenig darauf, dass in der Beziehung zu ihren Kindern ihre Zuneigung, ihr Dasein und Sosein sowie ihre Verlässlichkeit und Präsenz wichtiger sind als materielle Mittel.

Die schulische Förderung und Integration ist in den meisten armen Familien ein wichtiges Anliegen, denn sie nehmen sehr genau die Selektionsfunktion von Schule wahr. Dies mag im Kontrast zu dem oftmals zu beobachtenden Verhalten der Eltern stehen, die aus der Sicht der Lehrer sich gar nicht oder nur wenig um die schulischen Belange ihrer Kinder kümmern. Meiner Erfahrung nach sind viele der armen Eltern, insbesondere die, die bereits seit langem Kontakt mit Jugendämtern haben, in einer starken Resignation und schicksalsergebenen Haltung verhaftet. Sie gehen davon aus, dass die Schule ihren Kinder ebenso schlechte Positionen und Zuordnungen zuweisen wird, wie sie es selbst in der Schule erlebten. Ihre Hoffnungen auf die schulische Förderung und Leistung ihrer Kinder sind erheblich reduziert (Schutz vor Enttäuschung). Gleichzeitig besteht bei ihnen häufig eine große Aversion, Ablehnung oder gar auch Aggression gegenüber der Schule und vor allem ihren Vertretern, den Lehrern. Sie fühlen sich hinsichtlich der Selektionsfunktion sowie der Wortgewandtheit von Lehrern in einer unterlegenen Position und meiden daher eher die Kontakte zur Schule. Der Nichtbesuch von Elternabenden ist dann nur eine konsequente Reaktion auf diese Wahrnehmung. Aufforderungen von Lehrern zu einem Gespräch, in dem z. B. das Verhalten oder die Leistung ihres Kindes thematisiert werden soll, werden nicht als Interesse und Bitte des Lehrers um Unterstützung erlebt, sondern als Kritik an ihrer Erziehungsleistung.

Die Meidung von Kontakten mit dem Lehrer, kritische Äußerungen in Bezug auf die Person des Lehrers gegenüber dem Kind oder auch unkritische Solidarisierung mit dem Kind führen nicht selten dazu, dass bei Lehrern der Eindruck entsteht, die Eltern nicht erreichen zu können. Gleichzeitig bemühen sich viele Lehrer insbesondere bei „Problemschülern" um elterliche Kontakte. Werden diese Bemühungen auch in eskalierenden Situationen in der Schule bzw. im Klassenzimmer von den Eltern nicht aufgegriffen, ist es eine Frage der Zeit, dass Lehrer einen Ausweg darin suchen, dass sie das Jugendamt einschalten. Dies geschieht dann in der Hoffnung, dass das Jugendamt selbst oder eine Hilfemaßnahme dazu beiträgt, das Problemverhalten des Kindes bzw. Jugendlichen zu korrigieren.

Lehrer erleben, da sie wenig in Teamzusammenarbeit geschult und gefordert werden, häufig diese Situation als Scheitern in ihren Bemühungen. In dieser Kränkung wird dann nicht selten dem Schüler die alleinige „Schuld" für die eskalierten Konflikte gegeben. Eine Reflexion über die möglichen eigenen Anteile in einer Supervision ist bedauerlicherweise im Lehreralltag nicht die Regel. Daher werden vielfach die Erwartungen hinsichtlich einer Veränderung nach außen gerichtet. Hier gilt es für die aufsuchenden Familientherapeuten, sowohl das vorherige Engagement des Lehrers, seine mögliche eigene Stellung im Lehrerkollegium, den Ruf der Schule (und des Lehrers) als auch die Einschätzung des Lehrers von dem Kind und seiner Familie in die Kontakte mit dem Lehrer selbst sowie in die Arbeit mit der Familie einzubeziehen. Der Familie ist wenig geholfen, wenn die Familientherapeuten unkritisch deren mögliche

Kritik an Schule bzw. Lehrer übernehmen, es stellt allerdings auch keine Veränderung fördernde Unterstützung dar, wenn die Familientherapeuten die Sichtweise des Lehrers annehmen.

Wichtig ist, dass die Familientherapeuten in der Arbeit mit der Familie in den Reflecting Teams die Überlegungen und Vorstellungen sowohl von Schule als auch von Familie thematisieren und deren unterschiedlichen aber auch gemeinsamen Interessen an dem Kind erörtern. Wenn die Eltern eine positivere Sicht in Bezug auf die Gestaltungsmöglichkeiten ihres eigenen Lebens in der Familientherapie entwickeln, gelingt es ihnen zunehmend, sich auch eine positivere Entwicklung ihres Kindes in der Schule vorzustellen. Sie gehen dann entsprechende Schritte in der Förderung ihres Kindes an, überlassen ihm Freiräume für Entscheidungen, stellen Forderungen an das Kind, die auch Auseinandersetzungen mit sich bringen, und unterstützen die schulische Integration.

In Bezug auf die Zusammenarbeit mit Lehrern ist für die aufsuchenden Familientherapeuten wichtig, diese in ihren – oft mehrjährigen – Bemühungen um das betreffende Kind bzw. Jugendlichen anzuerkennen und resignative oder gar auch ablehnende Haltungen zu respektieren. Solange sich der Lehrer mit den Familientherapeuten austauscht, er sich noch über den Schüler ärgert und eine Änderung beim Schüler einfordert, hält er Veränderungen für möglich. Es ist in dieser Situation unbedingt notwendig, dass die aufsuchenden Familientherapeuten die Reichweite, den Grad der Bereitschaft klären, sich auf eine weitere oder erneute Hilfestellung für den „Problemschüler" einzulassen. Oftmals erweist es sich als hilfreich, so detailliert wie möglich Vereinbarungen über Zwischenziele und kleine Zielschritte zu treffen, die das Kind bzw. der Jugendliche oder auch seine Eltern in einer bestimmten Zeit zeigen sollen, um z. B. den Verbleib in einer Schulklasse zu sichern.

Natürlich ist seitens der Familientherapeuten ausführlich mit den betreffenden Kindern bzw. Jugendlichen in den Familiengesprächen deren Entscheidung bezüglich ihrer Situation und Rolle in der Schule zu thematisieren. In den Familiengesprächen ist jedoch nicht nur die Entscheidung des Kindes bzw. Jugendlichen herauszuarbeiten, sondern auch die mögliche Sinnhaftigkeit der Schulprobleme im Rahmen der Diskussion von Hypothesen zu betrachten: *„Wenn du dich entschließen würdest, wieder in die Schule zu gehen ... wieder Schularbeiten machen würdest ... dich in der Schule von der Clique zurückzie-*

hen könntest ... dir Lernen (wieder) Spaß machen würde, was würden dann ... die Eltern, deine Geschwister, die anderen Mitschüler, der Lehrer ... sagen? Gäbe es Leute, die sich vielleicht wünschen würden, dass du nicht in die Schule gehst? Was meinst du, was dein Vater, den du ja nicht kennst, dazu sagen würde, wenn er von deinen Problemen wüsste? Was denkst du, wie es für deine Mutter wäre, wenn du lernen würdest? Wäre sie stolz auf dich oder würde sie denken, du schaust auf sie herab, weil sie keinen Schulabschluss hat? Wenn du wolltest, dass der Lehrer netter und verständiger mit dir umgeht, was müsstest du dann tun, um das bei ihm zu erreichen? Wenn du wolltest, dass der Lehrer dich schon eher morgen als in ein paar Wochen von der Schule verweist, was müsstest du dann tun? Wenn du wolltest, dass du noch mehr Eintragungen im Klassenbuch bekommst, was solltest du dann tun? Was müsstest du tun, damit die anderen Mitschüler merken, dass sie dich wieder hinausekeln können? Was denkst du, wie andere Mitschüler ihre Freunde in einer neuen Klasse finden? usw. Diese oder ähnliche Fragen zielen darauf, auch bei den Kindern und Jugendlichen – und dazu zählen auch jüngere Schüler – eine Ebene herzustellen, die ihnen die größtmögliche Verantwortung für ihr Verhalten und ihre Entscheidungen lässt. Dies ist jedoch immer wieder verbunden mit einer wohlwollenden Haltung, die die Potenziale und Ressourcen des Kindes und seiner Familie in den Vordergrund stellt. Ohne eine solche Haltung könnten diese Fragen erheblich dazu beitragen, dass bestehende Ängste und Mangel an Zutrauen in sich selbst die weitere Entwicklung behindern.

Ein allein erziehender Vater, der selbst eher negative Erfahrungen während seiner eigenen Schulzeit gesammelt hatte, war bei den Lehrern in der Schule des Sohnes bekannt für seine aggressiven Ausbrüche. Mehrmals hatte er schon Lehrer mit Prügel bedroht. Sein neunjähriger Sohn stand dem Vater in gewisser Weise nicht nach und prügelte sich bei jeder Gelegenheit mit anderen Kindern. In der Klasse folgte er zunehmend nicht mehr den Anweisungen und Bitten der Lehrer. Die Schule, eher bekannt für eine geduldige Haltung, signalisierte das Ende ihrer Geduld und stellte einen möglichen Schulverweis in den Raum. In den ersten Kontakten mit den aufsuchenden Familientherapeuten zog der Vater – in Anwesenheit des Kindes – in wahren Wortschlachten gegen die Lehrer zu Felde und verwies seinen Sohn darauf, sich bloß nichts vom Lehrer und den anderen Kindern gefallen zu lassen. Den aufsuchenden Familientherapeuten gelang es aufgrund ihres von Wohlwollen gekennzeichneten Umgangs mit dem Vater, bereits nach kurzer Zeit mit ihm und seinem Sohn darüber zu sprechen, wie der Vater seinen Sohn darin unterstützen könnte, mit einem solch „ungerechten" und „bösen" Lehrer klar zu kommen. Aus der Frage der Familientherapeuten, ob er es kenne, in seiner Arbeit auch mit Menschen zu tun zu haben, die er nicht mag und die ihn auch nicht mögen, und was er mit denen dann tun würde, entwickelte sich zwischen Familientherapeuten einerseits und Vater und Sohn andererseits ein interessantes und wegweisendes Gespräch. In der Folge war zu beobachten, dass der Vater den Sohn zunehmend ermahnte, sozial erwünschtere Verhaltensweisen sowohl in der Schule als auch sonst zu zeigen. Der neunjährige Sohn zeigte in der Schule eine höhere Bereitschaft, den Anforderungen des Lehrers sowie der Schule selbst nachzukommen. Die Situation verbesserte sich nach einigen Wochen derart, dass ein Schulverweis nicht mehr zur Diskussion stand. Der Lehrer blieb berechtigterweise für einige Zeit noch etwas skeptisch, konnte aber zunehmend verzeichnen, dass die Situation sich entspannte, der Schüler sich mehr und mehr bemühte, eine positive Position in der Klasse einzunehmen, und der Vater in den wenigen Kontakten mit dem Lehrer seine aggressiven Potenziale zurücknahm.

Wie bereits beschrieben, ist es für die aufsuchenden Familientherapeuten in der Zusammenarbeit mit Lehrern wichtig, sich zu vergegenwärtigen, dass die Kontakte mit den Lehrern in der Regel in deren Freizeit stattfinden. Dass die Lehrer sich also durch ein besonders hohes Engagement auszeichnen, die bereit sind, mit den Familientherapeuten gelegentlich oder gar regelmäßig Gespräche zu führen. Daher ist es sehr wichtig, Lehrer für diese Kooperation zu wertschätzen und sie nicht – entgegen der Haltung vieler anderer professioneller Helfer – als selbstverständlich einzufordern. Des Weiteren ist es dringend erforderlich, dass die aufsuchenden Familientherapeuten den Lehrer ermutigen, entsprechend der in der Resilienzforschung nachgewiesenen hohen Bedeutung der Ausführung von verantwortungsvollen Aufgaben dem jeweiligen Kind bzw. Jugendlichen solche Aufgaben zu stellen, um durch eine erfolgreiche Gestaltung dieser Aufgaben einen Beitrag zu einem positiven Selbstvertrauen zu leisten.

Eine größere Selbstverständlichkeit im Umgang mit anderen professionellen Helfern ist im Allgemeinen gegeben in der Zusammenarbeit mit Kindergärten und Horten sowie Beratungsdiensten und Kliniken. In der Zusammenarbeit mit Mitarbeitern aus **Kindergär-**

ten, Kindertagesstätten, Horten, Krippen und Sonderkindertagesstätten ist auch hier zu berücksichtigen, dass die Mitarbeiter dieser Einrichtungen die Kinder über mehrere Stunden des Tages betreuen und daher über umfangreiche Erfahrungen und auch Beobachtungen über das Kind verfügen. Von besonderer Bedeutung für die aufsuchenden Familientherapeuten ist es, sich zu vergegenwärtigen, dass Mitarbeiter dieser Einrichtungen vor allem das Wohl des Kindes betonen (müssen). Für nicht wenige der Mitarbeiter von kindbezogenen Einrichtungen ist es gegebenenfalls schwierig, bei zu kritisierendem Erziehungsverhalten ausreichend abwarten zu können, bis sich bei den Eltern die geforderten Handlungsweisen zeigen.

Auch hier haben sich Mitarbeiter oftmals bereits vor der aufsuchenden Familientherapie schon länger um eine verbesserte Zusammenarbeit mit den Eltern und um Einfluss auf deren Erziehungsverhalten bemüht, sind jedoch nicht zu dem angestrebten Ziel gelangt. Daher ist es auch hier notwendig, die bisherigen Bemühungen anzuerkennen und vorhandene Lösungsvorschläge kennen zu lernen. Kritische Einschätzungen der Mitarbeiter sind nicht nur im Zusammenhang mit ihren Erfahrungen zu sehen, sondern auch mit ihren Vorstellungen zur Erziehung und zum Aufwachsen von Kindern. Hilfreich ist es, die Mitarbeiter zu ermutigen, im Rahmen von Gesprächen zwischen Eltern, Familientherapeuten und Kindereinrichtung diese Vorstellungen einzubringen und die Eltern entsprechend auch zu fordern. Diese Rückmeldungen stellen notwendige Anregungen für die Familiengespräche dar, in denen sich die Eltern und Kinder mit der Außensicht über sie und ihr Verhalten auseinander setzen müssen.

Anders als bei der Institution Schule ist es für Mitarbeiter dieser Kinderbetreuungseinrichtungen notwendig – und dies prägt ihren Alltag –, die Eltern für eine Zusammenarbeit zu gewinnen. Sie wissen, dass die Eltern im Allgemeinen die Kinder ohne weiteres und ohne Begründung aus der Einrichtung nehmen können. Daher können sie selbst kaum mit Druck auf Veränderungen dringen. In Fällen von Kindesvernachlässigung und -verwahrlosung sowie Kindesmisshandlung und -mißbrauch sind sie jedoch für das Jugendamt wichtige Rückmeldungs- und Vorwarninstanzen. Im Allgemeinen sind Mitarbeiter von Kinderbetreuungseinrichtungen daran interessiert, den Ausbau elterlicher Erziehungsfähigkeiten zu unterstützen. Es ist daher wichtig, sie kontinuierlich in den Prozess und in die Entwicklungen einzubeziehen, so dass sie die Arbeit der aufsuchenden Familientherapie unterstützen können, sei dies durch geduldiges Warten oder durch kritische Rückmeldungen bezüglich des Verhaltens oder der Entwicklung des Kindes.

Die Zusammenarbeit mit Beratungsdiensten wie **Erziehungs- und Familienberatungsstellen** hängt eng mit deren Akzeptanz von aufsuchender Familientherapie zusammen. Wird die aufsuchende Familientherapie gegebenenfalls von einem Jugendamt aus einer impliziten Kritik heraus an dem bestehenden Konzept der Erziehungs- und Familienberatungsstelle und deren mangelnder Arbeit mit armen Familien in Anspruch genommen, stellen sich eher von Konkurrenz geprägte Kontakte ein. Zeigt die Erziehungsberatungsstelle jedoch eine souveräne und der eigenen zeitlichen und personellen Grenzen bewusste Haltung, gelingt im Allgemeinen eine konstruktive Zusammenarbeit zwischen diesen Beratungsdiensten und den aufsuchenden Familientherapeuten.

Die Offenheit gegenüber anderen ambulanten Hilfen wie z. B. **Erziehungsbeistände, Einzelfallbetreuer**, aber auch in freier Praxis tätige **Kindertherapeuten** sollte Kennzeichen einer von Wohlwollen gegenüber Kollegen gekennzeichneten aufsuchenden Familientherapie sein. Sicherlich ließe sich aus systemischer Sicht hinterfragen, warum einzelfallbezogene Hilfen neben einer Hilfe für das gesamte Hilfesystem weiterbestehen. Erfahrungen zeigen, dass diese Frage von den Klienten meist dahingehend beantwortet wird, sich gegenüber ihnen überzählig erscheinenden Terminen und Hilfen abzugrenzen. Im Allgemeinen können aufsuchende Familientherapeuten bei einem Wirrwarr von Helfern Ruhe bewahren. Die Klienten favorisieren letztlich sie befähigende und ressourcenorientierte Hilfen und beenden Hilfen, wenn diese sie depotenzieren und ihre Fähigkeiten in Frage stellen. In den Phasen, in denen die einzelnen Familienmitglieder Ängste vor ihren eigenen Kompetenzen und Fähigkeiten und der daraus abzuleitenden Verantwortung entwickeln, bedarf es einer stetigen gemeinsamen Reflexion der aufsuchenden Familientherapeuten und der Familie, so dass Vor- und Nachteile von depotenzierenden (Dauer-)Betreuungssituationen deutlich werden.

In der Zusammenarbeit mit Einrichtungen der **Kinder- und Jugendpsychiatrie**, wie kinder- und jugendpsychiatrischer Dienst oder kinder- und jugendpsychiatrische Kliniken, besteht insbesondere bei stark verhaltensauffälligen Kindern einerseits die Notwendigkeit, das Bedürfnis nach – im Allgemeinen klassischen – Diagnosen zu berücksichtigen, und andererseits Festlegungen und Zuweisungen auf bestimmtes Problemverhalten so aufzuweichen, dass Weiterentwicklungen bei dem betreffenden Kind bzw. Jugendlichen gefördert werden können. Im Vordergrund der Kooperation mit kinder- und jugendpsychiatrischen Einrichtungen sollte für systemische Therapeuten nicht ein Konkurrieren um Diagnosen bzw. Problemdefinitionen stehen, sondern der gemeinsame Fokus auf die Entwicklung kreativer und hilfreicher Lösungsideen gesetzt werden. Hierbei gilt es, das zunehmende Interesse von kinder- und jugendpsychiatrischen Einrichtungen an der Familientherapie insgesamt zu nutzen. Insbesondere für aufsuchende Familientherapeuten mit dem Grundberuf Diplomsozialpädagcge/Diplomsozialarbeiter ist es jedoch dringend notwendig, die in psychiatrischen Kontexten benutzten sprachlichen Codes zu kennen und verwenden zu können, um so auch systemischen Betrachtungsweisen im Helfersystem eine höhere Akzeptanz zuführen zu können.

Mit am schwierigsten zeigt sich derzeit die Zusammenarbeit mit Mitarbeitern aus **stationären Einrichtungen der Erziehungshilfe sowie mit Pflegeeltern.** Der Umgang mit Pflegeeltern ist für aufsuchende Familientherapeuten vor ähnlichen Problemstellungen gekennzeichnet (Verwehren des elterlichen Kontaktes zum Kind, Kritik und Ablehnung der Eltern, nicht Berücksichtigen der Loyalitätsbindungen eines Kindes u. Ä.) wie dies auch bei anderen ambulanten Hilfen zur Erziehung der Fall ist. Die zunehmende Forderung der Jugendämter an stationäre Einrichtungen, durch eine qualifizierte Elternarbeit eine zeitige Rückführung des Kindes herbeizuführen, setzt Heime und Wohngruppen unter einen hohen Anforderungsdruck. Zwar bemühen sich viele stationäre Einrichtungen, auch ambulante Hilfen anzubieten. Nicht selten sind diese jedoch von ihrer Haltung weiterhin so geprägt, dass die Mitarbeiter der stationären Einrichtung eine eher abwartende, wenn nicht gar skeptische Haltung gegenüber den Eltern zeigen und so manches Mal eher die Zweifel an den Kompetenzen der Eltern überwiegen. Bei vielen Heimmitarbeitern ist die starke Fokussierung auf die Interessen des Kindes Teil ihrer Berufsidentität. Sie sehen sich weniger gefordert, die vom KJHG geforderte Haltung zu zeigen, die Eltern in ihrer Erziehungsfunktion zu unterstützen, so dass diese ihre Erziehungsaufgaben übernehmen können. Des Weiteren haben stationäre Einrichtungen auch ihre Belegungssituation zu berücksichtigen, wenn es darum geht, eine Rückführung zu unterstützen.

Für aufsuchende Familientherapeuten, mit ihrer ausgesprochen starken Orientierung an den familialen Ressourcen, können starke Kindorientierungen von Heimmitarbeitern erhebliche Probleme mit sich bringen, so dass angestrebte Rückführungen nicht realisiert werden können. In Fällen, in denen Heimmitarbeiter bei einer Rückführung in der Herkunftsfamilie eine Gefährdung des Kindes befürchten, zeigen Erfahrungen, dass es wenig hilfreich ist, wenn die aufsuchenden Familientherapeuten versuchen, die Heimmitarbeiter vom Gegenteil zu überzeugen. Wesentlich erfolgversprechender ist es, zum einen in den Hilfeplangesprächen detailliert Vorgaben für die Eltern bzw. Familie herauszuarbeiten, die von der Familie erfüllt sein sollen bzw. müssen, wenn das Kind zurückgeführt werden soll. Zum anderen ist die Arbeit an der Haltung der Eltern in Bezug auf die Rückführung eines Kindes wesentlicher Ausgangspunkt für die Arbeit der aufsuchenden Familientherapeuten. Es muss den aufsuchenden Familientherapeuten gelingen, die Eltern einerseits in ihrem Wunsch nach Rückführung zu unterstützen und andererseits in die notwendige Auseinandersetzung mit der Kritik und Skepsis des Heimes zu führen. Denn die ablehnende oder skeptische Haltung der Heimmitarbeiter stellt in vielen Fällen eine Art Externalisierung der eigenen Befürchtungen und Ängste der Eltern dar. Anstatt sich gegebenenfalls selbst mit ihren Versagensängsten und Zweifeln auseinander zu setzen, fördern oder forcieren sie diese bei den beteiligten Helfersystemen, vor allem bei Heimmitarbeitern, indem sie Verhaltensweisen zeigen, die im Helfersystem Anlass für Problematisierungen der geplanten Rückführung eines Kindes sind. Die aufsuchenden Familientherapeuten können bestehende Ambivalenzen insbesondere in ihren Reflexionen sowohl nur vor der Familie als auch vor Heimmitarbeitern und der Familie einbringen und so notwendige und hilfreiche Diskussionen herbeiführen.

Angesichts der kurzen zur Verfügung stehenden Zeit erweist es sich im Allgemeinen als hilfreich, die vorbereitenden Gespräche hinsichtlich einer Rückführung im Vorfeld einer aufsuchenden Familientherapie zu führen und die aufsuchende Familientherapie als solches erst mit der Rückführung selbst zu beginnen, da die für die Umgestaltung und Veränderungen im Familiensystem erforderliche Zeit mit Rückkehr des Kindes unbedingt benötigt wird, um die Rückführung als solches zu stabilisieren. Sind viele Gespräche vor der aktuellen Rückführung notwendig, fehlt nicht selten die Zeit bei der Stabilisierung. Dies kann dazu führen, dass nach Beendigung der aufsuchenden Familientherapie die Sicherung der Ergebnisse noch nicht gegeben ist. Sicherlich wäre die aufsuchende Familientherapie für eine Reihe von stationären Einrichtungen der Erziehungshilfe ein sinnvoll ergänzendes Hilfeangebot, um Rückführungen entsprechend zu begleiten und zum Erfolg zu führen. Leider gibt es jedoch nur vereinzelte Bemühungen von stationären Erziehungshilfeeinrichtungen, ein solches Angebot zu installieren, für das es sicherlich einen hohen Bedarf gäbe. Wünschenswert wäre seitens der Jugendämter, auch eine flexiblere Gestaltung von so genannten Doppelhilfen zu zeigen. Letztlich hilft es, auch erhebliche Kosten einzusparen, wenn eine aufsuchende Familientherapie während einer noch bestehenden Heimunterbringung eines Kindes zur Einleitung und Stabilisierung der Rückführung – vorausgesetzt das Heim kooperiert – genutzt wird.

Wie bereits im Zusammenhang mit den Erörterungen zum „Zwangskontext" dargestellt, bedarf es zu dessen Installierung einer gut abgestimmten Zusammenarbeit zwischen Jugendamt und Familienrichtern, so dass aufsuchende Familientherapie als Auflage bei angedrohtem oder erfolgtem Entzug der elterlichen Sorge ausgesprochen wird. Hierzu ist es dringend notwendig, dass Familienrichter über dieses Konzept sowie die Bereitschaft von Therapeuten, nach dem Konzept der aufsuchenden Familientherapie zu arbeiten, informiert sind. Die Bemühungen, aufsuchende Familientherapie auch unter **Familienrichtern (aber auch Jugend- und Strafrichtern)** bekannt zu machen, müssen meines Erachtens erheblich verstärkt werden, um hier die Möglichkeiten der Intervention bei Kindesvernachlässigung, Kindesmisshandlung und sexueller Gewalt gegenüber Kindern sowie bei Delinquenz durch aufsuchende Familientherapie zu verdeutlichen.

Zeitliche Befristung – warum nicht?

US-amerikanische Erfahrungen[16] in der aufsuchenden Familientherapie (Dore 1991) haben gezeigt, dass die ausschlaggebenden po-

---

16 Mündliche Mitteilung von Andrew Fussner, Koordinator für Home-Based-Family-Therapy-Trainings in Pennsylvania 1994, der ebenfalls berichtete, dass dieser Effekt auch in der allgemeinen Psychotherapieforschung nachgewiesen ist.

sitiven Effekte in einer Psychotherapie vor allem in der ersten Zeit entstehen. Forschungsergebnisse zeigen, dass keine wesentlichen weiteren Veränderungen zu verzeichnen sind, wenn Therapien über einen Zeitraum von acht bis zehn Monaten hinaus andauern. Die Auswertung von 602 aufsuchenden Familientherapien zeigt, dass bei einer Behandlung von zwölf Monaten und mehr, nach acht Monaten keine nennenswerten Veränderungen zu verzeichnen sind (Dore 1991). Diese Ergebnisse basieren auf regelmäßigen Tests der Familienmitglieder (C-GAS und FAD)[17]. Die durchschnittliche Behandlungsdauer in der aufsuchenden Familientherapie lag bei 5,8 Monaten. Nur 210 von den 602 Familien benötigen nach Beendigung der aufsuchenden Familientherapie eine weitere Hilfe. Diese Hilfe dauert bis zu zwölf weiteren Monaten. 80 % (= 82) der Familien, die eine erneute Hilfe in Anspruch nahmen, berichten, dass die Probleme, die sie in der aufsuchenden Familientherapie behandelten, voll oder zu großen Teilen gelöst worden waren. Anlass für weitere Hilfen waren Probleme, die nicht Gegenstand der Familientherapie waren bzw. nach Beendigung der Familientherapie neu auftraten.

Die zeitliche Befristung einer Therapie auf sechs bis zwölf Monate stellt für nicht wenige Jugendamtssozialarbeiter und andere professionelle Helfer, aber auch für Therapeuten eine Herausforderung hinsichtlich ihrer bisherigen Annahmen und Prämissen dar. Sich vorzustellen, dass Familien, die bereits über mehrere Jahre oder gar seit Generationen vom Jugendamt betreut werden, nach fünf bis acht bzw. sechs bis zwölf Monaten[18] sich so entwickelt haben, dass sie zum größten Teil keine weiteren Hilfen benötigen, sprengt vielfach den Rahmen des Bisherigen und stellt für nicht wenige Mitarbeiter in verschiedenen Institutionen eine Provokation dar.

---

17 C-GAS = Children's Global Assessment Scale, FAD = Family Assessment Device
18 In den USA besteht die Möglichkeit, die Hilfen von vornherein zu befristen, jedoch deren Befristung flexibel zu halten. Erfahrungen mit bundesdeutschen ambulanten und stationären Hilfeangeboten zeigen leider immer wieder, dass eine Limitierung nach oben eher zu dem Effekt führt, dass diese im Allgemeinen bis zur vollen Höhe genutzt wird. Daher wurde bei den ersten Verhandlungen zur Finanzierung von aufsuchender Familientherapie in Berlin eine Begrenzung auf eine bestimmte Stundenzahl bzw. dann auf eine bestimme Zahl von Familientherapieeinheiten festgelegt, diese können je nach Konzept in einer Zeit von sechs bis zwölf Monaten geleistet werden.

Folgende Aspekte des Konzepts der aufsuchenden Familientherapie, das sich in der Arbeit zeitlich auf sechs bis zwölf Monate befristet, sind zu berücksichtigen:

- Es setzt eine konsequente Ressourcenorientierung in jeder Phase der Therapie voraus
- Es erfordert von den Therapeuten eine intensive Orientierung an dem Arbeitsauftrag
- Es erfordert, die weiteren Entwicklungen ständig in Hinblick auf die Umsetzung des Arbeitsauftrags zu überprüfen
- Die Therapeuten sind gefordert, ihre Vorstellungen von einem „normalen" Leben nicht als normative Vorgaben einzubringen, sondern die Vorstellungen der Familien zu akzeptieren, vorausgesetzt das Kindeswohl ist gesichert
- Die Therapeuten müssen sich von alten Vorstellungen des Durcharbeitens von Konflikten verabschieden können und konsequent eine systemische Sichtweise zur Anwendung bringen u. a.

Die beiden Familientherapeuten arbeiten in den sechs bis zwölf Monaten mit einem Stundenumfang von insgesamt rund 290 Stunden[19]. Die Stunden werden bei einem normalen Verlauf auf einen Zeitraum von rund sechs Monaten verteilt. Gestaltet sich die Familientherapie anfangs schwierig und kommt erst nach langer Vorarbeit ein Kontakt zustande, so werden die gesamten Stunden in einem Zeitraum von bis zu zwölf Monaten genutzt. Die Familientherapeuten führen im Allgemeinen ein bis zwei Gespräche wöchentlich, nur in wenigen Ausnahmefällen werden drei oder gar vier Gespräche in einer Woche geführt. In einzelnen Phasen kann es vorkommen, dass die Therapeuten in einem vierzehntägigen Abstand ein Gespräch führen. Dies ist abhängig davon, inwieweit nach Einschätzung der Therapeuten eine Intensivierung der Situation notwendig ist oder die Familie Zeit benötigt, um angestrebte Veränderungen zu erproben.

Gesprächspausen von drei bis vier Wochen sind in der Regel bei den Jugendhilfefamilien nicht hilfreich. Im Allgemeinen tragen Problemeskalationen und hohe Konfliktdichte dazu bei, dass beteiligte

---

19 5,5 Stunden pro Woche pro Therapeut x 4,34 Wochen pro Monat x 6 Monate = rund 290 Stunden.

Helfersysteme auf rasche Veränderung bzw. Problemreduzierung in der Familie und hier vor allem bei den Kindern drängen. Auch wenn sich in den Familien oftmals bereits relativ rasch Veränderungsprozesse abzeichnen, fordert das Umfeld, zu dem insbesondere auch die Schule und der Kindergarten gehören, dennoch eine noch schnellere Entwicklung von Problemlösungskompetenzen über die sich abzeichnenden hinaus. Dies hat vielfach mit den hohen Belastungen zu tun, denen Lehrer und Kindergartenmitarbeiterinnen in ihrer Tätigkeit ausgesetzt sind. Ihre Bereitschaft zur Geduld ist nach langen eigenen Bemühungen um eine Verbesserung der Situation des Kindes erheblich reduziert. In dieser angespannten Situation zeigen die Familienmitglieder auch häufig Interaktions- und Kommunikationsmuster, die im „Schleudergang" zu weiteren Einladungen von Interventionen durch bestehende oder weitere Helfersystemen beitragen können. Ist es den Familientherapeuten – aus welchen Gründen auch immer – nicht möglich, ihre ein bis zwei Gespräche pro Woche zu führen, so erweist sich dies immer wieder – vor allem in den Phasen 1–3 (siehe unten) – als erschwerend für die Arbeit.

Während sich in der systemischen Therapie weitgehend durchgesetzt hat, mit den Klienten in wenigen Terminen, die mit Dauer der Therapie meist in größeren Abständen stattfinden, zu arbeiten, ist es schwierig, dieses Konzept bei Familien, die vom Jugendamt betreut werden, umzusetzen. In einer Gesprächspause von zwei bis vier Wochen sind wieder so viele Schwierigkeiten, Konflikte, Zuspitzungen und Häufungen von Problemen in den Vordergrund getreten und „harren der Bearbeitung", dass die aufsuchenden Familientherapeuten ihre gesamte Kapazität nutzen müssen, um eine „Bewältigung" der akuten Probleme herbeizuführen. Eine Arbeit an den notwendigen Systemveränderungen rückt dadurch in den Hintergrund und wird erschwert. Dies verhindert gegebenenfalls eine kontinuierliche Arbeit an konstruktiveren Problemlösungsstrategien, die die Familienmitglieder notwendigerweise entwickeln müssen, um auch nach Ende der aufsuchenden Familientherapie keine weiteren Interventionen von Institutionen der sozialen Kontrolle in Bezug auf ihr Erziehungsverhalten bei den Kindern zu erfahren.

Die Therapeuten werden auf der Basis eines Fachleistungsstundensatzes vergütet. Der wöchentliche Stundenumfang liegt bei ca. 5,5 Stunden. Darin enthalten sind alle Tätigkeiten wie z. B. Vor- und Nachbereitung der Gespräche sowie Austausch zwischen den Therapeuten, wöchentliche Supervision, anteilige Zeiten für Mitarbeiterbesprechungen, einschließlich Fallverteilung. Ferner sind Fahrtzeiten anzurechnen.[20] Darüber hinaus ist Zeit erforderlich, mit anderen beteiligten Institutionen Gespräche zu führen und den Austausch zu suchen. Vor allem die Kooperation und Koordination mit anderen professionellen Helfern verlangt ein intensives zeitliches Engagement der Familientherapeuten. Dabei müssen die Therapeuten im Allgemeinen die Erfahrung machen, dass sie wesentlich mehr an gemeinsamen Klärungen interessiert sind als andere Beteiligte im Helfersystem.

Bei regelmäßigen wöchentlichen ein bis zwei Gesprächen treten vor allem zu Beginn der Therapie Probleme und Aktionen in den Vordergrund, die aufgegriffen werden müssen, um eine Beruhigung der Situation herbeizuführen. Erst danach ist es möglich, grundlegende Veränderungen im Problemlösungsverhalten herbeizuführen bzw. zu unterstützen. Die zu Anfang häufig zu beobachtende Bombardierung mit Problemen und problematischen Verhaltensweisen führt zu Interventionen und Einmischungsversuchen verschiedener Helfersysteme. Wird in dieser Phase nicht intensiv Kontakt zu der Familie und den Helfersystemen gepflegt und wird auch kein Einfluss genommen auf deren Sichtweisen zu den Problemen und möglichen Lösungen, zeichnen sich erschwerte Bedingungen für die weitere Arbeit ab. Vorfälle werden dann von beteiligten Helfersystemen als erneute „Rückfälle" betrachtet. Sie werden zum Anlass genommen, Entscheidungen zu forcieren (z. B. wird eine Heimunterbringung nun doch als notwendig erachtet). Wirken die Familientherapeuten nicht beruhigend auf die Dynamik zwischen Familie und Helfersystemen ein, so können die Potenziale dieser erneuten Krisen nicht konstruktiv genutzt werden.

PHASEN DER AUFSUCHENDEN FAMILIENTHERAPIE

Bei einer geplanten Dauer von sechs Monaten (26 Wochen) teilt sich die aufsuchende Familientherapie in fünf Phasen ein.

---

20 Bei den Fahrtzeiten zeigen sich manche Jugendämter wenig bereit, diese zu bezahlen. Dem gilt es entgegenzuhalten, dass Fahrtzeiten der Mitarbeiter in Institutionen stets zur Arbeitszeit gehören und nicht als Freizeitvergnügen betrachtet werden können. Würden die Fahrtzeiten nicht bezahlt, wäre abzusehen, dass die Familientherapeuten nur noch Klienten behandeln, die in ihre Praxis kommen.

1. Phase: Vorbereitung

Wie schon beschrieben befinden sich vielfach die Familien eher in Dauerkrisen, dennoch gibt es aktuelle krisenhafte Situationen in den Familien, die (gegebenenfalls erneut) dazu führen, ihnen eine Hilfe anzubieten. Die beteiligten Helfersysteme sind von der Notwendigkeit einer weiteren oder auch erneuten Hilfe überzeugt, so dass der zuständige Jugendamtssozialarbeiter – auch auf der Grundlage der Diskussion und Empfehlung des Fachteams – im Hilfeplanverfahren versucht, der Familie eine aufsuchende Familientherapie nahe zu bringen.

Je nachdem ob die Familie dieses Angebot annimmt oder nicht, ergeben sich folgende Möglichkeiten:

a) Die Familie nimmt das Hilfeangebot an, und die aufsuchenden Familientherapeuten beginnen mit der Auftragsklärung ihre Arbeit.
b) Die Familie bzw. die Eltern lehnen eine Hilfestellung generell ab. Es besteht jedoch seitens des Jugendamtes die Einschätzung, dass das Kindeswohl gefährdet ist, so dass das Jugendamt Druck ausübt und die Eltern schließlich doch einen Antrag auf Hilfe zur Erziehung unterschreiben.
c) Die Eltern lehnen ein Hilfeangebot ab, und das Kindeswohl erscheint so gefährdet, dass von Seiten des Jugendamtes eingeschätzt wird, dass das Gericht einem Antrag auf Entzug der elterlichen Sorge stattgeben wird.
d) Daraufhin kann die Entscheidung des Gerichts abgewartet werden. In der Stellungnahme des Jugendamtssozialarbeiters wird eine aufsuchende Familientherapie als Auflage vorgeschlagen. Erst mit Erfüllung von festgelegten konkreten Kriterien sollen die Eltern ihr Sorgerecht zurückerhalten. Eine Herausnahme des Kindes muss dabei nicht konkret umgesetzt werden. Die Drohung kann als Druckmittel benutzt werden, wenn sich die Zusammenarbeit mit der Familie als schwierig erweist.
e) Der Antrag auf Entzug des Personensorgerechts wird gestellt. Bereits während der Beantragung beginnt die aufsuchende Familientherapie. Bis zur Gerichtsentscheidung – und danach – nutzt die Familie die aufsuchende Familientherapie, um die vom Jugendamt geforderten Veränderungen zu entwickeln,

so dass kein weiterer Anlass besteht für Interventionen seitens der Institutionen sozialer Kontrolle.

2. Phase: Auftragsklärung und Ressourcenorientierung

Diese Phase dauert im Allgemeinen zwischen sechs bis acht Wochen. Angesichts der relativ kurzen Dauer der aufsuchenden Familientherapie werden keine probatorischen Sitzungen vereinbart. Sie werden als kontraproduktiv betrachtet. In der zur Verfügung stehenden kurzen Zeit ist es für die Familien sowie für die Familientherapeuten nicht möglich, sich längere Versuchszeiten einzuräumen. Auf Seiten der Familientherapeuten ist zu erwarten, dass sie aufgrund ihrer Professionalität bereits nach den Vorinformationen durch das Jugendamt eine Entscheidung zur Übernahme treffen sowie beim ersten Kontakt eine Einschätzung vornehmen können, ob sie diese Familie erreichen können und wollen. Von der Familie wird erwartet, dass sie ebenfalls eine rasche Entscheidung trifft. Das Konzept sieht nicht vor, dass die Klienten Wünsche äußern können zur Zusammensetzung des Therapeutenteams[21]. Dieses Vorgehen stellt ein konsequentes Aufgreifen verschiedener systemischer Methoden und Prämissen dar. Ferner nimmt das Konzept damit die Familie deutlich in die Verantwortung, die notwendigen Veränderungen in ihrem System in den Vordergrund zu stellen und nicht eine „Beziehung" zu den Familientherapeuten. Hintergrund der Wahleinschränkungen stellt auch die Ansicht dar, dass die Familie bzw. die Familienmitglieder bisher und auch im weiteren Verlauf immer wieder mit Menschen konfrontiert werden, die sie sich nicht auswählen können, und von daher diese Situation nutzen können, entsprechend konstruktives und an der Zielsetzung orientiertes Problemlösungsverhalten zu entwickeln. Erfahrungsgemäß sind mögliche anfänglich bestehende Ressentiments oder Ablehnung gegenüber einem der beiden Familientherapeuten schon nach kurzer Zeit überwunden.

Gleich wie der Zugang zu der Familie erfolgt, steht am Anfang die Klärung des Arbeitsauftrags, die sogleich von Beginn an auch –

---

[21] Auch wird der Familie kein Einfluss auf die Geschlechterproportion, Alter oder Sympathie der Familientherapeuten zugestanden. Ist eine Zusammenarbeit wegen Ablehnung der Person eines der beiden Familientherapeuten nicht möglich, ist es in der Regel vorzuziehen, die Arbeit so rasch wie möglich zu beenden, da mit weiteren „Vorgaben" der Klienten zu rechnen ist, die „Verzögerungen" des Beginns an den eigentlichen Problemen der Familie mit sich bringen würden.

und immer wieder – verbunden ist mit einer deutlichen Orientierung an den Ressourcen der Familie. Bei Familien, die nur widerstrebend oder gar per Gericht der aufsuchenden Familientherapie zugestimmt haben und daher im Allgemeinen nur wenig gesprächsbereit sind, stehen vor allem deren Vorbehalte – und hier insbesondere die der Eltern – im Vordergrund der ersten Gespräche. Dabei wird u. a. das Zustandekommen der Hilfe thematisiert und in einem Detriangulationsprozess der Arbeitsauftrag der Familie herausgearbeitet. Steht hierbei für die Familie im Mittelpunkt des Interesses, eigentlich die Familientherapeuten loszuwerden (Conen 1996a) und durch das Jugendamt keine weitere Kontrolle zu erfahren, so wird dieser Auftrag von den Familientherapeuten aufgegriffen. Sie erarbeiten mit den Familienmitgliedern im Folgenden Möglichkeiten, wie die Familie dies erreichen kann, und beziehen dabei die Kritik beteiligter Helfersysteme an der Familie vordringlich mit ein. Durch die Akzeptanz der Sichtweise der Familie und gleichzeitige Einbeziehung der Forderungen des Jugendamtes und anderer Institutionen gelingt es den aufsuchenden Familientherapeuten, einen positiven Zugang zu der Familie zu erhalten.

Zu dieser positiven Entwicklung trägt erheblich die permanente Orientierung an den Ressourcen der Familie bzw. ihrer einzelnen Familienmitglieder bei, die von Beginn der aufsuchenden Familientherapie an wahrgenommen und immer wieder der Familie zurückgemeldet werden. In den kleinsten Begebenheiten, Interaktionen und Geschehnissen werden die Ressourcen, Kompetenzen, Fähigkeiten und Stärken der Familie verdeutlicht, so dass die Familientherapeuten der Familie gegebenenfalls wie Menschen erscheinen, die sie mit einer „rosaroten Brille" betrachten. Dieses Vorgehen führt zwar zu den bereits dargestellten Irritationen, ist jedoch notwendig, um die bei den Familien in der Regel vorhandene abwertende und defizitorientierte Selbsteinschätzung zu „verstören". Für die weitere Entwicklung der therapeutischen Arbeit ist es unabdingbar notwendig, die bisherige Wahrnehmung der Familie bzw. der einzelnen Familienmitglieder zu beeinflussen. Nur wenn es gelingt, die bisherige resignative und negative Einschätzung ins Wanken zu bringen und durch mehr Selbstvertrauen und Zutrauen in die eigene Handlungsfähigkeit zu ersetzen, werden konstruktivere Problemlösungsstrategien entwickelt und sozial akzeptiertere Formen der Erziehung der Kinder gezeigt.

In dieser Phase kommt es vor allem anfangs zu eher chaotischen Gesprächssituationen. Eine Krise jagt die andere, und ein Problem löst das nächste ab, ständig können neue Personen und Beteiligte (Nachbarn, Freunde, Verwandte) hinzukommen. Je mehr die beteiligten Familienmitglieder positive Rückmeldungen von den Familientherapeuten erhalten, desto mehr geraten sie unter Druck, etwas zu verändern. Wenn ihnen jemand so viel zutraut, bei ihnen so viele Möglichkeiten sieht, ihnen Hoffnung macht, dass sich ihr Leben verändern ließe, dann ...! Dann müssten sie die ersten Schritte tun, um die möglichen Veränderungen anzugehen. Nicht selten stehen die Familien in einer hohen Ambivalenz gegenüber sich selbst und ihren Möglichkeiten. Ihre bisherige „Hoffnungslosigkeit" hat sie auch geschützt vor erneuten Enttäuschungen, jedoch hat meist keiner zuvor so viel Chancen und Stärken bei ihnen deutlich herausgestellt, wie dies nun der Fall ist. Wenn diese Chance nicht ergriffen wird, besteht jemals wieder eine weitere? – Und besteht das bisherige Elend nicht schon lange genug?

In diesem inneren Kampf werden mit großer Sicherheit zumindest die beiden Familientherapeuten, aber auch andere beteiligte Helfersysteme unter die Lupe genommen. Stehen die Familientherapeuten zu ihrer positiven Sicht, zu ihrer Hoffnung für und auf die Familie, auch wenn sich weiter nichts ändert, trotz Chaos und Durcheinander, wenn eine Krise die nächste ablöst?

Hier gilt es für die Familientherapeuten, sich immer wieder dessen bewusst zu sein, dass es nicht darum gehen kann, dieses Chaos und die Krisen zu regulieren und zu lösen. In diesem Konzept der aufsuchenden Familientherapie wird davon ausgegangen, dass Krisen als Entwicklungsmöglichkeit genutzt werden sollen. Dieser Ansatz ist meines Erachtens noch für viele professionelle Helfer ungewohnt, da im Allgemeinen die Tendenz vorzufinden ist, Krisen kurzfristig beseitigen zu wollen. Das Bestreben der aufsuchenden Familientherapeuten ist es, durch „Verstörungen" die bisherigen Problemlösungsmuster zu verunsichern und dadurch dysfunktionale Familienstrukturen und Interaktionsmuster überzuführen in sozial akzeptiertere Formen der Erziehung der Kinder. Daher ist es von besonderer Bedeutung, sich zwar einerseits auf die aktuellen Krisen und ständigen Alarmmeldungen einzulassen, andererseits aber gleichzeitig Veränderungen in der Struktur der Familie herbeizuführen. Dies stellt einen der wesentlichen Unterschiede dar, der aufsuchende Familientherapie von anderen ambulanten Hilfen unterscheidet, die sich in der Regel vornehmlich der augenscheinlichen Probleme annehmen, jedoch die dahinter liegenden notwendigen Strukturveränderungen in diesen Situationen nicht angehen.

3. Phase: Problemlösungen

Diese Phase dauert im Allgemeinen – bei einer gesamten Dauer von sechs Monaten – sechs bis zehn Wochen. Die ausgeprägte Fokussierung auf die Stärken und Kompetenzen der einzelnen Familienmitglieder und auch der Familie insgesamt führen dazu, dass in dieser Phase Eltern und Kinder die angestrebten konstruktiveren Problemlösungen entwickeln und diese sowohl innerhalb als auch außerhalb der Therapiegespräche erproben. Sie nutzen die dabei gemachten Erfahrungen zur Weiterentwicklung ihrer Problemlösungsstrategien. Des Weiteren ist zu beobachten, dass bisher zwar im Hintergrund stehende, jedoch häufig stark belastende Probleme zunehmend thematisiert werden. So werden Einmischungen und Zerwürfnisse der Herkunftsfamilie ebenso Thema wie langwirkende Konflikte mit ehemaligen Ehepartnern, schwierige Trennungen von Kindern wie bisher „unbekannte" Fremdplatzierungen oder auch Adoptionen von Kindern und insbesondere lang anhaltende Konflikte zwischen den Ehepartnern oder Elternteilen und einzelnen Kindern, aber auch schwere traumatische Erfahrungen der Eltern in diesem Bereich. Je nach dem Grad der Belastungen durch diese Probleme werden sie in den Gesprächen in Hinblick auf die Veränderungswünsche beschrieben und je nach Priorität angegangen.

Insbesondere die Familieninteraktionen während der Familiengespräche – und dies vor allem in aktuellen bzw. neuen Krisensituationen – werden unmittelbar benutzt, um die Fähigkeiten und Stärken zu festigen und zu erweitern. Werden in Anwesenheit der Familientherapeuten Schwierigkeiten der Eltern insbesondere in ihrem Erziehungsverhalten gegenüber den Kindern deutlich, greifen die Familientherapeuten diese sofort auf und leiten die Situation hin zu einer Erfahrung für die Eltern, in der sie sich als kompetent und fähig in der Erziehung ihrer Kinder erleben. Ziel ist es, dass die Eltern immer mehr (wieder) ihre elterliche Verantwortung übernehmen. Dazu gehört auch, dass sie alters- und entwicklungsgemäße Forderungen an ihr Kind stellen und dieses in seiner Eigenverantwortung herausfordern.

Durch das ständig zunehmende Zutrauen nicht nur der Eltern, sondern auch der Kinder in die eigenen Fähigkeiten, Stärken und Kompetenzen setzen sich die einzelnen Familienmitglieder in Bewegung, zeigen Verhaltensweisen und Einstellungen, die sie nicht für möglich hielten. Sie packen Probleme, Schwierigkeiten und Konflikte an, die sie in der Vergangenheit für nicht lösbar einschätzten. Einzelne Familienmitglieder blühen dermaßen auf, dass ihre Umgebung dies nur mit Erstaunen registrieren kann. Die Mutter, die seit Jahren nicht zum Friseur gegangen ist, lässt sich eine neue Frisur gestalten; der Vater, der bislang apathisch in seinem Sessel saß, fängt an, Reparaturen vorzunehmen, die schon lange anstanden, Kinder, die eher keine Lust zum Lernen hatten, scheint es Freude zu bereiten, für gute Leistungen ein Lob von Eltern und Lehrern zu hören, Kinder, die bisher undeutlich sprachen und bei denen lange Bemühungen, eine Sprachförderung nahe zubringen, nicht fruchteten, beginnen deutlich und klar zu sprechen, die Wohnung wirkt aufgeräumter, die Stapel von schmutzigem Geschirr oder Wäsche türmen sich nicht mehr, Umzugskartons, lange herumstehend, werden endlich ausgepackt usw.

Nicht wenige Familien geraten in eine Art „Veränderungsrausch", halten nun so ziemlich alles für möglich, wollen unbedingt die Zeit nutzen, solange die Familientherapeuten bei ihnen sind, und sie deren Wertschätzung erhalten. In einer Familie gingen die Umstrukturierungen so weit, dass in der Wohnung ein Zimmer nach dem anderen umgebaut und umgestaltet wurde, so dass die Wohnung mehr den Ansprüchen der großen Familie entsprach. Die Familientherapeuten führten über geraume Zeit ihre Gespräche quasi in einer Baustelle sowohl mit der Familie als auch mit deren Verwandten, die beim Umbau halfen.

Da in der Regel dieses enorme Tempo der Veränderungen von keinem auf Dauer eingehalten werden kann, stellt sich für die Familientherapeuten stets die Frage, wie sie in gewisser Weise bremsend oder dämpfend intervenieren können, ohne jedoch die Familie in ihren Fähigkeiten anzuzweifeln. In diesem Zusammenhang ist es hilfreich, noch einmal das Bild von Froma Walsh (1998) aufzugreifen, die die Situation dieser Familien mit einem Lastwagen vergleicht, von dem der Fahrer nicht weiß, ob die Bremsen funktionieren. Es stellt sich die Frage, ob die Familie möglicherweise auch dieses schnelle Veränderungstempo zulegt, um sich letztlich selbst und ihrer Umgebung zu zeigen, dass es zwar eine kurze Zeit besser ging, aber dann wieder alles so schlimm ist wie sonst oder gar schlimmer wird als früher – und sich ihre Skepsis in Bezug auf Veränderungen doch letztlich bestätigt. Möglichen Problemeskalationen, die bei einzelnen Familienmitgliedern gegebenenfalls zu einem Rückzug aus den Familiengesprächen führen, wird – wie auch in allen anderen Phasen – damit begegnet, dass die Familientherapeuten diesen Familienmitgliedern soweit als möglich „hinterherlaufen", ihnen immer wieder Gespräche anbieten und keine kreative Idee auslassen, um dieses Familienmitglied gemeinsam mit der restlichen Familie zu den Familiengesprächen zurückzuholen.

Von daher ist es sinnvoll, dass sich die Familientherapeuten nicht gemeinsam mit der Familie ausruhen auf diesen positiven Ansätzen, sondern den selbstzweifelnden inneren Stimmen der einzelnen Familienmitglieder zuvorkommen und durch ihre Fragen (Deissler 1997) und Interventionen zu „Verstörungen" beitragen. Hier sind die bereits erwähnten Sabotagemanöver-Fragen besonders hilfreich:

„Was könnten Sie tun, damit die Situation nicht lange anhält? Was könnten Sie anstellen, damit Ihre Frau wieder den Wäscheberg anwachsen lässt? Wie lange denken Sie bräuchte Vanessa, um Sie wieder davon zu überzeugen, dass sie es mit der Lehrerin doch nicht hinbekommt? Was wäre, wenn Sie merken würden, dass es Ihnen gar nicht gefällt, wenn alles besser klappt? Wenn jetzt alle denken, Sie müssten es auch noch hinbekommen, ihre Zähne machen zu lassen, oder Ihnen noch andere Dinge zutrauen, wie könnten Sie den Druck so wegbekommen, dass dies keiner mehr von Ihnen erwartet? Gesetzt den Fall, in Ihnen kommen Gedanken hoch, die Ihnen sagen, dass Sie es gar nicht wert wären, dass es Ihnen mal besser – und zwar generell – gehen darf, wie viel Prozent hat die Stimme eine Chance, dass Sie auf sie hören, wie viel Chance hat die Stimme, die sagt, es war genug Anstrengung und Schlimmes in den letzten Jahren, jetzt kann das Leben besser laufen? usw. Solche Fragen führen erfahrungsgemäß dazu, dass sich Klienten ihrer Möglichkeiten bewusst werden, positive Entwicklungen zu be- und verhindern bzw. zu beenden. Es ist immer wieder erstaunlich, dass dieses „Wissen" um die eigenen negativen Einflussmöglichkeiten auf positive Entwicklungen dazu führt, dass im Allgemeinen diese „Sabotagemanöver" unterlassen werden. Offensichtlich gelingt es in diesem inneren Entscheidungskampf mit sich selbst,

die destruktiven Stimmen in ihrem Einfluss zu begrenzen und den positiven mehr Raum zu geben.

Hilfreich sind natürlich in dieser Phase auch Aufgaben und Verschreibungen von Verhaltensweisen, die zwar abgelehnt werden und deren Überwindung versucht wird, die dennoch aber häufig oder gar regelmäßig in bestimmten Problemsituationen auftreten. Indem Problemverhalten, das als außerhalb der eigenen Kontrolle erlebt wird, in einer Aufgabenstellung oder Verschreibung „angewiesen" wird, erfahren die Klienten, dass ihr Verhalten beeinflussbar ist. Wird ein Kind gebeten, sein in der Schule auftretendes aggressives Verhalten mal eben im Wohnzimmer zu zeigen, erfährt das Kind, dass dieses Verhalten abrufbar ist – und damit aber auch abstellbar. Rollenspiele und Erproben von Situationen, die als problematisch im miteinander Umgehen beschrieben werden, können vor allem in dieser Phase mögliche „Sabotagemanöver" überflüssig machen.

In dieser Phase geraten die Familienmitglieder, vor allem jedoch die Eltern, (wieder) mit alten, längst vergrabenen Wünschen und Träumen in Berührung. Sie halten diese nicht mehr für unerfüllbar, sondern beginnen damit, Wege zu beschreiten, um diese zu verwirklichen. *So hatte ein Vater schon immer den Wunsch gehabt, einmal an die See zu fahren, wo er mit seinen 39 Jahren noch nie war. Trotz aller finanziellen Probleme, die diese Familie hatte, gelang es ihm durch Gelegenheitsjobs, diesen Traum für ein kurzes Wochenende wahr zu machen. Seine Frau und die Kinder freuten sich, dass Vater an die See fuhr – leider standen nicht für alle Familienmitglieder die notwendigen finanziellen Mittel zur Verfügung. Der Vater war so aufgewertet, dass er in Folge dieser Kurzreise sich mehr und mehr zutraute und schließlich nach jahrelanger Arbeitslosigkeit eine Arbeit fand, so dass er seit langer Zeit wieder zum Lebensunterhalt der Familie selbst beitragen konnte.*

In einer anderen Familie hatte die allein erziehende Mutter den lang gehegten Wunsch, vor ihrem 37. Lebensjahr (entsprechend dem Lied von Marianne Faithful) einmal in Paris gewesen zu sein. Auch sie konnte diesen Traum verwirklichen. Sie sparte sich die dafür notwendigen 99 DM, fand in ihrer Mutter, mit der sie seit Jahren keinen Kontakt hatte, eine zuverlässige Babysitterin für ihre drei Kinder und genoss die lange Fahrt nach Paris ebenso wie den relativ kurzen Aufenthalt in der Seinemetropole. Nach diesem Erlebnis konnte man spüren, wie dieses Auftanken ihr half, zukünf-

tig auch die schwierigsten Situationen als allein erziehende Mutter mit drei Kindern zu meistern.

In dieser Phase ist es hilfreich, stets so viele Familienmitglieder – auch aus der Herkunftsfamilie – wie möglich an den Familiengesprächen teilnehmen zu lassen. Es hat sich als sehr nützlich erwiesen, dass insbesondere die Eltern der Eltern (vor allem die Großmütter) an den Gesprächen teilnehmen. Sind diese verstorben, wohnen weit entfernt oder lehnen eine Teilnahme an den Gesprächen ab, ist es von besonderer Dringlichkeit, durch zirkuläre Fragen deren Einschätzungen, Einstellungen und Betrachtungsweisen in Erfahrung zu bringen. Erfahrungsgemäß spielen die Ansichten der Herkunftsfamilie eine erhebliche Rolle bei der Entwicklung angestrebter Problemlösungsideen. Die Einbeziehung der Botschaften der Herkunftsfamilien tragen zu einer tragfähigen Stabilisierung der positiven Entwicklungen in der Familie bei.

4. Phase: Stabilisierung und Abschluss

Diese Phase beträgt ebenfalls ca. sechs bis acht Wochen. Auch wenn der Beginn einer aufsuchenden Familientherapie insbesondere bei „unmotivierten" Klienten nicht einfach ist, so gestaltet sich diese 4. Phase meist als die schwierigste. Dies trifft zum einen für die Familientherapeuten selbst zu, denn sie müssen das bisher Erreichte annehmen und die Grenzen der bisherigen Entwicklung respektieren können. Die Potenziale der Familie bzw. ihrer einzelnen Familienmitglieder werden immer deutlicher, und es ist für die Familientherapeuten und die anderen professionellen Helfer verführerisch, weitere – neue – Zielsetzungen zu formulieren. Diese neuen Ziele würden, wenn sie aufgegriffen würden, jedoch dazu beitragen, dass bei der Familie (erneut) das Gefühl bestärkt wird, dass ihnen entweder keine positiven Entwicklungen gelingen oder es den Institutionen/Helfern nie genug ist, sie diese nie loswerden können. Erfahrungsgemäß tragen solche „nimmersatten" Erwartungen dazu bei, dass erreichte Veränderungen bzw. Verbesserungen sich nicht ausreichend stabilisieren und in ihrer noch bestehenden Krisenanfälligkeit zur Rückkehr in alte, eher destruktive Problemlösungsstrategien beitragen.

Von daher ist es in dieser Phase wichtig, dass bisher Erreichtes bilanziert und der Schwerpunkt darauf gesetzt wird, die erweiterte

Problemlösungskompetenz dazu zu nutzen, über zukünftige Probleme und deren Lösung prospektiv zu sprechen (Deissler 1997). In der Entwicklung von Zukunftsbildern bzw. -szenarien werden zahlreiche zirkuläre Fragen zu möglichen zukünftigen Hindernissen, Problemen und Schwierigkeiten sowie „Rückfällen" und „Sabotagemanövern" gestellt, um so Lösungsmöglichkeiten zu entwickeln, abzuwägen und in momentane Problemstellungen einzubeziehen.

Wenn auch die Familie versucht, die Verantwortung für die eingetretenen Veränderungen den Familientherapeuten „anzulasten", ist es von entscheidender Bedeutung, dass die Familientherapeuten diesem Versuch standhalten und den Erfolg der Familie zuordnen. Die Familientherapeuten geben so detailliert wie möglich an die Familie Rückmeldungen über deren Beitrag zu den Veränderungen, ihre Bereitschaft, sich auf diese Hilfe einzulassen, die notwendigen Schritte getan sowie Bürden und Belastungen auf sich genommen zu haben. Zentrale Aussage: Die Familie hat letztlich die Verantwortung für die Veränderungen – und nicht die Familientherapeuten.

Auch wenn die Familien im Allgemeinen die positive Entwicklung genießen, ist diese Situation dennoch für sie ungewohnt. Daher versuchen einzelne Familienmitglieder durch „Testversuche", bei beteiligten professionellen Helfern möglicherweise Zweifel an der Tragfähigkeit der bisher erfolgreichen Arbeit aufkommen zu lassen. Diese Zweifel werden von den Familientherapeuten thematisiert: sei es, dass diese bereits von der Familie hergestellt wurden oder die Familientherapeuten mögliche Testebenen entwerfen. Sie problematisieren mit der Familie deren mögliche alte Tendenz, die professionellen Helfer von ihrer Inkompetenz und Unfähigkeit zu überzeugen.

Besonders in dieser Situation zeigt sich die Dringlichkeit und Notwendigkeit einer engen Kooperation von Familientherapeuten, Jugendamtssozialarbeitern und anderen beteiligten professionellen Helfern, um die erreichte Erweiterung der Problemlösungskompetenzen der Familie in Zukunft beizubehalten. Ohne diese Kooperation erweist es sich immer wieder als schwierig für die Familien, erreichte Veränderungen in dem Ausmaß wie zu Ende der Familientherapie beizubehalten, da beteiligte Helfersysteme diese durch Interventionen aufheben bzw. einschränken können. Dadurch werden vor allem bei den Eltern wieder Zweifel bestärkt, ob ihnen die Bewältigung ihrer Erziehungsaufgaben gelingen wird.

Trotz sich möglicherweise erneut zuspitzender Konflikte und einer erneuten Zunahme von Problemen ist es wichtig, diese offen gegenüber der Familie als notwendige und übliche Ängste von Familien zu konnotieren, die überwunden werden können, da viele positive Entwicklungen zu verzeichnen sind – und diese nicht durch die „erneuten" Probleme aufgehoben sind. Nicht selten äußern in dieser Situation einzelne Familienmitglieder – sowie bestehende Helfersysteme – Wünsche nach einer Verlängerung der Familientherapie. Diese Verlängerung ist u. a. wegen der implizit darin enthaltenen Botschaften (kein Zutrauen, die Familie hat es nötig, bei jedem Problem müssen Profis helfen usw.) in der Regel abzulehnen. Wichtig ist es, dass die Begründung einer Nichtverlängerung voll und ganz die positiven Entwicklungen herausstellt und gleichzeitig die erneuten Probleme als lösbar beschrieben werden. In diesem Zusammenhang gilt es, durch eine Vielzahl von zirkulären Fragen auf die eigenen Lösungskompetenzen der einzelnen Familienmitglieder zu zielen und mögliche Ressourcen im Umfeld (Verwandte, Freunde, Kollegen, Nachbarn) noch einmal herauszustellen.

Gleiches gilt selbstverständlich auch im Zusammenhang mit Anschlusshilfen, ohne die sich manche Jugendamtssozialarbeiter eine „Problemfamilie" nicht vorstellen können und wollen. Hier gilt es, zukünftig verstärkter auf die impliziten Botschaften und Abwertungen zu achten, wenn Überlegungen zu weiteren Hilfen – obwohl vieles erreicht wurde – in den Raum gestellt werden.

5. Phase: Nachphase

Aufgrund ihrer erweiterten Problemlösungskompetenzen gelingt es der Familie im Allgemeinen, die angestrebten konstruktiveren Problemlösungsmuster zu entwickeln und somit an sie gestellte Anforderungen, insbesondere an das Erziehungsverhalten der Eltern sowie an das Sozialverhalten der Kinder, zu erfüllen. Wenn zukünftig Probleme auftreten, ist es ein wichtiges Bestreben der aufsuchenden Familientherapeuten, mit der Familie dahingehend gearbeitet zu haben, dass sie eigenständig und konstruktiv selbst Hilfen anlaufen. Während in der Vergangenheit oft durch massives Problemverhalten der Kinder oder Eskalationen von Problemen und Konflikten Helfersysteme „eingeladen" wurden zu intervenieren, ist es Ziel der aufsuchenden Familientherapie, dass diese Problemeskalationen sich erübrigen und die Familie, vor allem die Eltern, bei Problemen sich möglichst auf ihr Umfeld beziehen oder wenn professionelle Unterstützung u. a. bedingt durch ihre sozio-ökonomisch benachteiligte Lebenssituation notwendig ist, diese selbst (auf-)suchen bzw. von sich aus – und ohne Problemeskalation – auf die entsprechende Hilfen anbietenden Institutionen zugehen können.

Wie bereits dargelegt zeigt sich insbesondere in dieser Phase die herausragende Notwendigkeit der Kooperation zwischen Familientherapeuten und beteiligten Helfersystemen. Gelingt es der Familie und den aufsuchenden Familientherapeuten nicht in ausreichendem Maße, vor allem den zuständigen Jugendamtssozialarbeiter, aber auch andere beteiligte professionelle Helfer von den Entwicklungen der Familie zu „überzeugen", kommt es immer wieder zu Interventionen seitens dieser Beteiligten. Diese Einwirkungen können möglicherweise die positiven Entwicklungen konterkarieren. Leider ist es noch nicht üblich – anders bei den US-amerikanischen Kollegen –, bei erneut auftretenden Problemen in der Familie die aufsuchenden Familientherapeuten heranzuziehen und deren Betrachtungsweise in Bezug auf die Familiendynamik sowie Erfahrungen mit den „wackeligen" Punkten der Familie einzubeziehen und sie gegebenenfalls mit einer kurzfristigen Arbeit zur erneuten Stabilisierung der Familie zu beauftragen.

WAS IST ERFOLG UND SCHEITERN IN DER AUFSUCHENDEN FAMILIENTHERAPIE?

Der Erfolg einer aufsuchenden Familientherapie ist daran zu messen, inwieweit es einer Familie nach Beendigung der aufsuchenden Familientherapie gelingt, Probleme und Schwierigkeiten mit konstruktiven Problemlösungen zu bewältigen. Ausgehend von einer systemischen Betrachtung, dass Problemverhalten auch Lösungsverhalten beinhaltet, soll die aufsuchende Familientherapie den Familien helfen, solche Lösungen zu entwickeln und anzuwenden, die eine größere soziale Akzeptanz erfahren. Mit der aufsuchenden Familientherapie ist nicht der Anspruch verbunden, dass die Familien nie wieder mit den Jugendämtern in Kontakt kommen, sondern dass sie ihre Fähigkeiten und Kompetenzen nutzen können, von sich aus notwendige Hilfen und Unterstützungen einzufordern – und zwar ohne die vorher zu verzeichnenden Problemeskalationen und Problemhäufungen, die zu Veränderungsaufforderungen und Interventionen seitens der Jugendbehörden führten. Ist die aufsuchende Familientherapie erfolgreich gewesen, sind die Familienmitglieder in der Lage, von sich aus Hilfe einzufordern, d. h., sie so viel Hoffnung haben, dass sie Veränderungen für möglich halten.

Ein so definierter Erfolg hängt selbstverständlich sehr stark vom weiteren Verlauf des Kontaktes zwischen Jugendamt und Familie sowie von der Einschätzung des Jugendamtssozialarbeiters von der Entwicklung der Familie und ihrer einzelnen Mitglieder ab. Ist es den aufsuchenden Familientherapeuten gelungen, bei dem zuständigen Jugendamtssozialarbeiter ein systemisches Verständnis der bisherigen Probleme, der Problemlösungsmuster sowie der Ressourcen und Fähigkeiten der Familie zu wecken, wird ein in dieser Richtung orientierter Jugendamtssozialarbeiter sicherlich anders mit späteren Krisensituationen umgehen als ein Mitarbeiter des Jugendamtes, der weiterhin auf die Defizite fokussiert und die Funktionalität von Problemen unberücksichtigt lässt. Letzterer wird bei neu auftretenden Krisen – die angesichts der wahrscheinlich weiterhin schwierigen materiellen Lebensbedingungen dieser Familien vorkommen werden – sich nicht mit den aufsuchenden Familientherapeuten beraten und deren Kenntnisse der familialen Problemlösungsmuster einbeziehen, sondern ohne Abstimmung weitere Anschlusshilfen installieren und in seiner Statistik einen Misserfolg der aufsuchenden Familientherapie verbuchen.

Sicherlich wird aufsuchende Familientherapie sich u. a. verstärkt daran messen lassen müssen, inwieweit es ihr gelingt, kostenintensive Fremdunterbringungen zu verhindern helfen. Gleichzeitig ist es jedoch bei einer näheren Betrachtung dessen, ob aufsuchende Familientherapie eine Fremdunterbringung verhindern half, unbedingt notwendig, die näheren Umstände einer möglichen Heimunterbringung zu untersuchen. Dabei gilt es, verschiedene Ebenen zu betrachten:

- Problemdefinitionen der verschiedenen Beteiligten, sowie deren Zieldefinitionen insbesondere im Rahmen der Hilfeplangespräche
- Arbeitsauftrag für die aufsuchende Familientherapie
- Qualität und Quantität der Kooperation zwischen Jugendamt, aufsuchenden Familientherapeuten und anderen Helfersystemen

- Grad und Ausmaß der Skepsis bzw. Hoffnung bei den beteiligten Helfersystemen in Bezug auf Entwicklungsmöglichkeiten der Familie
- Systemisches Verständnis der vorliegenden Familienprobleme bei den beteiligten Helfersystemen
- Hindernisse im Mehrgenerationenkontext der Familie, deren Einbeziehung nicht möglich ist.

Erst wenn diese Betrachtungsebenen ausreichend hinzugezogen wurden, kann meines Erachtens eine Analyse beginnen, die Aufschluss darüber gibt, wo es dem Hilfeinstrument „aufsuchende Familientherapie" gelang oder auch nicht, angestrebte Veränderungen herbeizuführen. In der Diskussion um Erfolg von Hilfemaßnahmen werden diese Aspekte von allen Formen der Hilfen zur Erziehung nicht berücksichtigt. Auch wenn insbesondere die ambulanten Hilfen zur Erziehung derzeit auf den Prüfstand gestellt werden, ob sie die Versprechen (wie z. B. Reduzierung der Heimunterbringungen) einlösen, so wird in der Diskussion außer Acht gelassen, dass eine Reihe von Faktoren, die zum Erfolg oder Misserfolg einer Hilfemaßnahme beitragen, bisher in der öffentlichen Diskussion keinerlei Berücksichtigung gefunden haben.

Aufsuchende Familientherapie übernimmt auch hier eine Vorreiterfunktion, wenn sie darauf besteht, dass die oben beschriebenen Faktoren bei einer Bilanzierung des Erreichten einbezogen werden müssen. Die Einbeziehung dieser Aspekte ist notwendig, um in allen Bereichen der ambulanten Hilfen – und nicht nur in der aufsuchenden Familientherapie – endlich in eine Diskussion zu treten, wie die Hilfemaßnahmen so gestaltet und eingebettet werden müssen, um die Erfolgsrate wesentlich zu verbessern. Hierzu ist es jedoch erforderlich, von der weit verbreiteten Zuschreibung der „Veränderungsresistenz" und „Therapieunfähigkeit" von Jugendhilfefamilien Abstand zu nehmen. Bislang suchen professionelle Helfer vornehmlich Erklärungen für unzureichende Veränderungsprozesse bei den Klienten. Außer Acht gelassen werden in der Regel dabei die Dynamiken im Helfersystem, das Zusammenspiel zwischen Familie und beteiligten Helfersystemen sowie Wahrnehmungsprozesse bei Familie und professionellen Helfern. Meines Erachtens gilt es zukünftig, diesen Aspekten mehr Aufmerksamkeit zu geben und weg zu kommen von Schuldzuschreibungen an die Familien. Zu betonen ist hier insbesondere die Hoffnung bzw. Hoffnungslosigkeit vieler armer Familien, deren „Geist" bzw. „Spiritualität" (Aponte 1994; Lindblad-Goldberg, Morrison Dore a. Stern 1998) so genährt werden muss, damit positive Perspektiven im Inneren sowohl bei Eltern als auch Kindern wieder wachsen können. Bei diesen Familien von „Unfähigkeit zur Veränderung" zu sprechen, lässt völlig außer Acht, dass ihr Leben geprägt ist von der Erfahrung, nur sehr wenig gestalterisch das eigene Leben beeinflussen zu können (Minuchin, Colapinto u. Minuchin 2000). Diesen Familien eine „Therapieunfähigkeit" zuzuschreiben, verdeutlicht eine mangelnde Bereitschaft, sich mit den Lebenswelten dieser Familien auseinanderzusetzen. Letztlich stellt sich die Frage, wie können diese Menschen zu Veränderungen ermutigt werden oder wie kann bei ihnen, wie Mara Selvini sagt, das Bedürfnis nach Veränderung geweckt werden? (Cirillio u. Di Blasio 1992).

In der Diskussion um Erfolg oder Misserfolg einer Hilfemaßnahme sollte meines Erachtens jedoch auch Berücksichtigung finden, dass gleich wie qualifiziert und entwickelt eine Hilfe sein kann, auch die aufsuchende Familientherapie den notwendigen Respekt vor Nichtveränderungen zeigen muss. Ihre Unabhängigkeit von Helfersystemen können manche Familien bzw. einzelne Familienmitglieder oftmals erst dadurch gewinnen, dass Veränderungen momentan nicht möglich sind. Erst bei ausreichendem Respekt vor Nichtveränderung ist es manchem Familienmitglied möglich, Schritte in Richtung konstruktiverer Problemlösungsmuster zu entwickeln.

Die 21-jährige Kindesmutter nahm die Möglichkeiten einer aufsuchenden Familientherapie für sich und ihre eineinhalbjährige Tochter nicht wahr. Dem war ein mehrwöchiges Hin und Her (Türen waren verschlossen, Vereinbarungen wurden nicht eingehalten) vorausgegangen sowie deutliche Forderungen seitens des Jugendamtes, dem jedoch eine Handhabe fehlte, das Kind wegen Vernachlässigung aus der Familie herauszunehmen. Erst ein Jahr später, als eine Partnerbeziehung nicht mehr bestand, sowie ihre Mutter schwer erkrankte, stimmte die Kindesmutter im Zusammenhang mit erneuten Bemühungen durch ihre zuständige Jugendamtssozialarbeiterin der aufsuchenden Familientherapie zu und konnte diese nutzen, um weitere Kritik an ihrem Erziehungsverhalten und eine mögliche Herausnahme des Kindes zu verhindern.

Wie bei anderen professionellen Hilfen ist es wichtig, sich auch als aufsuchender Familientherapeut dessen bewusst zu sein, dass gegebenenfalls dieser Zeitpunkt, dieser Ort, dieser Familientherapeut sowie diese Krise und Situation der Familie bzw. einzelner Familienmitglieder nicht entsprechend genutzt werden können – die aufsuchende Familientherapie jedoch zu einem anderen Zeitpunkt, in anderen Settings und mit anderen Fachkräften eine Hilfe sein kann. Diese Demut und dieser Respekt vor den Schwierigkeiten und Ängsten vor Veränderungen, vor allem in der Arbeit mit armen Familien, sind von großer Bedeutung für aufsuchende Familientherapeuten, um eine langjährige und gute Arbeit in diesem Setting zu gewährleisten.

Evaluation von aufsuchender Familientherapie

In Deutschland steht die Evaluation von aufsuchender Familientherapie – ähnlich wie bei anderen ambulanten Hilfen – erst am Anfang. In den USA kann die Evaluation der aufsuchenden Familientherapie bereits auf eine langjährige Tradition zurückgreifen. Die veröffentlichten US-amerikanischen Evaluationen zeichnen sich im Allgemeinen durch hohe wissenschaftliche Standards (u. a. Vergleichsgruppen) aus, indem sie gängige Evaluierungsinstrumente benutzen, wodurch eine hohe Vergleichbarkeit gegeben ist.

Boyd-Franklin a. Bry (2000) beschreiben die Ergebnisse des Yale – Child Welfare Research Programms, dass noch nach 10 Jahren (Follow-up-)Einsparungen von Kosten bei der Interventionsgruppe zu verzeichnen sind, die im Vergleich bei der Nicht-Interventionsgruppe nicht vorliegen. So konnte in dieser Studie u. a. nachgewiesen werden, dass

a) die elterliche Aufsicht über die Kinder erheblich verbessert wurde. Dieser Aspekt stellt nach Ergebnissen der Resilienzforschung einen wesentlich Beitrag in der Verhinderung von verschiedensten Problemverhalten von Kindern und Jugendlichen, u. a. auch von Delinquenz, dar.
b) ein Anstieg von mütterlicher Wärme und Zuwendung bei den Kindern vorzufinden war. Dieser Aspekt trägt zu einem höheren Vertrauen der Kinder in die Eltern bei, und dies wiederum stärkt die Bereitschaft der Kinder, die Bemühungen der Eltern, ihrer Erziehungsfunktion kompetent nachzugehen, positiv aufzugreifen.

c) die Bereitschaft, sich selbst Hilfe zu suchen, gestiegen ist. Es wird nicht mehr zugewartet, bis ein Problemverhalten der Eltern oder des Kindes dazu beiträgt, dass Jugendbehörden intervenieren müssen, sondern die durch die aufsuchende Familientherapie angestrebte eigenständige Suche nach Hilfe findet statt.
d) die Zusammenarbeit mit Krippe bzw. Kindergarten sich wesentlich verbessert hat. Anregungen von Mitarbeitern dieser Einrichtungen werden eher aufgegriffen, aber auch die eigenen Vorstellungen der Mütter werden von diesen Institutionen mehr berücksichtigt.

Das „Project 12 Ways", an dem Familien mit drei- bis neunjährigen Kindern teilnahmen, die wegen Kindeswohlgefährdung dem Risiko einer Fremdplatzierung ausgesetzt waren, führte ebenfalls Follow-up-Erhebungen durch, die signifikante Verbesserungen im Vergleich zur Kontrollgruppe aufzeigten und eine erhebliche Reduzierung der Kindeswohlgefährdung nachwiesen. In der „Montreal Longitudinal Experimental Study" wurden ein bis sechs Jahre später in Erhebungen Wirkungen der aufsuchenden Familienarbeit dahingehend festgestellt, dass weniger Delinquenz sowie geringerer Drogen- oder Alkoholmissbrauch zu verzeichnen waren als bei einer Kontrollgruppe. Im Bry Home-Based Targeted Family Intervention Program wurde bei einem zweijährigen Follow-up u. a. eine Reduzierung der Schulprobleme festgestellt.

In einem Multi Systemic Family Therapy Programm von Borduin wurde nach 24 Therapiestunden in einem vierjährigen Follow-up nur ein Rückfall in die Delinquenz bei 26 % Jugendlichen festgestellt, während bei der Kontrollgruppe 76 % erneut delinquent wurden. Dazu beigetragen haben folgende Faktoren, die die aufsuchende Familientherapie unterstützte:

- der erhöhte Familienzusammenhalt
- die Entwicklung einer höheren Anpassungsfähigkeit
- die elterliche Unterstützung des Jugendlichen, einhergehend mit einer höheren elterlichen Anteilnahme an den Aktivitäten des Jugendlichen außerhalb des Elternhauses
- die gegenseitige Unterstützung der Eltern untereinander

- die Reduzierung von Konflikten und das damit einhergehende Nachlassen vor Feindseligkeiten
- die Reduzierung von elterlichen Symptomen (u. a. Depressionen)

Dore (1996) beschreibt Ergebnisse aus einer Evaluierung von 40 Aufsuchenden-Familientherapie-Programmen des Staates Pennsylvania, die seit 1988 durchgeführt wurden. Insgesamt wurden 1433 Teilnehmer in der Erhebung erfasst. Bei einem Follow-up nach zwölf Monaten wurde in nur 14 % der Fälle eine Fremdplatzierung verzeichnet, bei 21 % dieser Fälle lag die Ursache bei Problemen der Eltern und nicht beim Kind. 82 % der Befragten gaben an, dass sie mit der gegenwärtigen Schulsituation des ursprünglichen Problemkindes zufrieden sind. 95 % der Befragten gaben an, dass sie die aufsuchende Familientherapie an andere Familien mit Problemkindern weiterempfehlen würden. Sie betonten in großen Teilen die Wichtigkeit von sozialen Netzwerken und Unterstützungssystemen bereits während der aufsuchenden Familientherapie.

Die US-amerikanischen Evaluierungen benutzen weit gehend Tests, deren Reliabilität in einer Vielzahl von Studien bereits nachgewiesen wurde. In Deutschland sind diese Tests ebenfalls in Anwendung:

- Familienklimaskalen (FKS) bzw. Family Environment Scale (FES) (Moos 1974)
- Family Assessment Device (FAD) (Epstein, Baldwin a. Bishop 1983)
- Familienbögen (FB) (Cierpka 1996)
- Family Adaptability and Cohesion Evaluation Scales (FACES III) (Olson, Portner a. Lavee 1985)
- Self-Report Family Inventory (SFI) (Beavers et al. 1987)

Darüber hinaus empfehlen sich gegebenenfalls folgende Tests bzw. Listen, die bereits in Psychotherapiestudien angewendet wurden:

- Symptom Check Liste (SCL 90-R) 90 Items (Derogatis 1995)
- VEV (Veränderungsfragebogen des Erlebens und Verhaltens) 42 Items (Zielke u. Kopf-Mehnert 1978)

- Goal Attainment Scaling (Kiresuk a. Sherman 1968)
- Problemlisten (Hahlweg 1996) u. a.

Daneben wurden im Rahmen der Multicenterstudie der Deutschen Arbeitsgemeinschaft für Familientherapie und des Dachverbands für Familientherapie und Systemisches Arbeiten (Nachfolgerin: Deutsche Gesellschaft für Systemische Therapie und Familientherapie, Köln) eine Reihe von Modulen entwickelt, die sich auch in der aufsuchenden Familientherapie anwenden lassen.[22]

In der Fachgruppe „Aufsuchende Familientherapie" in der Deutschen Gesellschaft für Systemische Therapie und Familientherapie sind derzeit Bemühungen im Gang, im Rahmen regionaler Gruppierungen einzelne Evaluierungsprojekte zu initiieren, um so auch deutsche Evaluierungsstudien vorlegen zu können. Bisher bestehen deutsche Evaluierungen vorwiegend aus der Erhebung von grundlegenden Daten zu den Klienten, wie Anlass für die aufsuchende Familientherapie, Problembereiche, soziale und demographische Daten zur Familienzusammensetzung, Vermeidung von Fremdplatzierungen, u. Ä. Diese Daten dienen den Trägern der aufsuchenden Familientherapie zum Nachweis ihrer Leistungen, sie erbringen jedoch in der Regel nicht einen wissenschaftlich fundierten Nachweis über die Effektivität bzw. den Outcome der aufsuchenden Familientherapie. Wenn auch die Bemühungen um einen wissenschaftlich begleiteten Nachweis des Outcome von aufsuchender Familientherapie noch erheblicher weiterer Anstrengungen bedürfen, stellt sich aufsuchende Familientherapie hier einer Anforderung, der sich andere ambulante Hilfen nicht (z. B. Intensive Einzelbetreuung) oder seit langem nicht mehr (z. B. Sozialpädagogische Familienhilfe) stellen.

Finanzierung

Aufsuchende Familientherapie wird seit 1993 in Berlin über § 27.3 des Kinder- und Jugendhilfegesetzes finanziert. Im April 2000 wurde eine Leistungsbeschreibung zur Familientherapie und aufsuchenden Familientherapie von der Senatsverwaltung für Schule, Jugend

---

22 Bei der Anwendung bzw. zur Auswertung der Module kann gegebenenfalls auf die Möglichkeit der Auswertung durch die an der Studie beteiligten Forschungsinstitute an den Universitäten in Freiburg, der in Göttingen sowie in Dresden zurückgegriffen werden.

und Sport in den Geltungsbereich KSRV[23] aufgenommen. Damit ist Berlin derzeit das einzige Bundesland bzw. Landesjugendamt, das (aufsuchende) Familientherapie in den Katalog der Leistungen nach dem Kinder- und Jugendhilfegesetz aufgenommen hat; in anderen Bundesländern laufen entsprechende Bemühungen.

Die Regelleistung umfasst: „Familientherapie findet statt unter Einbeziehung der institutionellen Partner im sozialen Umfeld im Familien- und Einzelsetting. Kooperation mit dem Jugendamt, insbesondere Teilnahme an Hilfekonferenzen. Vor- und Nachbereitung und Dokumentation der familientherapeutischen Sitzungen. Familientherapie kann entweder an einem festen Ort stattfinden oder in aufsuchender Form. Bei aufsuchenden Formen der Familientherapie wird mit zwei Therapeuten (Co-Therapie) gearbeitet; auch in anderen Settings kann Co-Therapie indiziert sein."

Dauer und Umfang: „Für den Zeitraum von 6 Monaten sind bis zu 26 Familientherapieeinheiten für die aufsuchende Familientherapie anzusetzen. Nach Hilfeplan kann das Stundenkontingent auch auf einen Zeitraum bis zu 12 Monaten verteilt werden (...) Eine Einheit Familientherapie/Fachleistungsstunde umfasst bei der aufsuchenden Familientherapie 5,5 Stunden pro Fachkraft pro Woche (...) und schließt alle notwendigen personenbezogenen und nicht personenbezogenen Tätigkeiten sowie Supervision ein." Individuelle Zusatzleistungen: „Notwendige Abweichungen in Umfang und Dauer gemäß Hilfeplan (§ 36 SGB VIII) ... sind möglich."

Die Kosten belaufen sich bei einer Dauer von sechs Monaten mit zwei Familientherapeuten und insgesamt 26 Familientherapieeinheiten auf € 13.700,–, dies entspricht monatlichen Kosten von € 2286,–. Bei Heimkosten von monatlich mindestens € 2500,– (durchschnittlich jedoch eher € 3000,– bis € 4000,–) würden die Kosten für sechs Monate € 15.000,– für ein Kind betragen. Bei einer Familienhilfe mit zehn Stunden wöchentlich über eine Dauer von 18 Monaten entstehen Kosten von € 29.373,– insgesamt.

Da in der Regel aufsuchende Familientherapie in Familien mit mehreren Kindern durchgeführt wird und meist nicht nur ein Kind von Fremdplatzierung bedroht ist, stellt die aufsuchende Familien-

---

23 Berliner Kostensatzrahmenvereinbarung für den Jugendhilfebereich (KSRV, Fassung vom 6. 4. 2000) zwischen dem Land Berlin, vertreten durch die für Jugend zuständige Senatsverwaltung und der in der LIGA zusammengeschlossenen Spitzenverbände der Freien Wohlfahrtspflege auf der Grundlage des § 77 SGB VIII).

therapie eine relativ kostengünstige Hilfestellung dar, die auch aufgrund ihrer erfolgreichen Arbeit an den Veränderungen im Familiensystem erheblich dazu beiträgt, weitergehende Kosten einsparen zu helfen.

Trotz der Erfolge und der (niedrigen) Kosten bedarf es dennoch weiterhin erheblicher Überzeugungsarbeit bei weiteren Jugendämtern, diese Hilfeform in größerem Umfang oder gar überhaupt zu etablieren.

ANFORDERUNGEN AN DIE THERAPEUTEN

Das zunehmend wachsende Interesse an der aufsuchenden Familientherapie wird nicht nur deutlich an der Zahl von Kollegen, die an der Entwicklung einer solchen familientherapeutischen Arbeit interessiert sind, sondern auch daran, dass die bereits in diesem Bereich tätigen Familientherapeuten sich für ein hohes Niveau der Arbeit einsetzen. Im Rahmen der Fachgruppe „Aufsuchende Familientherapie" der Deutschen Gesellschaft für Systemische Therapie und Familientherapie wurden am 30. 9. 1999 folgende Standards in der aufsuchenden Familientherapie verabschiedet:

- Die Mitarbeiter verfügen über eine mindestens dreijährige familientherapeutische/systemische Weiterbildung.
- Die Mitarbeiter verfügen über eine Zertifizierung der Deutschen Arbeitsgemeinschaft für Familientherapie, des Dachverbands für Familientherapie und Systemisches Arbeiten, der Systemischen Gesellschaft oder der Deutschen Gesellschaft für Systemische Therapie und Familientherapie.
- Die Mitarbeiter nehmen an einer regelmäßigen Supervision ihrer Arbeit teil (Bezugsgröße: 15 Minuten Supervision bei 330 Minuten Familientherapie/Woche)
- Die aufsuchende Familientherapie wird durch zwei Therapeuten in einem Co-Therapeutenteam durchgeführt.
- Die aufsuchende Familientherapie wird mit einem Stundenumfang von 5,5–7 Stunden/Woche pro Familientherapeut pro Familie durchgeführt. Das Gesamtstundenkontingent bezieht sich auf eine Dauer von 26 Wochen; es besteht die Möglichkeit, dieses Stundenkontingent auf bis zu zwölf Monate anzuwenden.

- Die aufsuchenden Familientherapeuten evaluieren ihre Tätigkeit regelmäßig.

Mit diesen Standards will die Fachgruppe „Aufsuchende Familientherapie" nicht nur neuen Projekten und interessierten Kollegen eine Orientierung geben, sondern auch dazu beitragen, dass diese Standards in Verhandlungen und Vereinbarungen eine Grundlage darstellen für die konzeptionelle und inhaltliche Gestaltung. Diese Standards entsprechen weit gehend der „Leistungsbeschreibung Familientherapie" im Rahmen der Berliner Kostensatzrahmenvereinbarung für den Jugendhilfebereich, die seit 6. 4. 2000 die Leistung „Familientherapie" nach § 27 Abs. 3 KJHG regelt. In diese Leistungsvereinbarung sind Erfahrungen von rund sieben Jahren mit der aufsuchenden Familientherapie im Land Berlin eingeflossen. Die Entwicklung dieser Leistungsbeschreibung sowie die Verabschiedung von Standards in der Fachgruppe „Aufsuchende Familientherapie" waren erforderlich, um bisher geltende Grundlagen der Qualitätssicherung für alle Mitglieder verbindlich zu machen.

In Gesprächen mit US-amerikanischen aufsuchenden Familientherapeuten wird der Erfolg der aufsuchenden Familientherapie auch erheblich in Zusammenhang mit dem Co-Therapeutenteam gesehen. Die „stimmige Chemie" in der Zusammensetzung der Co-Therapeutenteams stellt einen wichtigen Faktor dar. Erfahrungen zeigen, dass z. B. eine Zusammensetzung von zwei erfahrenen oder zwei weniger erfahrenen Familientherapeuten günstiger ist, als ein Co-Therapeutenteam zu bilden aus einem erfahrenen und einem weniger erfahrenen Familientherapeuten. Des Weiteren scheinen Co-Therapeutenteams, die mit zwei weiblichen Familientherapeuten besetzt sind, bessere Resultate zu erzielen als zwei männliche Familientherapeuten oder Frau-Mann-Kombinationen.

Die hohen Anforderungen an die Tätigkeit einer aufsuchenden Familientherapie setzen als Selbstverständlichkeit die Qualifizierung als Familientherapeut bzw. systemischer Therapeut voraus. Ohne die Kenntnisse, die in einer mehrjährigen Zusatzqualifikation erworben werden, ist eine familientherapeutische Arbeit nicht möglich. Darüber hinaus ist es äußerst hilfreich, wenn die Familientherapeuten Erfahrungen in der Arbeit mit armen Familien bzw. Jugendhilfefamilien gesammelt haben, so dass sie um die Besonderheiten und Problemlagen dieser Familien nicht nur aus der Literatur wissen, sondern deren Situation „first-hand" kennen gelernt haben. Wichtigste Voraussetzung in der aufsuchenden Familientherapie mit Jugendhilfefamilien stellt eine positive, optimistische und wohlwollende Haltung der Familientherapeuten dar. Ohne eine solche Sichtweise und Einstellung ist diese Arbeit nicht möglich.

Des Weiteren sollten aufsuchende Familientherapeuten eine hohe Bereitschaft zeigen, sich auf die häufig schwierigen Arbeitsbedingungen einzulassen (Schmutz- und Geruchstoleranz, räumliche Enge, hoher Geräuschpegel, Vielzahl von anwesenden Personen u. Ä.). Wer lieber in einer sauberen und gemütlich eingerichteten Praxis oder Beratungsstelle arbeiten möchte, sollte dies tun, jedoch die Arbeit mit armen Familien nicht suchen. Denn diese Familien haben ein schnelles und ausgeprägt sensibles Gespür dafür, ob ihre Lebenswelt respektiert oder abgelehnt wird.

Die Tätigkeit als aufsuchender Familientherapeut erfordert ein hohes Maß an Kooperationsfähigkeiten. Diese sind nicht nur in der Zusammenarbeit mit anderen Helfersystemen notwendig, sondern auch in der co-therapeutischen Arbeit, in der der gegenseitige Respekt vor Unterschieden ebenso gefordert ist wie die Bereitschaft zur Diskussion von Kontroversen auch vor den Klienten und anderen Beteiligten. Diese Transparenz und Offenheit wird in der Regel durch eine positive und konstruktive Zusammenarbeit mit den Familien und der zügigen und beeindruckenden Entwicklung einzelner Familienmitglieder, insbesondere der Kinder, „belohnt", es bedarf jedoch einer anfänglichen Umstellung und Umgewöhnung für die meisten Familientherapeuten. Des Weiteren müssen die aufsuchenden Familientherapeuten dem enormen Erwartungsdruck standhalten, der von allen Seiten auf sie gerichtet ist, mit im Allgemeinen von anderen Helfern „abgeschriebenen" Familien erfolgreich zu arbeiten. Dieser Druck ist umso höher, je weniger Erfahrungen mit der aufsuchenden Familientherapie bei den beteiligten Helfersystemen vorhanden sind. Skepsis und kritische Haltungen gegenüber diesem „neuen" Arbeitsansatz sind ebenfalls von den aufsuchenden Familientherapeuten zu bewältigen.

Die co-therapeutische Arbeit bietet auch diesbezüglich eine wichtige Unterstützung, denn die Vielzahl von Problemen der Jugendhilfefamilien fordert die volle Aufmerksamkeit in jedem Moment, um angesichts der kurzen Therapiedauer jede Möglichkeit nutzen zu können, positive Veränderungen zu fördern, zu unterstützen und auch zu forcieren. Um den vielfältigen und vielschichtigen Anforderungen der aufsuchenden Familientherapie gerecht zu werden, bedarf es einer qualifizierten und dichten Supervision. Ein rasches Umschwenken, eine Forcierung von Veränderungsbestrebungen, immer wieder auftretende Vorfälle, ständige Krisensituationen usw. erfordern von den Familientherapeuten eine ständige Reflexion ihrer Vorgehensweise, die der Anregungen eines Supervisors bedarf. Voraussetzung ist, dass der Supervisor ebenfalls über eine familientherapeutische bzw. systemische Zusatzqualifikation verfügt. Dadurch ist es möglich, dass er Anregungen für Interventionen, Unterbrechungen von Mustern, Neueinführung von Sichtweisen usw. einbringen kann. Vordringlichste Voraussetzung, die ein Supervisor jedoch erfüllen sollte, ist eine positive Haltung zu Jugendhilfefamilien und deren Veränderungspotenziale. Skepsis und Ablehnung auf Seiten des Supervisors mögen zwar bei den aufsuchenden Familientherapeuten für eine gewisse Zeit eine Herausforderung darstellen, über kurz oder lang sind sie jedoch wenig hilfreich in der Arbeit mit diesen Familien.

„Multiproblemfamilien" und kurzzeitorientierte Hilfeansätze: ein Widerspruch?
Die Dauer von Hilfen aus der Sicht des Jugendamtes

Angelika Golz

DIE ENTWICKLUNG DER AUFSUCHENDEN FAMILIENTHERAPIE ALS HILFE ZUR ERZIEHUNG IM RAHMEN DES KINDER- UND JUGENDHILFEGESETZES[24]

Das Kinder- und Jugendhilfegesetz stellt seit 1990 den rechtlichen Rahmen für die Bereitstellung von Hilfen zur Erziehung durch die öffentliche Jugendhilfe dar. Somit waren in den neuen Bundesländern, einschließlich der Bezirke Ostberlins, die Paradigmen dieses Gesetzes von Beginn an die Grundlage für die Entwicklung von Konzepten in den Erziehungshilfen. Die Bereitstellung von Finanzierungsmitteln, anfänglich ausschließlich für sozialpädagogische Familienhilfe gemäß §§ 27/31 KJHG, war in ihrer Begrenzung eine weitere günstige Voraussetzung und Chance, die gesetzlich verankerte Familienorientierung in den Erziehungshilfen konsequent umzusetzen.

In den folgenden Jahren entwickelten sich einerseits die „traditionellen" Erziehungshilfen und andererseits ein Bedarf und damit Anforderungen an Hilfen, die nur unzureichend erfüllt werden konnten:

– Familien mit strukturellen Problemen, mit eskalierenden Beziehungskonflikten, die mehr erforderten als sozialpädagogische, vorrangig kompensatorische Hilfeangebote, verlangten

---

[24] Die Entwicklung von Erziehungshilfen begleite und gestalte ich als Koordinatorin für ambulante Erziehungshilfen im Allgemeinen Sozialpädagogischen Dienst eines bezirklichen Jugendamtes mit.

zunehmend die Beachtung des Allgemeinen Sozialpädagogischen Dienstes.
- Hilfeplanmodelle wurden entwickelt und diskutiert, womit eine stärkere Veränderungsorientierung in der Hilfeplanung verbunden war.
- Die Vermeidung von Fremdunterbringungen von Kindern und Jugendlichen wurde stärker eingefordert, wobei dabei neben fachlichen Aspekten Kostenfragen eine wesentliche Rolle spielten.

Unter diesen Bedingungen und der Forderung nach effizienten sowie kostengünstigen Erziehungshilfen begann die Diskussion des Konzeptes der aufsuchenden Familientherapie (Conen 1996c) im Allgemeinen Sozialpädagogischen Dienst.
Die Skepsis der Mitarbeiter war groß und ist dies bis heute vereinzelt noch. Die wesentlichsten Vorbehalte gegenüber dieser Hilfeart lassen sich wie folgt zusammenfassen:

- Nur reden hilft nicht
- Diese Familien sind nicht in der Lage, sich zu verändern
- Je länger die Hilfe, desto Erfolg versprechender
- Das Chaos und die Hilflosigkeit in den Familien über Generationen hinweg sind nicht zu beeinflussen
- Co-therapeutische Arbeit ist den Familien nicht zuzumuten
- Eine Unterbringung schafft schnellere und sicherere Lösungen für alle Beteiligten

Das eigene intensive Ringen von Mitarbeitern im Allgemeinen Sozialpädagogischen Dienst um einzelne Familien hinterließ in der Regel große Hoffnungslosigkeit (sie erlebten keine Kunden) und zugleich die Angst vor mangelnder Anerkennung ihrer Bemühungen und kritischem Bewerten ihres Vorgehens. Hinzu kommt in den neuen Bundesländern, aufgrund eigener Sozialisationserfahrungen in der DDR, die größere Distanz zu therapeutischen Angeboten – gekoppelt mit der Tatsache, dass es bei den Trägern aus den alten Bundesländern einen Weiterbildungsvorsprung gab. Das heißt, die aufsuchenden Familientherapeuten kamen aus dem Westteil Berlins, was eine sehr sensible Kooperation notwendig machte. Werbung für das Konzept der aufsuchenden Familientherapie war bei jedem einzelnen Sozialarbeiter unerlässlich. Positive Kooperationserfahrungen mit den Familientherapeuten und eigene Erfahrungen in der Umsetzung dieser Erziehungshilfe schufen dann das erforderliche Korrektiv. Die Mitarbeiter sahen zum Beispiel, dass die von ihnen anfangs eher als bedrohlich erlebte co-therapeutische Arbeit von den Familien gut angenommen wurde und sich für diese sogar eher als entlastend darstellte.

Der erste Fall mit einem „glücklichen" Ausgang – Familie P.:

Über eine kinder- und jugendpsychiatrische Einrichtung wurde der Allgemeine Sozialpädagogische Dienst mit der Familie P. bekannt. Die Stieffamilie hatte drei Kinder, wobei der 13-jährige Felix als Symptomträger oder Indexpatient nicht der leibliche Sohn von Herrn P. war. Die Diagnose nach einer ambulanten, stationären und zum damaligen Zeitpunkt teilstationären kinderpsychiatrischen Versorgung lautete: massive Verhaltensstörung mit oppositionellem Trotzverhalten, reaktive Bindungsstörung, funktionelle Enuresis nocturna. Den Hintergrund bildete ein chronischer Familienkonflikt mit hoher Ambivalenz zu beiden Elternteilen und starker Rivalität zu den Halbschwestern. Felix galt als nicht beschulbar. Die Empfehlung der Fachklinik war die Unterbringung in einem therapeutischen Heim. Die Familie beantragte nach mehreren Beratungsgesprächen im Allgemeinen Sozialpädagogischen Dienst eine aufsuchende Familientherapie, die sie innerhalb von neun Monaten in Anspruch nahm.

Folgende Themen standen im Mittelpunkt der Therapie: die Lebenssituation einer Stieffamilie, Stiefväter im Leben der Kindesmutter, die Paarbeziehung der Eltern, der leibliche Vater von Felix und seine Beziehung zum Stiefvater sowie die hierarchische Ordnung im Subsystem der Geschwister.

Im Ergebnis der aufsuchenden Familientherapie erreichten die Eltern Gelassenheit im Umgang mit ihrem pubertierenden Sohn, eine sich gegenseitig unterstützende Haltung bei seinen Provokationsversuchen sowie eine Normalisierung ihrer Familienbeziehungen. Felix war nach drei Monaten Besuch in der Gesamtschule unauffällig. Im Auswertungsgespräch berichteten die Eltern, dass sie wöchentlich tanzen gingen und benannten zahl-

reiche Alltagsbeobachtungen, die Veränderungen in vielen Bereichen verdeutlichten. Gleichzeitig bezeichneten sie die Hilfe als „hartes Stück Arbeit", die nicht konfliktfrei verlief und endlich zu Ende sei.

Statistik der Entwicklung der aufsuchenden Familientherapie von 1996–1999
Die aufsuchende Familientherapie wurde durch drei freie Träger der Jugendhilfe im Bezirk realisiert. Die Zahl der Familientherapien stieg von sechs im Jahr 1996 bis auf 51 im Jahr 1999. Auf dem Hintergrund einer insgesamt stetigen Zunahme von ambulanten Erziehungshilfen (die Zahl der stationären Erziehungshilfen blieb relativ konstant) betrug der Anteil der aufsuchenden Familientherapien an den ambulanten Hilfen im Jahr 1996 3,9 % und 1999 16,0 %. Der Zugang der Familien erfolgte am häufigsten über den Allgemeinen Sozialpädagogischen Dienst. Andere Dienste und Institutionen sind inzwischen zunehmend häufiger Initiator dieser Hilfeart. Bei ihnen ist sie jedoch nicht die Hilfe erster Wahl, sondern oftmals eine Empfehlung nach dem Scheitern individuumsorientierter Hilfeansätze.

KURZZEITORIENTIERTE HILFEANSÄTZE HABEN SICH BEI „MULTIPROBLEMFAMILIEN" BEWÄHRT

Die fundierte Evaluierung von Erziehungshilfen bleibt ein noch zu lösendes Problem in der Jugendhilfe. Die Auswertung der beendeten aufsuchenden Familientherapien erbrachte folgende Ergebnisse:

In 59 % der Hilfen konnte die Familie erhalten und die Familiensituation als wesentlich entspannter von den professionellen Helfern und der Familie selbst eingeschätzt werden, was jedoch nicht immer mit einem Verschwinden des anfänglich sichtbaren Symptoms verbunden war. Dies gaben 34 % der Familien an.

Die Vorannahme, dass bei den relativ kurzen Hilfezeiträumen viele Anschlusshilfen notwendig sind, hat sich nicht bestätigt. 1999 wurden im Bereich ambulanter Hilfen eine Kindertherapie, eine teilstationäre Hilfe und zwei sozialpädagogische Familienhilfen mit der Beendigung der aufsuchenden Familientherapie initiiert.

Die Stabilität familiärer Situationen ist in längeren Zeiträumen für den Allgemeinen Sozialpädagogischen Dienst oft nur daran erkennbar, dass man von der Familie oder einzelnen Familienmitgliedern nichts mehr „hört". Die Validität dieser Aussage lässt sich jedoch dadurch stützen, dass in wiederkehrenden Krisensituationen Familien auf das Hilfeangebot der aufsuchenden Familientherapeuten zurückgegriffen haben und dann in wenigen Gesprächen ihre Stabilität zurückgewannen.

Aufsuchende Familientherapie mit den bisherigen Bewilligungszeiträumen von sechs Monaten und der Möglichkeit, das bewilligte Stundenkontingent auf weitere drei Monate auszudehnen, hat sich aus der Sicht des Allgemeinen Sozialpädagogischen Dienstes bewährt.[25]

Wesentliche Grundsätze zu Beginn der aufsuchenden Familientherapie sind:

- Die Ankündigung der Dauer einer Hilfe stellt selbst eine Intervention dar (von Schlippe u. Schweitzer 1996).
- Bilder und Vorannahmen von Therapie spielen für deren Verlauf eine wesentliche Rolle.

Die Signale dieser Ankündigung markieren gerade für die Familien mit sehr komplexen, andauernden Problemen entscheidende Haltungen:

- Wir trauen ihnen eine Veränderung zu!
- Wir trauen ihnen damit zu, in absehbarer Zeit auch ohne Hilfe auszukommen.
- Die Verantwortung für ihr Leben bleibt bei ihnen. Wir akzeptieren ihre Autonomie.
- Wir trauen ihnen zu, dass sie mit Unterstützung in einem überschaubaren Zeitraum Lösungen für ihre Probleme finden!
- Wir gehen *nicht* davon aus, dass alle Probleme in sechs Monaten zu lösen sind, sondern dass ein für sie akzeptabler Weg gefunden werden kann, mit schwierigen Situationen selbst erfolgreicher umzugehen.

---

25 Inzwischen existiert im Rahmen der Kostensatzrahmenvereinbarung zwischen dem Land Berlin und der Liga der Wohlfahrtsverbände eine Leistungsbeschreibung zur Familientherapie gemäß § 27.3 KJHG, die einen Umfang der Hilfe von sechs Monaten bis zu einem Jahr ausweist mit gleichem Stundenkontingent.

- Wir wollen an der von den Familien definierten Problemen konzentriert und lösungsorientiert mit ihnen gemeinsam arbeiten.

Die gemeinsame Arbeit an Zukunftsfragen und Fragen nach Erfolg und auch danach, woran dieser für die Familie sowie den zuständigen Sozialarbeitern erkennbar wäre, sollten den Hilfeplanprozess von Anfang an begleiten.

STATISTIK DER DAUER DER AUFSUCHENDEN FAMILIENTHERAPIE

Der statistische Verlauf der 51 aufsuchenden Familientherapien im Jahr 1999 lässt folgende Zusammenfassung zu:

Bis zu drei Monate dauerten 24 % aller Hilfen, weitere 38 % bis zu sechs Monate und 34 % der aufsuchenden Familientherapien bis zu zwölf Monate. Nur 3 % der Hilfen erstreckten sich auf mehr als ein Jahr.

In fünf Familien wurde die Hilfe vorzeitig durch die Unterbringung eines Kindes bzw. Jugendlichen beendet. Von zwei Familien wurde die Weiterführung der Hilfe nach den ersten Gesprächen abgelehnt.

Das Jahr 1999 weist aus, dass die Gestaltung der aufsuchenden Familientherapie in Auswertung der Erfahrungen flexibler im Umgang mit den Zeiträumen geworden ist, was jedoch keine Steigerung des Umfangs der Hilfe bedeutete.

In der sensibleren Wahrnehmung von *Zeitpunkten* („Wann befindet sich eine Familie in einer solchen Situation, dass sie die Krise als Chance zur Veränderung nutzen kann und somit ein schneller Hilfeeinsatz unabdingbar ist?") und *Zeitspannen* („Welche Ziele sind seitens der am Hilfeprozess Beteiligten mit dem Hilfeeinsatz verbunden, welchen Zeitrahmen erfordert die Umsetzung?") liegt ein wesentliches Element effizienterer Hilfeplanung im Allgemeinen Sozialpädagogischen Dienst.

Häufiger als bei der Arbeit mit Familien, die Beratungsstellen aufsuchen, haben äußere Umstände wie z. B. Krankheiten, Gefängnisaufenthalte, Umzüge und Geburten Einfluss auf die Dauer der aufsuchenden Familientherapie.

Insgesamt lassen sich drei große Gruppen von Familien beschreiben:

1. **Familien mit einer starken Ambivalenz** in Bezug auf den Zusammenhalt der Familie und die damit verbundene Frage nach der stationären Unterbringung eines Kindes. Mehr als 30 %, das heißt ungefähr ein Drittel aller aufsuchenden Familientherapien, waren mit dieser so genannten Clearing-Frage verbunden. Im Ergebnis dieser Hilfen in einem zeitlichen Rahmen von in der Regel drei Monaten ergab sich, dass in knapp der Hälfte der Familien (45 %) ein Verbleib der Kinder und Jugendlichen erreicht werden konnte. Bei etwas mehr als der Hälfte wurde die Trennung als für alle Familienmitglieder zu diesem Zeitpunkt günstigste Lösungsmöglichkeit angesehen. Diese Arbeit an der Trennung von der Familie macht es den Kindern und Jugendlichen häufig erst möglich, ein stationäres Erziehungshilfeangebot anzunehmen. Diese Vorbereitung von stationären Erziehungshilfen kann in vielen – sicher nicht in allen – Fällen eine günstigere Entwicklung von Kindern oder Jugendlichen innerhalb der stationären Einrichtungen möglich machen. Damit würden nicht zuletzt auch Kosten in der Jugendhilfe gespart.

2. Bei **Familien in akuten Krisen**, häufig in der pubertären Entwicklungsphase ihrer Kinder, ist ein Zeitraum von sechs Monaten in aller Regel angemessen.

3. Für die Arbeit mit **Familien in so genannten chronischen Krisensituationen** ist häufig ein längerer Zeitraum erforderlich. Vorsichtigere und langsame Veränderungen sowie Geduld bei der Überwindung von sehr starken Ängsten vor diesen Veränderungen scheinen für viele dieser Familien charakteristisch zu sein. Das Verstehen ihrer Lebenssituation, der Vertrauensaufbau und die Selbstentdeckung (von Schlippe u. Schweitzer 1996; Welter-Enderlin u. Hildenbrand 1996) sind hier wesentliche Elemente der aufsuchenden Familientherapie.

Krisenzeiten (u. a. extrem eskalierende Konflikte, suizidale Handlungen) verlangen eine höhere Frequenz der Familiengespräche. Aber gerade auch bei den Familien mit chronischen Krisen sind Pausen zwischen den Gesprächen außerhalb von Krisenzeiten wesentlich, so dass eine Verteilung der Gespräche über einen Zeitraum von sechs bis zwölf Monaten hinaus oftmals sinnvoll erscheint.

Eine angemessene Verteilung der Gespräche ermöglicht den Familien, die aufsuchende Familientherapie in Anspruch nehmen:

- ihre Autonomie explizit hervorzuheben,
- Probephasen für neue Strukturen und Kommunikationsmuster zu gestalten,
- ihre Sicherheit in Problemlösungen zu erhöhen,
- das „Überleben" ohne ständige Unterstützung auszuprobieren,
- die Übernahme von Verantwortung zu fördern.

Abschluss der Therapie

„Eine Therapie ist dann abgeschlossen, wenn die Klienten die Zuversicht haben, auf einem Lösungspfad zu sein" (Walter u. Peller 1994, S. 298). In diese Aussage sollte unbedingt die Zuversicht der Sozialarbeiter im Allgemeinen Sozialpädagogischen Dienst eingeschlossen werden, insbesondere bei Problemen des Kinderschutzes in einzelnen Familien. Das heißt, es geht um mehr als nur um ein gelöstes Problem. Es geht um Hoffnung, Selbstvertrauen, Zukunft.

Es gibt kein problemfreies Dasein – Familie L.:

Familie L. ist eine zusammengesetzte Familie mit insgesamt fünf Kindern von drei verschiedenen Vätern, die in äußerst beengten Wohnverhältnissen lebt. Anlass des Kontaktes des Allgemeinen Sozialpädagogischen Dienstes mit der Familie war die Meldung der Schule über eine Misshandlung der 14-jährigen Susanne durch den Lebensgefährten von Frau L., Vater des gemeinsamen sechs Monate alten Säuglings.

Die Familie stimmte einer aufsuchenden Familientherapie zu, in deren Verlauf u. a. folgende Themen beraten wurden:

- *die Abgrenzung der Familie, insbesondere von Frau L., zur Großmutter mütterlicherseits*
- *Möglichkeiten der Beziehung und Zuwendung der Mutter zu Susanne*

– die Rolle von Frau L. als Familienoberhaupt, die Rolle des Lebenspartners und Stiefvaters

Im Ergebnis der Hilfe wurden das Abgrenzungsvermögen und die Kompetenz der Mutter gestärkt, die das Vertrauen ihrer Kinder wiedererlangen konnte. Susanne musste nicht mehr für ihre Mutter kämpfen. Die Beziehungen aller Familienmitglieder zueinander und die Familiensituation mit drei pubertierenden Kindern (!) hatten sich stabilisiert. Es trat erneut eine Krise in der lebhaften Familie auf, als eine Schwester Susanne den Freund „ausspannte". Trotzdem erfolgte die Beendigung der aufsuchenden Familientherapie nach acht Monaten im Konsens aller, da die Familie Wege zur Lösung ihrer Probleme gefunden hat.

Berg (1992) schreibt in ihrem Buch *Familien-Zusammenhalt(en)*, dass der Abschluss einer Therapie in Abhängigkeit von einer vereinbarten Zeitspanne oder vom Erreichen des vereinbarten Zieles erfolgen kann.

Bei dem Bezug zur *Zeitspanne* betont sie

- die Transparenz für die Klienten,
- die Veränderungsmotivation bei Klienten und Therapeuten,
- die Entscheidungshilfe durch die Begrenzung,
- die genaue Arbeit an umsetzbaren Zielen und
- die ständige Erfordernis von positiven Zwischenbilanzen.

Diese Aspekte treffen ebenfalls auf die Jugendamtssozialarbeiter im Allgemeinen Sozialpädagogischen Dienst und die Kooperation mit ihnen zu. Als Gefahr sieht Berg (1992) hierbei das mögliche Abwarten von Fristen und damit von Veränderungen erst kurz vor Ablauf des Zeitraumes.

Demgegenüber kann das *Erreichen von Zielen* die Antriebskraft für den Klienten sein. Es existiert ein Zeitraum, um die Solidität der erarbeiteten Lösungsmuster zu überprüfen, Rückschläge zu besprechen, die Zuversichtlichkeit der Familie und die Bereitschaft zur Beendigung zu erfragen, was für Klienten hilfreich ist.

Die Arbeit mit der Familie gelingt am förderlichsten, wenn die Schritte auf dem Weg zur Zielerreichung und die kleinen Unterschiede und Erfolge in der Lebenssituation der Familie nicht nur ihr, sondern ebenfalls dem Jugendamtssozialarbeiter verdeutlicht werden.

In das „Erfinden" von familialer Zukunft muss er mit einbezogen werden. Wenn es permanent gelingt, nicht nur der Familie, sondern auch dem Helfersystem (bei aller problembeladenen Kooperation) winzige Erfolge, der Familie oder einzelner Familienmitglieder so klein und unbedeutend sie auch sein mögen gegenüber den massiven Problemen, zu verdeutlichen, kann die Familie Hoffnung und Zuversicht gewinnen.

Der flexible Rahmen für die aufsuchende Familientherapie, der durch das Landesjugendamt in Berlin mit der Leistungsbeschreibung und der Kostenrahmenvereinbarung geschaffen wurde, bietet geeignete Gestaltungsmöglichkeiten zur Realisierung des Konzeptes der aufsuchenden Familientherapie in für die jeweiligen Familien angemessenen Formen.

Kompetenzen in der Zusammenarbeit mit Familien und Helfersystemen

Angelika Golz

> *Man muss die Welt nicht verstehen.*
> *Man muss sich darin zurechtfinden.*
> (Albert Einstein)

VORBEMERKUNG

Je mehr man sich gedanklich auf das Thema Zusammenarbeit einlässt, desto komplexere Ideen treten zutage. Beim Thema Kooperation brechen sich eine Vielzahl fachlicher und struktureller Fragen sowie Fragen von Berufsidentitäten und -hierarchien. Eine Reduktion der Komplexität ist notwendig, um sich der Kooperation in diesem Rahmen nähern zu können. Die Auseinandersetzung mit dieser Thematik verschärft die Wahrnehmung von Kooperationsprozessen im eigenen beruflichen Alltag und kann dazu beitragen, die Allgegenwärtigkeit des Themas zu erkennen und sich mitunter zwischen Missionieren und „Sprachlosigkeit" wiederzufinden. Das Reflektieren darüber ist sicherlich leichter, als Zusammenarbeit täglich zu praktizieren.[26]

---

26 Meine Perspektive, Prozesse der Zusammenarbeit mit Familien und Helfersystemen zu beobachten und mitzugestalten, ist die einer Koordinatorin für ambulante Erziehungshilfen nach dem Kinder- und Jugendhilfegesetz im Allgemeinen Sozialpädagogischen Dienst eines bezirklichen Jugendamtes. Zu meinen Aufgaben gehört es, an Fallberatungen von Mitarbeitern des Allgemeinen Sozialpädagogischen Dienstes über den Hilfebedarf von Familien und jungen Volljährigen und über mögliche Hilfeangebote teilzunehmen. Gemeinsam mit den Familien und jungen Volljährigen beraten wir über deren Anliegen, die Leistungsangebote des Jugendamtes und ihre Gestaltungsmöglichkeiten. Die Auswahl geeigneter freier Träger oder freier Mitarbeiter sowie die Schaffung inhaltlicher und materieller Rahmenbedingungen ihrer Tätigkeit gehört ebenso zu meiner Verantwortung wie deren Begleitung im Hilfeverlauf.

Die Ausgestaltung von ambulanten Hilfen zur Erziehung verlangt einen hohen Grad an Kooperation, und das Kinder- und Jugendhilfegesetz bietet dafür den notwendigen gesetzlichen Rahmen: Sein Dienstleistungsgedanke mit einer Beteiligtenorientierung stellt einen Paradigmenwechsel und die Notwendigkeit der grundsätzlich kooperativen Gestaltung aller Prozesse dar. Die konsequente Familienorientierung und die Strukturmaximen wie Ganzheitlichkeit, Lebensweltorientierung, Flexibilität und Vernetzung basieren auf einem systemischen Verständnis und machen die Zusammenarbeit zu einem unabdingbaren Bestandteil effektiver Hilfeprozesse.

KOOPERATION UND DEREN ALLGEMEINE RAHMENBEDINGUNGEN

Kooperation ist in aller Munde und in allen Forderungskatalogen professionellen Handelns enthalten (Conen 1990 b). Sie steht „hoch im Kurs" und leidet schnell unter Kursverfall. Die Erwartungen an Kooperation sind übermäßig groß, und ebenso groß sind oftmals die Enttäuschungen. Kooperation wird als wesentlicher Verschleißfaktor professionellen Engagements benannt und deren Scheitern vordergründig als individuelles Versagen erlebt, da insbesondere in der sozialen Arbeit die Kooperationsanforderungen besonders hoch und die Formen von Zusammenarbeit noch wenig institutionalisiert und eingeübt sind.

Kooperation oder Zusammenarbeit ist eine abgestimmte, auf ein Ergebnis gerichtete Tätigkeit von mindestens zwei Personen. Hilfreich und entlastend sind aus meiner Sicht die Überlegungen von Schweitzer (1998) zu den Bedingungen gelingender Kooperation. In der Sicht auf einen „engen" oder einen „weiten" Begriff der Kooperation entscheidet er sich mit Blick auf den Kooperationsalltag für eine Definition von professioneller Kooperation im weiteren Sinne als Handlung von mindestens zwei Parteien in einem Kontext professioneller Dienstleistung, die sich auf dasselbe (nicht unbedingt ähnlich definierte) Problem beziehen und ein Arbeitsergebnis erzielen wollen (über das keine Einigkeit bestehen muss). Die Handlungen können einen unterschiedlichen Grad an Koordination und eine unterschiedliche zeitliche Abfolge besitzen. Die Parteien können, müssen aber nicht voneinander Kenntnis nehmen (Schweitzer 1998, S. 26).

Dabei beinhaltet Zusammenarbeit nicht nur eine Übereinstimmung aller Beteiligten, sondern auch das Wissen (die Einigkeit) über die Unterschiedlichkeit. Kooperation muss sich für die Partner lohnen, muss Bedürfnisse von ihnen erfüllen und ist nicht etwas moralisch grundsätzlich Gutes. Sie kann ebenfalls z. B. der Durchsetzung von Macht- und Kontrollinteressen dienen und als „strategischer Kampfbegriff" fungieren. Damit ist sie nicht verordnungsbar und Missionieren ein untaugliches Mittel. Die Kooperation existiert nicht beurteilerunabhängig als „Ding an sich", sondern entsteht durch die Beschreibung und Bewertung von Interaktionsmustern der Handelnden. Sie muss Gewinn bringend für die Partner gestaltet werden. Kooperationsprozesse erfordern Zeit und Ressourcen.

Schweitzer fasst die Rahmenbedingungen von Kooperationsproblemen in der modernen Industrie- und Dienstleistungsgesellschaft aus der aktuellen sozialwissenschaftlichen Diskussion in vier Komplexen zusammen:

1. Wachstum – Spezialisierung – Hyperkomplexität
Zum einen haben sich spezialisierte Institutionen entwickelt, die unterschiedliche Interessen und Werte, Sprach- und Theoriengebilde besitzen, unterschiedliche Handlungsstrategien ausgebildet haben und in denen eine unterschiedliche Betroffenheit der Mitarbeiter vorhanden ist. Nach Schweitzer entstehen „normale" Risiken komplexer Dienstleistungssysteme, die realistische Vorannahmen für eine Zusammenarbeit erfordern. Zum anderen ist der Chancen- und Risikoreichtum in der Gesellschaft insgesamt gestiegen, woraus ein „wachsender Steuerungsbedarf" auch von Familien und Einzelnen entsteht. Durch Pluralisierung und Individualisierung der Lebensverhältnisse erleben viele Familien Kontrollverluste und ihre Bewältigungskompetenzen als nicht ausreichend. Besonders in den neuen Bundesländern ist dieser zunehmende Bedarf an Gestaltungshilfen von Lebenssituationen spürbar.

2. Defizit-Orientierung
Eine einseitige Orientierung auf Probleme und Defizite sichert, dass diese gefunden werden, und führt zur vorrangigen Wahrnehmung von Bedürftigkeiten und zur Chronifizierung von Problemlagen.

3. Interventionsdruck
Der Anspruch, für alle Probleme eine Lösung finden zu müssen, führt häufig zu Lösungen vom Typ „mehr desselben" und begrenzt stark

das Aushalten von Ungewissheit. In der Jugendhilfe ist allen das Suchen nach noch besseren Fachkräften oder einer noch geeigneteren stationären Unterbringung in schwierigen Situationen wohl bekannt.

4. *Auftragsvermischung von Hilfe und Kontrolle*
Mit der Propagierung einer Dienstleistungsphilosophie in den Jugendämtern und dem Versuch, ein anderes Image aufzubauen, wird der Zwiespalt von Hilfe und Kontrolle größer. Kontrollaufgaben werden schneller geleugnet, nicht positiv in das berufliche Selbstverständnis integriert und nicht offen thematisiert. Dies erschwert die Kooperation mit Anspruchsberechtigten und führt in belasteten Situationen zu Verwirrungen und Eskalationen. Klarheit und Metakommunikation sind hier erforderlich.

Systemische Sichtweise und Zusammenarbeit

Die systemische Theorie erweist sich als hilfreich für die Kooperation mit Familien und Helfersystemen. Eine systemische Arbeitsweise ermöglicht, eine förderliche Haltung gegenüber Kooperationspartnern einzunehmen, die geprägt ist durch Neutralität (gegenüber den Personen, den Ideen und gegenüber den Problemen (Cecchin, Lane u. Wendel 1993)), Neugier und Respekt sowie eine Ressourcenorientierung. Gleichzeitig bietet die systemische Theorie „Handwerkszeug" für die Gestaltung der Beziehungen zu anderen (von Schlippe u. Schweitzer 1996):

- Systemische Fragen
- Diskurssettings
- Selbstreflexionsmethoden

Fragen nach Wirklichkeits- und Möglichkeitskonstruktionen stellen zum Beispiel einen Fundus dar, Informationen von den Kooperationspartnern zu gewinnen und gleichzeitig neue Informationen zu erzeugen.

Was heisst das für die Zusammenarbeit mit Familien?

Die Ausgangsfragen in der Begegnung mit Familien sind, ob ich sie als Bedürftige wahrnehme, wo meine Expertenmeinung gefragt ist und wo ich das für richtig Befundene in Verwaltungshandeln umsetze. Oder interessiere ich mich für den „Bedarf im Einzelfall"? In diesem Fall bin ich nicht Wissender, sondern Fragender und Zuhörer mit respektvoller Neugier und nehme die Familien in ihrer Lebenssituation, ihrer Problemdefinition und ihrem Anliegen in Bezug auf Hilfe *oder* Nicht-Hilfe ernst. Grundlage dieser Haltung ist meine Überzeugung, dass Familien in der Regel alle (Lösungs-)Möglichkeiten besitzen, ihre Lebenssituation zu verbessern, und sie Gründe haben, warum sie sich so verhalten, wie sie sich verhalten. Ihr Verhalten macht in ihrem Kontext einen Sinn und kann als Versuch der Lösung eines Problems verstanden werden. Um diesen Sinn zu verstehen, muss ich mich auf eine Beziehung zu den Familien einlassen.

Durch Spuren von Misshandlungen fiel ein neunjähriger Junge in der Schule auf, der bei seinem allein erziehenden Vater lebt. Der Druck der Schule führte sie ins Jugendamt. Der Vater war kein Kunde. Durch Fragen zum Problemkontext verstanden wir die Lebenssituation der beiden und konnten die Schläge des Vaters als hilflosen Versuch einordnen, seiner Rolle als Vater gerecht zu werden und seinem Sohn Grenzen zu setzen. Der Einbezug der nicht sorgeberechtigten Mutter in solchen eskalierenden Situationen warf Fragen der grundlegenden Beziehungsgestaltung der Eltern auf. Funktionierendes und Ausnahmen konnten hervorgehoben werden, und schließlich konnte auch ein Hilfeanliegen durch den Vater formuliert werden. Dabei wurde durch das Jugendamt als Institution der sozialen Kontrolle deutlich ein erwünschtes Verhalten benannt: keine weiteren Misshandlungen.

Das Bemühen, gute Eltern bzw. ein guter Vater sein zu wollen, setze ich dabei voraus. Eine Parteinahme für Kinder gegen ihre Eltern wird von den Kindern als sehr problematisch erlebt und ist in jeder Hinsicht wenig hilfreich. Gleichzeitig muss die Konfrontation mit der Unerwünschtheit des Verhaltens erfolgen, jedoch grundlegend von Wohlwollen getragen sein (Conen 1996a, 1997a). Meine Erfahrung ist, dass dies von den Familien geachtet und anerkannt wird.

Ausgangspunkt jeder Zusammenarbeit mit Familien ist die Klärung der „Auftragslage" und der Grundsatz: „Klären vor Helfen!"

Nutzbar sind hier die bekannten Fragen zur Kontext- und Auftragsklärung (von Schlippe u. Schweitzer 1996):

- Wer will was?
- Von wem?
- Wann?
- Wie lange?
- Wozu?
- Mit wem?
- Was sind die Erwartungen anderer an die Hilfe?
- Wie wäre die Situation, wenn die Hilfe erfolgreich wäre?

Eine Mutter kam ins Jugendamt mit einem Wunsch nach (Betreuungs-)Hilfe für ihren sich hyperaktiv verhaltenden 13-jährigen Sohn. Ein Psychiater hatte ihr in schriftlicher Form bescheinigt, dass ihr Sohn aufgrund seiner Behinderung eine männliche, sein Verhalten von außen regulierende Person zur Unterstützung unbedingt benötige. Beim respektvollen Hinterfragen ihres Anliegens entstand das Bild einer Mutter, die durch einen Diebstahl mit nachfolgendem Abholen ihrer beiden Söhne von der Polizei zutiefst verunsichert war, der es schwer fiel, pubertäre Auffälligkeiten ihres älteren Sohnes einzuordnen und sich entsprechend zu verhalten. Außerdem gab es einige Probleme in der Beziehung zu ihrem neuen Partner. Am Ende unseres ersten Kontaktes hat die Mutter ein familienorientiertes Hilfeanliegen formulieren können und sich bereit erklärt, ein weiteres Gespräch mit den an der Lösung der Probleme Beteiligten zu organisieren.

Gerade in den Fällen, in denen das „Eintrittsticket" für die Hilfe scheinbar „auf der Hand" liegt, wie in Familien mit behinderten Kindern, ist dieses sorgfältige Hinterfragen lohnenswert für Hilfeansätze, die veränderungsorientiert gestaltet werden sollen. Ausgangspunkt aller Aushandlungsprozesse sind die Problemdefinition der Familie und die Auftragsaushandlung mit ihnen. Handeln ohne Auftrag oder mit einem vermeintlichen Auftrag kann so vermieden werden. Gleichberechtigtes Kooperieren (de Shazer 1992) ist das Medium für das Schaffen von Rahmenbedingungen für Hilfe.

Respekt vor den Leistungsberechtigten und ihrer Lebenssituation ist dabei eine zentrale Leitidee. Aus der Autonomie von Familiensystemen ergibt sich, dass die Rolle der professionellen Helfer nur darin gesehen werden kann, den Familien zu helfen, ihre Sichtweisen und Handlungsmöglichkeiten zu erweitern. Das heißt, für sie muss ein Rahmen für Verantwortungsübernahme geschaffen werden, der ihnen Handlungs- und Entscheidungsmöglichkeiten eröffnet. Dies trifft insbesondere zu bei der Besprechung von möglichen Erziehungshilfen, bei der Mitsprache bezüglich der Teilnehmer an den Gesprächen, bei der Ausgestaltung von Hilfen, bei Terminabsprachen u. Ä. Eine verantwortliche Sprachnutzung, in der sie als Subjektive konkreter Handlungen fungieren, ist hilfreich.

Die Familien müssen beim Finden eigener Zielvorstellungen unterstützt werden, so dass sie Visionen von einem Lösungszustand entwickeln. Gleichzeitig dürfen diese Ziele Entwicklungsmöglichkeiten nicht kastrieren (von Foerster 1985) und müssen der Offenheit von Veränderungsprozessen in Familien Rechnung tragen. Zielfindung ist dabei als dynamischer fortlaufender Prozess anzusehen. Systemtheoretiker wie Maturana und Varela (1987) sowie von Foerster (1985) liefern die theoretischen Prämissen, die vor illusionären Planungen und damit vor Hilflosigkeit und Ohnmacht in der sozialen Arbeit schützen.

Die Umsetzung einer Kundenorientierung ist in der Jugendhilfe aus vielen Gründen schwierig. Es besteht die Sorge, dass die lineare Anwendung des Kundenbegriffes Anspruchsberechtigen einen Zugang zu Rechtsansprüchen erschweren oder verbauen könnte. Die Kundenautonomie fehlt oftmals, und die Information über Rechtsansprüche ist unzureichend. Häufig stehen die Mitarbeiter des Allgemeinen Sozialpädagogischen Dienstes vor der Situation, den Kontext so beeinflussen zu müssen, dass aus Geschickten Kunden werden. Das Bedürfnis nach und die Hoffnung auf Veränderung muss erst geweckt werden (Cirillio/di Blasio 1992), da Aufträge der Klienten selten klar formuliert, sondern weit gehend inszeniert werden (Conen 1999c). Das Beharren in Nichtverantwortung und das Nichtlösen als Bewältigungsstrategie führen häufig zu elternersetzenden Hilfen. Die Sichtweise von „Unfreiwilligkeit als Lösungsstrategie" nach Conen (1999c) kann hier einen hilfreichen Zugang zu den Familien eröffnen.

Letztendlich fehlen uns Aussagen über Kundennutzen in der Jugendhilfe. Die Forderung nach Auswertung und Evaluierung von Hilfen zur Erziehung muss konsequenter umgesetzt und Familien dabei einbezogen werden.

In Vorbereitungs- und Auswertungsgesprächen von Hilfen befragte Familien erstellen folgende Rangfolge von Anforderungen an die mit ihnen zusammenarbeitenden Fachkräfte. Diese sollten besitzen:

- Verständnis für ihre Lebenssituation
- Respekt vor ihrer Autonomie, d. h. für sie: keine Vorschriften, kein Meckern, kein Nörgeln, kein Hinweisen auf Nichtfunktionierendes, weil sie das wüssten
- Ehrlichkeit und Klarheit
- Vertraulichkeit
- Lockerheit und Humor sowie
- „Ahnung" von Behördenangelegenheiten, von Entwicklungsbesonderheiten bei Kindern und Jugendlichen sowie von Beziehungsfragen

Die Arbeit mit einem Co-Therapeutenteam ist aus meiner Erfahrung für Familien nicht be-, sondern eher entlastend.

DIE ZUSAMMENARBEIT MIT HELFERSYSTEMEN

Die Kooperation von Fachkräften innerhalb und außerhalb des Allgemeinen Sozialpädagogischen Dienstes gestaltet sich häufig äußerst konfliktreich. Bei der Einführung von Fachteams im Allgemeinen Sozialpädagogischen Dienst als Gremium zur Beratung von Vorgehensweisen und möglichen Hilfeangeboten für Leistungsberechtigte im Einzelfall war es zum Beispiel anfangs kompliziert, einen Rahmen für die Mitarbeiter zu schaffen, in dem sie die Teamsicht *nicht* als Entmachtung und als Kränkung, alleine nicht *die* Lösung gefunden zu haben, erlebten. Der mangelnde Glaube an Veränderungen und an die Veränderungspotenziale der Familien erschwerte oft die Übernahme verschiedener Perspektiven. Des Weiteren gestaltete der gleichzeitig erlebte Handlungsdruck den Umgang mit Krisensituationen problematisch. Leider gehört Supervision noch nicht zum selbstverständlichen Alltag von Mitarbeitern des Jugendamtes – dies im Gegensatz zu den Fachkräften in den ambulanten Erziehungshilfen.

Was hat sich nach meinen Erfahrungen in den Aushandlungsprozessen über Problemdefinitionen, Lösungsvorschläge und Kontraktbildung auf Helferkonferenzen und in Fachteams als nützlich erwiesen?

Wesentlich ist, zu Beginn die Erwartungen der Teilnehmer an das Gespräch zu erfragen bzw. die konkrete Fragestellung genau zu benennen. In einem Fachteam- oder Hilfeplanprotokoll werden die

Ausgangsfrage und entsprechende Ideen und Festlegungen festgeschrieben. Systemische Fragen („Wer will was von wem?", „Wer definiert wie das Problem?", „Was wäre, wenn ...") sind in diesen Gesprächen unentbehrliche Hilfsmittel. Produktiv ist eine Haltung, dass es *die* Wahrheit bzw. *die* Lösung nicht gibt, da Beobachtetes immer vom Beobachter abhängig ist. Damit kann ein Kampf um Definitionen, um richtige oder falsche Sichtweisen („Besitzt der Jugendliche eine frühe Störung seiner Persönlichkeit aus psychiatrischer Sicht oder ist sein gegenwärtiges Verhalten funktional in den Familienkontext einzuordnen?") entfallen und das Einbringen anderer Perspektiven als Chance, die Relativität der eigenen Sichtweise wahrzunehmen, erlebt werden. Unterschiede in den Vorstellungen der Teilnehmer werden respektiert und als Ressource begriffen. Bei einer von gegenseitigem Respekt getragenen Kooperation können die Beiträge Einzelner mit der Frage verbunden werden, welchen Nutzen man aus ihren Ideen für die Lösung des Problems ziehen könnte. Verschiedene Lösungsversuche mit ihren Folgen und Nebenwirkungen sind hypothetisch diskutierbar. Hierbei erweist sich eine konsequente Kundenorientierung als hilfreich. Familien weisen eine Kundigkeit in Bezug auf Lösungsversuche und hilfreiche Respektlosigkeit gegenüber Ideen von professionellen Helfern auf, die den Austausch bereichern und in schwierigen Situationen auch entlasten können.

Erschwerend für die Zusammenarbeit ist es, wenn verschiedene Berufsgruppen an der Lösungsfindung beteiligt sind. Neben der Hierarchie von Berufsgruppen sowie der Stellung einzelner Mitarbeiter innerhalb der Institutionen behindern häufig feste Vorurteile, verbunden mit Unkenntnis des konkreten Arbeitskontextes, den Verlauf der Gespräche. Im Zusammenwirken von Schule und Jugendhilfe zum Beispiel können bereits wenige Signale zur Eskalation von Situationen führen, wenn es nicht gelingt, die Verantwortungen und Rollen klar abzugrenzen, Bemühungen zur Problemlösung wertschätzend anzuerkennen und Überlegungen zur gegenseitigen Unterstützung zu entwickeln.

Von Schlippe und Schweitzer (1996) weisen darauf hin, dass Interdisziplinarität die Gleichberechtigung von Perspektiven erfordert, ohne dass die Hierarchie geleugnet wird. Dabei eröffnet sich ein neues Spannungsfeld: der Selbstwert jedes Mitarbeiters innerhalb von Institutionen. Nur mit der Sicht auf eigene Kompetenzen und eine Klarheit der eigenen Rolle können Mitarbeiter diese Positionen einnehmen. Die Wertschätzung der Mitarbeiter, die sich in die Arbeit im Allgemeinen Sozialpädagogischen Dienst mit ihrer ganzen Person einbringen, stellt dabei eine wesentliche Grundlage dar (Conen 1997a).

Engagierte Arbeit wird häufig unzureichend anerkannt, und Bewertungskriterien für „richtiges" Verhalten bleiben im Unklaren. Dies würde jedoch eine wesentliche Voraussetzung dafür darstellen, dass federführende Aufgaben in einer offensiven Haltung wahrgenommen werden und die Sicherheit in der Zusammenarbeit mit anderen Berufsgruppen sich vergrößern kann.

Eine weitere Reserve in der Entwicklung von Kooperationsbeziehungen ist deren fallunabhängige, kontinuierliche Pflege und damit institutionelle Verankerung. So kann Kooperation mit dem Vorhandenen beginnen und tragfähige Formen auch für den Einzelfall entwickeln helfen. Wir haben solche Gesprächsrunden mit Fachdiensten und Fachkliniken begonnen. In der Regel ist es so, dass sich Kooperation beschränkt auf „Notfallkooperation" und damit immer stark problemzentriert sowie emotional sehr belastet ist und unter mächtigem Handlungsdruck realisiert wird. Überhöhte Erwartungen, regelmäßige Enttäuschungen und das Erleben, es lohne sich nicht, sind die Folge. Eine Kooperation mit anderen Diensten und Institutionen außerhalb von Druckzeiten könnte eine Basis darstellen für Konfliktsituationen, in denen gemeinsam nach Lösungen gesucht und nicht als Erstes die Veränderung bzw. Vergrößerung des Helfersystems angestrebt wird, um damit häufig „mehr derselben" Lösungen zu produzieren.

Perspektiven

Was sind aus meiner Perspektive Voraussetzungen dafür, dass die Zusammenarbeit zwischen den für die Familie zuständigen Mitarbeitern des Allgemeinen Sozialpädagogischen Dienstes und den aufsuchenden Familientherapeuten „funktioniert"?

Die Qualität der Kooperation zwischen diesen Fachkräften ist oftmals entscheidend für eine erfolgreiche Hilfe.

Grundlage einer Zusammenarbeit ist, dass seitens der aufsuchenden Familientherapeuten mit den Ideen der Mitarbeiter des Allgemeinen Sozialpädagogischen Dienstes respektvoll umgegangen und ihre Arbeit anerkannt wird sowie gemeinsam eine Sicht entwickelt werden kann, dass die Bemühungen um die Familie – *auf eine andere Art* – eine Fortsetzung erfahren. Gerade wenn seitens des Allgemeinen Sozialpädagogischen Dienstes mit Familien schon über einen längeren Zeitraum zusammengearbeitet wurde, kann dies die mögliche Kränkung mindern und Jugendamtsmitarbeiter stärker zur Kooperation einladen.

Die Erwartungen der Mitarbeiter des Allgemeinen Sozialpädagogischen Dienstes sind so detailliert wie möglich zu klären und zu prüfen, ob sie in einem offenen oder verdeckten Widerspruch zu den Aufträgen der Familie stehen können. Es ist zu besprechen, wie mit diesen möglichen Unterschieden umgegangen werden soll, um die Zusammenarbeit im weiteren Hilfeverlauf zu erleichtern. Die verschiedenen Rollen, insbesondere bei Hilfen in einem „Zwangskontext", müssen detailliert besprochen werden. Ebenso sind Absprachen über die erwartete Zusammenarbeit und die Form des Informationsaustausches unter Berücksichtigung des Datenschutzes gegenüber der Familie zu treffen. An der Zuverlässigkeit diesen Festlegungen gegenüber wird oftmals das Engagement der Fachkräfte abgelesen.

Einigkeit sollte darüber erzielt werden, dass die Hilfeplanung im Allgemeinen Sozialpädagogischen Dienst auf einer anderen Ebene erfolgt als die Feinplanung des Hilfeangebotes durch die Fachkräfte der aufsuchenden Familientherapie. Hier ist ein hohes Maß an Transparenz des Vorgehens notwendig, um einerseits der verbreiteten Skepsis gegenüber beraterischen/therapeutischen Angeboten („Hilft nur reden mit unseren Klienten?") zu begegnen. Andererseits ermöglicht erst das Verdeutlichen von Teilschritten in der Arbeit mit Familien den Mitarbeitern im Allgemeinen Sozialpädagogischen Dienst, kleine Veränderungen als Erfolg in Hilfeprozessen wahrzunehmen.

Aus der Sicht des Allgemeinen Sozialpädagogischen Dienstes ist eine Ausgewogenheit von Wissen und Nichtwissen der aufsuchenden Familientherapeuten notwendig. Ein zu großes Maß an Ungewissheit (meint schnell: Unsicherheit) insbesondere in Krisensituationen verunsichert möglicherweise die Mitarbeiter des Allgemeinen Sozialpädagogischen Dienstes und erschwert damit die Kooperation. Hier wünschte ich mir eine größere Klarheit und Sensibilität der aufsuchenden Familientherapeuten.

Als Problem erlebe ich, dass die Entwicklung von Perspektiven, von „Zukunft" allein mit der Familie nicht ausreicht. Die Gefahr ist groß, dass bei dieser Fortbewegung die Sozialarbeiter im Allgemeinen Sozialpädagogischen Dienst im wahrsten Sinne „auf der Strecke bleiben", was nicht nur für die Zusammenarbeit sehr hinderlich werden kann. Hier scheinen ein häufiger Austausch und eine kontinuierliche Information nützlich zu sein. Andererseits ist es auf keinen Fall für erfolgreiche Hilfeverläufe ausreichend, wenn sich Fachkräfte in ihren systemischen Arbeitsweisen sowie mit ihren Hilfeangeboten stets weiter qualifizieren, aber Sozialarbeiter im Allgemeinen Sozialpädagogischen Dienst sich in für sie unbefriedigenden Arbeitssituationen ohne Fortbildung und Supervision befinden.

Co-Therapie in der aufsuchenden Familientherapie

Hartmut Voglau

EINFÜHRUNG

Ziel dieses Beitrags ist es, einen Einblick in die methodisch-pragmatischen Aspekte sowie dynamischen Implikationen der co-therapeutischen Arbeitsweise zu geben.

Die Zielgruppe unserer Arbeit sind Familien, die eine Vielzahl miteinander verschränkter Problemstellungen psychosozialer und sozio-ökonomischer Art aufweisen, in der Regel schon seit mehreren Jahren den Sozialarbeitern des Allgemeinen Sozialpädagogischen Dienstes (ASPD) bekannt sind und bereits eine Reihe von Hilfeangeboten erhielten (Goldbrunner 1989; Voglau 1995). Aus unterschiedlichen Gründen sind diese Familien nicht in der Lage, bestehende Hilfe- und Beratungsangebote eigenständig wahrzunehmen, weshalb eine aufsuchende Hilfeform indiziert ist, die flexibler auf die Setting-Bedürfnisse der Familie reagieren kann und auch das relevante Umfeld direkt mit einbezieht.

Das Problemspektrum dieser Familien reicht von schwerwiegenden Erziehungs- und Schulproblemen über Vernachlässigung, Misshandlung, delinquentes oder gewalttätiges Verhalten bis zu sexuellem Missbrauch der betroffenen Kinder mit bereits erfolgter oder angedachter Fremdplatzierung. Die Erziehungspersonen, häufig Stiefeltern, bringen meist eine hohe eigenbiografische Belastung aus ihrer Herkunftsfamilie mit, die sich in den bereits angesprochenen Problemlagen äußert, zusätzlich aber auch in Alkohol- und Drogenmissbrauch, Suizidalität, psychotischem Verhalten und sozialer Randständigkeit (Sozialhilfeempfänger, Überschuldung). Das Elternpaar befindet sich darüber hinaus oft in einer langjährigen Eskalationsdynamik mit wiederholten Trennungen, oder es handelt sich um Ein-Eltern- bzw. Stiefeltern-Familien.

Die bestehende oder drohende **Gefährdung des Kindeswohls** bildet einerseits den rechtlichen Rahmen unserer Arbeit (§ 27, 3 KJHG), andererseits ermöglicht sie die Schaffung eines **Zwangskontextes** (Conen 1996a). Einen von Seiten des Jugendamtes im Hilfeplan klar formulierten Veränderungsauftrag vorausgesetzt, hat es sich als hilfreich erwiesen, diesen Druck zu utilisieren und gleichzeitig die Hoffnung der Familie auf eine Veränderung in ihrem Sinne zu stärken (Conen 1996b).

Aufsuchende Familientherapie in diesem Kontext versteht sich daher als lösungs- und zielorientiert mit Blick auf die veränderungsrelevanten Ressourcen der Familie, wobei es hier darauf ankommt, sich auf das „Machbare" zu konzentrieren (= konkrete Ziele) und eine genügend hohe Intensität herzustellen. Dabei spielt neben einer zeitlichen Befristung der gesamten Therapie das co-therapeutische Setting eine herausragende Rolle.

METHODISCHE ASPEKTE

Der **Konversationscharakter** therapeutischer Gespräche (Anderson u. Goolishian 1990, 1992; Deissler 1994, 1997) ermöglicht es, die unter Umständen problemstabilisierende Erzähltradition einer Familie aufzuweichen („Dekonstruieren"). In einem gemeinsamen Dialog können neue Geschichten er-funden werden, die eine veränderte Sicht und Bedeutungsgebung herstellen und die bisherigen Familiengeschichten entweder ergänzen oder ersetzen. Dadurch erhöhen sich in einer co-therapeutischen Arbeit die Anzahl und Auswahl möglicher alternativer Geschichten und (Lebens-)Entwürfe sowie Rollen(vor-)bilder schlicht um das Doppelte im Vergleich zum einzeltherapeutischen Setting. Auch hinsichtlich möglicher blinder Flecken und persönlicher Handicaps, die ansonsten bestenfalls in der Supervision zum Gegenstand werden, bietet die co-therapeutische Arbeit ebenfalls mehr Möglichkeiten, rascher, d. h. schon während des Klientenkontaktes, aus den daraus entstehenden Dilemmata herauszufinden.

Neben den üblichen, auch im einzeltherapeutischen Setting gebräuchlichen systemischer Interventionen und Methoden haben wir als Co-Therapeutenteam die Möglichkeit, zwei gleiche oder verschiedene Meinungen, Ideen, Interpretationen usw. in der Arbeit zu nutzen. Dabei spielt vor allem das **Reflecting Team** eine herausragende Rolle.

„Das reflektierende Team (…) geht von der Überlegung aus, dass Veränderung optimal da entstehen kann, wo es ‚einen Freiraum für den Gedankenaustausch zwischen zwei oder mehreren Menschen gibt und wo die individuelle Integrität beider oder aller gesichert ist' (Andersen 1990, S. 45). Verstehen hat in diesem Sinne nicht das Ziel herauszufinden, wie die Dinge ‚wirklich' sind. Vielmehr wird Verstehen eher im Sinne eines aktiven ‚Spiels mit Bedeutungen' beschrieben" (von Schlippe u. Schweitzer 1996, S. 199; Auslassung H. V.). Unsere Erfahrung zeigt allerdings, dass es recht schwierig sein kann, diese Grundhaltung während der gesamten Therapie „durchzuhalten". Dies ist insbesondere dann erforderlich, wenn von Seiten der Familie oder von Teilen des Helfersystems rigide an vordefinierten Problembeschreibungen und entsprechenden Lösungsvorstellungen festgehalten wird, wie dies in Zwangskontexten häufig der Fall ist. Hier spielt daher die enge Kooperation mit dem Jugendamt und das wechselseitige Aushandeln bzw. Ausdeuten eine große Rolle. Besonders produktiv erweist sich das Reflecting Team in Therapiesituationen, in denen es um die Bearbeitung chronischer Beziehungskonflikte geht, die notabene auch die Beziehung der Familie zum äußeren Helfersystem betreffen.

Beispielsweise sah es in einer unserer Klientenfamilien zunächst so aus, als ob die adäquate Versorgung der Kinder und die Erziehungsfähigkeit der Mutter ganz oder teilweise nicht mehr gegeben waren. Dieses Bild war v. a. durch wiederholte amtsanhängige Beschwerden des in der Familie lebenden Stiefvaters der Kinder entstanden. Im Laufe unserer Gespräche wurde deutlich, dass diese Beschwerden eine Austragungsebene des schon lange schwelenden Paarkonfliktes darstellten. In der Folge arbeiteten wir an dieser Konfliktaustragungsebene und nutzten im Reflecting Team die Diskussion der verschiedenen Erziehungsvorstellungen und Beziehungserwartungen. Voraussetzung für ein therapeutisches Vorgehen in diesen Beziehungskonflikten war jedoch eine Vereinbarung zwischen den Familientherapeuten, dem Stiefvater und der zuständigen Jugendamtssozialarbeiterin: Der Stiefvater war bereit, seine Beschwerden nicht mehr zum Jugendamt zu tragen, sondern sie in unseren Therapiegesprächen zu artikulieren; die Jugendamtssozialarbeiterin erklärte sich bereit, nur nach Rücksprache mit uns zu intervenieren. Diese Kooperation erwies sich als außerordentlich wichtig, da der Stiefvater während kritischer Therapiephasen „rückfällig"[27] zu werden drohte.

In unserem Setting wenden wir in der Regel eine bestimmte Form des Reflecting Teams an, den **Metadialog** (u. a. Deissler 1997), bei dem beide Therapeuten sowohl das direkte Gespräch mit der Familie führen als auch zwischendurch oder am Ende des Gesprächs sich über ihre Meinungen, Gedanken, Ideen etc. im Beisein der Familie austauschen. Im Extremfall vertreten die Therapeuten dabei sogar sich scheinbar widersprechende oder miteinander konkurrierende Ideen (**Splitting**). Im Dialog vor der Familie können die beiden Therapeuten hier die (häufig unausgesprochenen, aber nichtsdestotrotz vorhandenen) Ambivalenzen der Familie aufgreifen und einen kleinen „Disput" über den angeblichen Wahrheitsgehalt oder die Vor- und Nachteile einer bestimmten Idee bzw. eines Verhaltens führen. Es bestehen keine festen Zeitvorgaben, d. h., wir unterbrechen die Gespräche nicht nach einem festgelegten Zeitraster, sondern an inhaltlich bedeutsamen Stellen oder wenn wir mit Störungen zu tun haben, manchmal auch, wenn wir nicht weiter wissen. Der Metadialog bietet aber darüber hinaus natürlich noch viele andere Möglichkeiten, eben „meta" zu kommunizieren, z. B. über eine diffuse Auftragslage, über aufgetretene oder erwartete Beziehungsstörungen oder die voraussichtliche Effektivität einer Verschreibung oder anderer Interventionen.

Ein interessanter Nebeneffekt ergibt sich aus dieser Arbeitsweise auch für die Familientherapeuten selbst: Beim Reflektieren vor der Familie sind wir in ganz anderer Weise genötigt, sorgsam mit unserer Sprache umzugehen und Formulierungen zu vermeiden, die einen „beschuldigenden Fachdiskurs" implizieren (Hoffmann 1996). Wir streben an, uns nicht als scheinbar objektiv urteilende Experten zu konstituieren, und versuchen, eine der Familie und der Situation angemessene Sprachform zu finden. Dies führt unserer Erfahrung nach u. a. dazu, dass wir den Familien auch über die Therapiesituation hinaus mehr **Respekt** entgegenbringen, bis hin zur Außendarstellung der familiären Situation in Supervision und Therapieberichten.

27 Die Verwendung dieses Begriffs erfolgt nicht ganz zufällig, da sich während unserer Arbeit zwischenzeitlich auch eine Verschiebung des IP-Status der Mutter zum Stiefvater hin ergab.

Wie von Schlippe und Schweitzer (1996) kritisch anmerken, könnte dieses gegebenenfalls gering strukturierte Angebot die Familien mit zu viel Komplexität, eben mit zu vielen Ideen und durch zu viel Irritation, überfordern. Das Reflecting Team in dieser Form könnte sogar kontraproduktiv wirken, wenn die Familien die therapeutischen Vorschläge als Bewertungen ansehen und dann mit Abgrenzung reagieren. Der entscheidende Punkt bei der Erhöhung der Ambivalenz bzw. der systembedeutsamen Ideen ist hier meines Erachtens die „**Angemessenheit der Varianzerhöhung**" (Deissler 1997), die immer nur im Einzelfall entschieden bzw. mit dem nötigen Feingefühl und Respekt „ausgetestet" werden kann („Versuchsballon-Strategie").

Nach unseren Erfahrungen reagieren die Familien meist nur kurzfristig irritiert und greifen die neuen Ideen in nachfolgenden Gesprächen wieder auf. Es muss von uns sozusagen eine gewisse „system interne Verarbeitungszeit" berücksichtigt werden. Wichtig dabei ist, dass wir nicht versuchen, die Familien von unserer Sichtweise zu überzeugen, mit ihnen darüber womöglich in einen Streit zu gehen, sondern auch bereit sind, unsere Hypothesen und Ideen zur Disposition zu stellen („Papierkorb-Strategie"). Wie oben schon angemerkt, spielen die konkreten Therapieziele und externen Veränderungsvorgaben eine große Rolle beim Therapiekontrakt. Von daher ereignen sich die therapeutische Konversation und die Generierung alternativer Beschreibungen nicht im Bereich der Beliebigkeit. Hinzu kommt, dass wir auch in der Lage sind, in einzelnen Punkten (z. B. konkrete Versorgung der Kinder, „Basics") direktiv vorzugehen und die familiären Ressourcen im wahrsten Sinn des Wortes zu fordern.

Eine mehr methodisch-praxeologische Einschränkung im Metadialog stellt sich unter Umständen bei der Form des Splittings, wie wir es praktizieren, ein: Wenn sich beide Familientherapeuten nicht „einig über ihre Uneinigkeit" sind, d. h., wenn tiefer gehende Meinungsverschiedenheiten vor allem in Bezug auf das weitere therapeutische Vorgehen in den Metadialog interferieren. Es besteht hierbei die Gefahr, dass die Familie die beiden Familientherapeuten gegeneinander ausspielt, indem sie einmal mit dem einen und dann mit dem anderen sympathisiert bzw. koaliert.

Hier zeigt sich, dass für eine Co-Therapie die ständige Reflexion des gemeinsamen Vorgehens in der Supervision, aber auch darüber hinaus in der aktuellen Besprechung der jeweiligen Therapiegespräche, von entscheidender Bedeutung ist. Es hat sich als hilfreich erwiesen, dass sich die Familientherapeuten vor dem jeweils nächsten Familienkontakt über ihr derzeitiges Problemverständnis, das bisherige Therapiegeschehen und ihre Vorüberlegungen austauschen. Diese „Extrazeit" muss von den Familientherapeuten einkalkuliert werden und kann bei neu zusammengestellten, in der Co-Arbeit ungeübten Teams beträchtlich sein. In diesen Vorgesprächen geht es nicht darum, sich gegenseitig auf „eine Linie einzuschwören", sondern vorhandene unterschiedliche Einschätzungen der Familientherapeuten gemeinsam zu diskutieren und gegebenenfalls im direkten Klientenkontakt für ein Splitting zu nutzen. Das koordinierte Vorgehen beider Familientherapeuten ist auch dann von besonderer Bedeutung, wenn es darum geht, eine gemeinsame Schlussintervention vorzubereiten, d. h. der Familie eine von beiden Familientherapeuten getragene Einschätzung oder Hausaufgabe mitzuteilen, wodurch diese Interventionen ein noch größeres Gewicht erhalten und damit nachhaltige Auswirkungen haben.

Kollegiale Intervention und auch Supervision haben bei einer co-therapeutisch durchgeführten Familientherapie einen besonderen Stellenwert, da eben nicht jeder Therapeut nach erfolgter Supervision seine Schlussfolgerungen alleine ziehen und entsprechend umsetzen kann, sondern die Ergebnisse der Supervision mit dem jeweiligen Kollegen nachdiskutiert werden müssen, soweit das nicht schon im Rahmen der Supervision geschehen ist. Die **Supervision** hat von daher bei einer co-therapeutischen Arbeit mehrere Ebenen zu berücksichtigen:

a) die Entwicklung und Veränderung des familiären Systems als solches,
b) die Effekte und Entwicklung der Familientherapie,
c) die Entwicklung der kollegialen Zusammenarbeit in den jeweiligen Co-Therapeutenteams.

Dabei durchdringen sich diese Reflexionsebenen gegenseitig, wodurch die Informationsvielfalt im therapeutischen System beträchtlich erhöht wird. Durch die damit verbundenen vielfachen Spiegelungsebenen der Selbstwahrnehmung profitieren die beteiligten Familientherapeuten in Hinblick auf ihre jeweilige eigene professionelle Entwicklung erheblich.

DYNAMISCHE ASPEKTE I: DIE FAMILIE

Grundsätzlich schafft die co-therapeutische Arbeit für das aufsuchende Setting in Bezug auf die Dynamik in den konkreten Therapiesituationen einen wichtigen Ausgleich: Wenn wir, wie nicht selten, einer größeren Anzahl von Familienmitgliedern, gegebenenfalls Nachbarn und Freunden der Familie in deren Wohnung gegenübersitzen, ist es schon allein hinsichtlich der **Informationsverarbeitung** und der Gesprächsgestaltung von Vorteil, zu zweit zu arbeiten. Umgekehrt kann es aber auch ein Bedrohungsgefühl bei einem Familienmitglied auslösen, wenn es im Einzelgespräch von zwei Therapeuten „belagert" wird. Hier hat es sich bewährt, wenn jeweils ein Familientherapeut das Gespräch überwiegend führt und der andere *co-mentiert*.

Die **Nähe oder Distanz** zum Familiensystem oder zu einzelnen Mitgliedern der Familie zu nutzen, ist ein wichtiges therapeutisches Mittel, mit dem wir in der konkreten Situation „spielerisch" arbeiten. Ein Familientherapeut kann sich von der Dynamik der Familie einfangen lassen, indem er mitschwingt, nah an die Familie herangeht oder aber sich deutlich abgrenzt. Der andere Familientherapeut kann währenddessen aus der Distanz das Geschehen beobachten, seinem Kollegen widersprechen, andere Aspekte hervorheben, bestimmte Teile der Konversation betonen, verstärken oder abschwächen. Die Familien beobachten und bewerten diese unterschiedliche Distanz sehr genau. Für das Team ist die Wirkung von Wechsel oder die Beständigkeit der Nähe zur Familie und die sich daraus ergebende Wirkung in Richtung auf die Therapieziele ein ständig zu reflektierendes Werkzeug.

Die **Split Message** (gespaltene Botschaft), wenn mit Bedacht angewendet in Bezug auf Nähe und Distanz, Empathie oder Konfrontation, stellt eine *bedeutende* und machtvolle Intervention dar. Die Wirkung einer Split Message, die durch zwei Familientherapeuten repräsentiert wird, ist im Vergleich zum einzeltherapeutischen Setting, in dem gegebenenfalls gedachte Personen bzw. Anteile des Therapeuten die anderen Meinungen darstellen müssen, deutlich intensiver. – Die Familien haben ein wie auch immer geartetes Bild von der Meinung der einzelnen Therapeuten. Entsprechend sensibel reagieren sie auf Äußerungen, die eine mögliche Bewertung implizieren. Die Technik der Split Message eröffnet hier die Möglichkeit,

Positionen zu wechseln, sich von der Familie oder vom Co-Therapeuten von einer anderen Position/Meinung überzeugen zu lassen oder die eigene Position beizubehalten, abzuschwächen, zu erweitern usw.

Die damit verbundene hohe Intensität muss sowohl in Bezug auf die Zusammenarbeit der aufsuchenden Familientherapeuten als auch mit Blick auf die Familiendynamik berücksichtigt werden. Dabei ist zum einen dem Stand der Familie Bezug nehmend auf die Inhalte der Split Messages und zum anderen den Konversationsfähigkeiten der Familie besondere Aufmerksamkeit zu schenken, um keine zu hohe und damit gegebenenfalls bedrohliche Intensität zu erzeugen.

In Hinblick auf die Dynamik des Familientherapeutenteams kommt hier der Intervision bzw. der Supervision die wichtige Aufgabe zu, die mit dem Splitting verbundenen unterschiedlichen Beziehungsangebote gründlich zu reflektieren. Wenn bei einem länger zusammenarbeitenden Therapeutenpaar ein Therapeut immer eher die versöhnliche Position gegenüber der Familie einnimmt und dem anderen ohne Vorabstimmung die fordernde Rolle überlässt, ist es nur eine Frage der Zeit, bis Probleme und Störungen in der co-therapeutischen Arbeit auftreten.

Besonders hilfreich erleben wir die Methode der Split Message, wenn die Familien Verharrungsmomente und „Widerstand" gegenüber weiteren Entwicklungen oder gar der Familientherapie an sich zeigen. Dies trifft vor allem zu, wenn „Hausaufgaben" nicht ausgeführt werden, weiterhin oder erneut problem- oder symptomstabilisierendes Verhalten auftritt oder die Familie in direkte Konfrontation mit den Familientherapeuten geht. In solchen Situationen kann ein Familientherapeut die Position der Familie übernehmen und mit seinem Kollegen die verständlichen Gründe für die Haltung der Familie diskutieren. Dadurch gelingt es, die Positionen der Familientherapeuten nicht verloren gehen zu lassen, sie weiterhin zum Gegenstand des Gesprächs zu machen und Eskalationen zu entschärfen.

Insbesondere bei solchen **Konfrontationen** erweist sich der Co-Therapeut aber auch als Garant der Bestätigung der eigenen Wahrnehmung. Dies ist vor allem hilfreich bei Familiensystemen, die sich durch abwehrendes, verleugnendes und psychotisches Verhalten kennzeichnen lassen. In diesem Zusammenhang ist es wichtig, darauf hinzuweisen, dass die Familien in der Regel in einer relativ kurzen Zeitspanne Veränderungen erleben, die sie – obwohl gewünscht – nicht für möglich gehalten haben. Durch die ständige Anwendung des Reflecting Teams in einer co-therapeutischen Familientherapie können die Dynamiken, die aus den Ambivalenzen und Ängsten der Familie bezüglich dieser Veränderungen entstehen, für die geforderten grundlegenden – oftmals für Außenstehende – gravierenden Veränderungen genutzt werden.

Während der Interaktionen zwischen den beiden Familientherapeuten achten die Familien sehr genau auf beziehungsrelevante (nonverbale) Feinheiten im Verhalten der Familientherapeuten miteinander sowie gegenüber den einzelnen Familienmitgliedern. Die hierbei zum Ausdruck kommenden **Beziehungsqualitäten** (Respekt, Wertschätzung, Gleichberechtigung, Dissensfähigkeit) wirken für viele Familien, die im Allgemeinen eine andere Beziehungskultur kennen, herausfordernd. Dieses Verhalten stellt oft ihre Vorstellungen von *(geschlechtsspezifischer)* **Rollenperformance** in Frage, führt gegebenenfalls zu Irritationen oder auch zum Ausdruck bislang unterdrückter Beziehungswünsche. Auch hier ist ein respektvoller Umgang mit den Fähigkeiten und dem Entwicklungsstand der Familie notwendig, da eine mögliche Modellfunktion kippen kann, wenn sie unreflektiert von gegenseitiger „Übertragung" beeinflusst wird. Die Reaktionen der Familie stellen für uns auch ein diagnostisches Mittel dar. Andererseits können an uns Erwartungen wie an Übereltern gestellt werden oder Konkurrenzsituationen (wer sind die besseren Eltern, bessere Frau / Mann etc.) entstehen. Veränderungen in diesen Bereichen im Verlauf der Therapie stellen wichtige Rückmeldungen dar, die in die weitere familientherapeutische Arbeit einbezogen werden.

Aus familientherapeutischer Sicht kommt der Veränderung dysfunktionaler **Hierarchien und Grenzen** eine große Bedeutung zu (Minuchin u. Fishman 1983). Dies kommt in unserer Arbeit sowohl im sprachlichen als auch im nonverbalen Bereich zum Ausdruck. Wir beeinflussen zielgerichtet die Wahrnehmung und Ausübung von Hierarchien und Grenzen zwischen den einzelnen Subsystemen sowie zwischen der Familie und Außenstehenden. Allein schon durch die Wahl unterschiedlicher Gesprächssettings und die Strukturierung der Gesprächsverläufe selbst werden Grenzen deutlich. Durch entsprechende Aufmerksamkeit oder Abgrenzung bezüglich bestimmter Themen können Grenzen verstärkt oder aufgeweicht werden. Die **Flexibilität in der Setting-Wahl** ist eines der wichtigsten Elemente aufsuchender Familientherapie und zugleich eine ständige Herausforderung: Wir können im Bedarfsfall auch kurzfristig Setting-Änderungen herbeiführen und nur mit einzelnen Subsystemen sprechen. Des Weiteren können wir zur gleichen Zeit gegebenenfalls getrennte Gespräche mit verschiedenen Subsystemen führen. Durch dieses Vorgehen ist es uns möglich, Grenzen *zu schaffen*, zu verstärken oder die Bedeutung von Intimität und individuellen Schutzräumen zu unterstreichen.

PRAGMATISCHE ASPEKTE

Nach unserem Verständnis sind in der Co-Therapie beide Familientherapeuten gleichermaßen verantwortlich für das Interaktionsgeschehen in der Therapie, den Therapieverlauf insgesamt und die Kontakte zu den zuständigen Jugendamtssozialarbeitern bzw. Vertretern anderer beteiligter Institutionen. Dabei haben wir es mit drei relevanten Teilbereichen zu tun, die auf das Geschehen in der Therapie einwirken:

1. Familiäres System (zum Teil erweitert um Freunde, Nachbarn etc.)
2. Therapeutisches System (Familie mit Familientherapeuten)
3. Nicht am direkten therapeutischen Prozess beteiligte Personen (Helfersysteme, Supervision)

Zur Aufgabe der Familientherapeuten gehört in diesem Zusammenhang das Herstellen möglichst produktiver Arbeitsbeziehungen zu den jeweiligen Personen und Diensten des Hilfesystems (Imber-Black 1990).

Die Familientherapeuten müssen hinsichtlich der **Kooperation mit dem Hilfesystem** *u. a. folgende Fragen klären: Wer ist jeweils zuständiger Ansprechpartner? Wie wird in dem jeweiligen Teilbereich des Hilfesystems mit der Informationsvielfalt umgegangen bzw. der Informationsfluss koordiniert? Welche vorhandenen Ressourcen im Sinne positiver Kooperationsbeziehungen oder angedachter (eventuell zusätzlicher) Problemlösungsvor-*

schläge können genutzt werden? *Wo werden unter Umständen Dissense bzw. Konkurrenzen deutlich, die vielleicht nichts mit der konkreten Familie zu tun haben, aber die Arbeit der Familientherapeuten massiv beeinflussen können?*

Einer der pragmatischen Vorteile co-therapeutischen Arbeitens besteht in der Möglichkeit, die **Kontinuität der Therapie** auch bei Krankheit oder Urlaub des Kollegen zu gewährleisten. Dies ist hilfreich, um die nötige Intensität der Arbeit aufrechtzuerhalten und zu verhindern, dass die Familie aus begonnenen Veränderungsprozessen „aussteigt" oder gar eine mögliche Kontaktpause zum Anlass eines Therapieabbruchs nimmt. Bei Abwesenheit eines Co-Therapeuten von mehr als zwei Wochen wird aus unserem Gesamtteam in der Regel ein Ersatz-Co-Therapeut in die Arbeit mit der Familie aufgenommen. Dies wird entsprechend angekündigt und vorbereitet. Nach unseren Erfahrungen wird dies von den Familien häufig als Bereicherung empfunden. Die Entscheidung wird jedoch nicht nur unter pragmatischen Gesichtspunkten getroffen. Besondere Beachtung muss dabei unseres Erachtens der jeweiligen aktuellen Dynamik in der Familie gegeben werden.

Ein hier ebenfalls zu berücksichtigendes Arbeitsproblem ist die implizite Abwertung des abwesenden Kollegen (als „ersetzbar"), die sich je nach familiärer Dynamik auch in offenen Koalitionsangeboten an den „Ersatz-Co-Therapeuten" ausdrücken kann.

Dynamische Aspekte II: das Co-Therapeutenteam

Die Entwicklung eines Co-Therapeutenteams ist von zunehmender persönlicher Vertrautheit mit dem Gegenüber geprägt, so dass sich Lob und Kritik in der Intervision offener äußern lassen. Die persönlichen Handicaps und blinden Flecke werden mit der Zeit ansprechbar. Dies ist einer höheren **Kongruenz des Miteinanders** der Familientherapeuten in der therapeutischen Arbeit deutlich förderlich. Auch die gegenseitige Bindung an „seinen Co" erhöht sich natürlicherweise, weshalb ein arbeitstechnisch sinnvoller oder notwendiger Wechsel zu einem anderen Teamkollegen gegebenenfalls als schwierig empfunden wird.

Die gegenseitige Beeinflussung der co-therapeutischen Arbeitsbeziehung mit anderen beruflichen oder privaten Kontakten der beiden Co-Therapeuten kann allerdings Risiken bergen. Dies ist insbesondere der Fall, wenn auf einer anderen Arbeits- und Beziehungsebene eine Auseinandersetzung mit dem Kollegen stattgefunden hat und anschließend eine gemeinsame familientherapeutische Sitzung durchgeführt werden muss. Hier erweist es sich manchmal als schwierig, die auftretenden **Konflikte** innerhalb eines Co-Therapeutenteams richtig zu verorten und in die Betrachtungen einzubeziehen, ob es Konflikte sind, die die aktuelle Beziehungsdynamik der Familie „widerspiegeln" oder sie sich aus anderen Bereichen der kollegialen Zusammenarbeit ergeben.

Auch die Frage der wechselseitigen **Konkurrenz** spielt hier mit herein, denn natürlich haben wir alle auch unseren jeweiligen eigenen professionellen Ehrgeiz und unsere jeweilige professionelle Entwicklung. Diese Aspekte wirken sich natürlich auf die Ausgestaltung der konkreten Zusammenarbeit aus. Konkurrenz kann auch zwischen verschiedenen Co-Therapeutenteams auftreten, zumal wenn ein Partner jeweils der gleiche ist. Hier tauchen möglicherweise Fragen auf wie „Liegt es vielleicht an meinem Kollegen, dass es in der einen Familie so gut läuft und in der anderen nicht?". Im Unterschied zu anderen Arbeitszusammenhängen erlaubt die co-therapeutische Arbeitsweise tiefe und direkte Einblicke in die eigenen Fähigkeiten und Fertigkeiten wie in die des Kollegen und verführt geradezu zum (unter Umständen neidvollen) Vergleich. Der Bereinigung solcher Teamkonflikte (in der Supervision) kommt eine herausragende Bedeutung zu, da sie unter Umständen direkt im therapeutischen Kontakt zu den Familien interferieren können. Dies trifft besonders zu, wenn die Familie versucht, die Therapeuten gegeneinander auszuspielen oder wenn ein Splitting „ausartet".

Wenn gegenseitiges Vertrauen und eine gewisse „Harmonie" innerhalb eines Co-Therapeutenteams nicht gegeben sind, sollte man dies als Arbeitsstörung betrachten und mit Vorrang an deren Lösung arbeiten. Schließlich kann man die Familientherapie auch als eine Art „Improvisationstheater" ansehen. Jeder weiß, dass man nur gut improvisieren kann, wenn man sich selbst sicher fühlt und sich der **Unterstützung** durch den Kollegen gewiss ist. Grundsätzlich ist man in besonders ausgeprägter Weise auf eine gute Kooperation mit seinem Teamkollegen angewiesen. Gelingt es einem selbst aus unterschiedlichen Gründen in einer aktuellen Therapiesituation nicht, „den Draht" zur Familie zu finden, ist es außerordentlich hilfreich, wenn dies dem Kollegen gelingt. Gleichzeitig kann es geschehen, dass sich der eine etwas überflüssig fühlt, wenn der Kollege das Therapiegeschehen dominiert und nur so mit Ideen und Interventionen brilliert.

Falls man bei Abwesenheit seines Co-Therapeutenkollegen (wie z. B. bei Urlaub und Krankheit von weniger als zwei Wochen) die Therapie allein durchführt, wird stets sehr eindrücklich deutlich, dass die Arbeit insgesamt und die dabei entstehende Beziehungssituation eine andere ist: In diesen Fällen mag sich der allein tätige Familientherapeut ohne die Unterstützung des Co-Therapeuten „auf verlorenem Posten" fühlen. Aber auch die Familien reagieren auf das **Einzelsetting**, indem sie unter Umständen belanglose Dinge erzählen oder gar umgekehrt einen „Therapiedurchbruch" vom Zaun brechen und damit dem abwesenden Co-Therapeuten signalisieren, es gehe auch ohne ihn. Schwierig wird es v. a. auch dann, wenn die Familie oder einzelne Familienmitglieder in einer solchen Situation versuchen, mit dem Einzeltherapeuten gegen den abwesenden Kollegen zu koalieren. So können sie z. B. seinen Ideen gegenüber den Ideen des Kollegen dezidiert „den Vorzug geben". Unsere Erfahrungen zeigen, dass auch bei einem zwischenzeitlichen Einzelsetting der Familientherapeut nicht wirklich allein ist, sondern der Co-Therapeutenkollege auch während seiner Abwesenheit eine bedeutsame Rolle für das therapeutische Geschehen spielt.

In dem Erleben der Differenz zwischen Einzelsetting und co-therapeutischer Zusammenarbeit wird unseres Erachtens ein zentraler Aspekt dieser Art von Arbeit deutlich: Beide Familientherapeuten müssen ein Stück ihrer eigenständigen „Kontrolle" über das Therapiegeschehen aufgeben, damit ein **„gemeinsames Drittes"** kreiert werden kann, das nur in der konkreten Therapiesituation entsteht. Damit ist gleichzeitig verbunden, dass therapeutischer Erfolg immer ein geteilter sein wird und jemand, der auf eine Bestätigung durch seine Klienten angewiesen ist, mit co-therapeutischem Arbeiten Probleme haben kann. Die kollegiale Intervision und das „Gespiegelt werden" durch den Kollegen in den Therapiegesprächen bieten andererseits eine hervorragende Möglichkeit zur Weiterentwicklung des professionellen Selbstverständnisses, indem sie Größenphantasien, aber auch Minderwertigkeitsgefühle relativieren und zur Entwicklung eines realistischen Selbstbildes beitragen können. Mit der individuellen Verarbeitung des jeweiligen Therapiegeschehens nicht alleine zu stehen, hat im konkreten Fall oft eine wichtige psychische Entlastungsfunktion. So gesehen kann man co-therapeutische Arbeit nicht nur als Mittel der Wahl für die Arbeit mit „Multiproblemfamilien" ansehen, sondern gleichzeitig als Prävention des leidlich bekannten professionellen Burn-out.

Familientherapie zwischen Coach und Katzenklo oder: Systemarbeit im „n-dimensionalen Hyperraum"

Ralf Hepprich und Wolfgang Pauly

HEIMSPIEL DER FAMILIE – PROFESSIONALITÄT UND AUTORITÄT DER THERAPEUTEN

Nach einer ca. 40-minütigen Anfahrt kommen meine Kollegin und ich bei Familie Krauss-Pohl an. Ein wenig erschöpft, denn es ist heute bereits die dritte Familie die wir in ihrer Wohnung aufsuchen. Am Morgen ging es um 10 Uhr los, bei Familie Hilt in P., dann um 13 Uhr ein Termin in H. Anschließend eine kombinierte Mittagspausen-Nachbesprechung der ersten beiden Therapien und nun schließlich um 17 Uhr der letzte Termin des heutigen Tages bei Frau Krauss und Herrn Pohl im Bezirk T.

Hier werden wir, wie immer in dieser Familie, sehr freundlich empfangen. Im Verlauf der vergangenen sechs Gesprächstermine hat sich so etwas wie ein kleines Eingangsritual zwischen uns und der Familie entwickelt. Mit den Worten: „Na, ich werde mich heute mal hier hinsetzen", greift sich Herr Pohl augenzwinkernd den Stuhl, den er immer nimmt, womit dann die Verteilung der verbliebenen Sitzgelegenheiten für Frau Krauss und uns ebenfalls den „gewohnten" Gang geht. Frau Krauss hat zudem, wie immer, zwei verschiedene Sorten Tee vorbereitet, weshalb sie sich jedoch keinesfalls davon abhalten lässt, jedes Mal aufs Neue danach zu fragen, wer denn welche Sorte wolle. Sie tut dies, ähnlich wie ihr Mann, mit einem leicht spöttischen, aber herzlichen Lächeln. Dieses Tee- und Sitzplatzritual ist Teil der kleinen Aktionen und winzigen nonverbalen Signale sowie Nuancen im Blick und im Tonfall der Familienmitglieder, die die Atmosphäre bestimmen, in der wir als aufsuchende Familientherapeuten arbeiten. In der beschriebenen Szene ist es, als wolle uns die Familie sagen: „So ist das nun mal bei uns. Hier hat jeder seinen angestammten Platz und seine Gewohnheiten. Wir finden das zwar selbst ein bisschen komisch – deshalb machen wir auch unsere kleinen Scherze darüber –, aber im Moment wollen wir daran gar nichts ändern, denn das gibt uns eine ganz schöne Sicherheit. Die unausgesprochene Botschaft an uns lautet:

Wenn Sie als Therapeuten mit uns arbeiten wollen, dann – bitte schön – müssen Sie sich schon auf unsere Spielregeln einlassen!

Regeln und Sicherheit waren, wie sich im Lauf der Therapie herausstellte, u. a. die wichtigen Themen der Familie, denn es handelte sich um eine neu zusammengesetzte Stieffamilie.

Über die Inszenierung des Begrüßungsrituals hatte uns die Familie also einen Schlüssel zu einem Bereich verraten, der sie gerade stark beschäftigte.

ANFORDERUNGEN, DIE DAS AUFSUCHENDE SETTING AN DIE THERAPEUTEN STELLT

Hier könnte man natürlich kritisch fragen: Ist denn eine solch starke Einbindung der Therapeuten in die Rituale der Familie nicht der Tod jeglicher professioneller Abstinenz und zugleich auch eine „Verwischung" des Therapie relevanten Kontextes?

„Wie soll das gehen – ausgerechnet systemische Familientherapie als Hausbesuch, ohne Einwegspiegel und Beobachterteam?"

Gerade diese zweifelsohne wertvollen Hilfsmittel der so genannten „Kybernetik 2. Ordnung" müssen aufsuchende Familientherapeuten zu Hause lassen, sobald sie im „Freiland" tätig sind. Dennoch sind aufsuchende Familientherapeuten keine tollkühnen Abenteurer. Vielmehr ist es notwendig, entsprechend zu trainieren, in einem co-therapeutischen Team sich gegenseitig den Rücken zu stärken und das Expeditionsgepäck sorgfältig zu schnüren.

Aufsuchende Familientherapeuten sind in besonderem Maße gefordert, ihre Fähigkeit zur Nähe-Distanz-Regulierung immer wieder zu reflektieren und gegebenenfalls zu verbessern. Eine regelmäßige, hochfrequente Supervision sowie die Arbeit im Co-Therapeutenteam sind deshalb unverzichtbare Voraussetzungen, um in der Fremde gut zu bestehen.

Einzelne methodische Vorgehensweisen wie das positive Konnotieren und Utilisieren sind unverzichtbarer Bestandteil der Arbeit, um Ordnung bzw. Information aus einem chaotisch anmutenden Bündel scheinbar unbrauchbarer Mitteilungen und vermeintlichen Zufallssignalen zu erzeugen.

Beinahe täglich sehen wir uns beim therapeutischen Ablauf unserer aufsuchenden Arbeit mit „Störvariablen" konfrontiert. Der Fernseher läuft, die Kinder plärren, der Nachbar kommt hereingeschneit und die Katze springt uns auf den Schoß! Womöglich pinkelt uns auch noch der Kampfhund – den wir die ganze Zeit vorher geflissentlich übersehen wollten – ans Bein.

Familien mit ihrem „Heimvorteil" scheinen im besonderen Maße Signale auszusenden, die uns den Wald vor lauter Bäumen nur schwer erkennen lassen. Daher stellt sich die Frage nach den Möglichkeiten, mit diesem verzweigten Ereignisstrom konstruktiv umzugehen. Eine Möglichkeit wäre, unseren Arbeitsplatz nach eher physikalischen Gesichtspunkten einzurichten – mit dem Besen auszukehren:

Um der Reizüberflutung, die über uns hereinbricht, Herr zu werden, könnten wir dazu neigen, die Katze in die Küche zu sperren, den Fernseher oder gar die Kinder abzudrehen und den Nachbarn nach Hause zu schicken. Würden wir in dieser Weise intervenieren, entzögen wir all diese Variablen der uns grundsätzlich wichtigen Informationserzeugung. Das wiederum würde sich unserers Erachtens unvorteilhaft auf den therapeutischen Prozess auswirken. Zudem würden wir Gefahr laufen, in ein Ringen mit unseren Klienten um die Macht der Beziehungsdefinition zu verfallen.

Durch eine Hinwendung zu den Sinnkonstruktionen des scheinbar Unsinnigen erhöhen sich die Möglichkeiten, einen Zugang zur Familie zu erhalten. Ausgangspunkt ist die Frage, wofür das situative Geschehen zwischen der Familie und uns sinnvoll sein könnte. Daraus resultierende Überlegungen und Hypothesen führen dazu, uns eine Geschichte auszudenken und diese, in neugierige Fragen gekleidet, der Familie mitzuteilen. Mögliche Ideen dazu, warum der Gastgeber seine Katze mit uns kuscheln lässt, in welcher Weise der Nachbar für die Lösung ihres Problems nützlich werden könnte oder warum wir uns eigentlich so angestrengt von der Hintergrundstrahlung des Fernsehers abheben müssen, tragen dazu bei, der Familie mit Interesse und Neugier zu begegnen und nicht mit dem Besen zu kehren.

Aber wo ist denn bloß der Kampfhund geblieben, dessen Präsenz wir keinesfalls ignorieren sollten? Steht dieser grimmige Vierbeiner etwa für die spezifische Abschreckungsdoktrin seines Herrchens, sich und seine Familie vor unliebsamen Übergriffen schützen zu wollen?

Diese Interaktionsabläufe leiten letztlich stets zu *der* entscheidenden Kontextfrage über: „Haben Sie sich schon entschieden, ob Sie uns eher als Eindringlinge oder als hilfreiche Geister sehen möchten?"

Ausdrücklich ist darauf hinzuweisen, dass ein Sicheinlassen auf diese sich oft spontan entwickelnden Interaktionssequenzen keinen „Kunstfehler" darstellt. Dieses Einlassen ist nicht als ein Aufgeben der Leitungskompetenz der Therapeuten zu betrachten, deren Leading und Pacing vernachlässigt wurde. Gelingt es den Familientherapeuten, die von den Familien angebotenen Rituale und Metaphern aufzugreifen, erhöht sich die Chance, dass die Familien sich verstanden fühlen. Welche herausragende Rolle jedoch das Gefühl, verstanden zu werden, in jeder therapeutischen Beziehung spielt, hat eine Reihe von Studien gezeigt (u. a. Hubble, Duncan u. Miller 2001). Suchten Familientherapeuten die Familie mit der Idee auf, dem vermeintlichen Chaos mit möglichst viel Struktur zu begegnen, liefen sie möglicherweise Gefahr, den lebendigen Prozess erheblich auszubremsen; ferner würde dies dazu beitragen, dass viele nützliche Informationen verloren gehen.

STÖRUNG – VERSTÖRUNG – INFORMATION

In Anlehnung Maturanas Begriff der „Perturbation"(Maturana u. Varela 1987), wählen wir den Ausdruck „Verstörung", da sich dieser unserers Erachtens noch am ehesten mit dem Bild einer konstruktiven Irritation verbinden lässt. „Verstörung" ist im Gegensatz zu den nahe liegenden Substantiven wie *Störung* oder gar *Zerstörung* zu sehen. Störungen werden eher als etwas betrachtet, das man sich vom Halse halten will. Zerstörung wird meist mit der Befürchtung verbunden, dass unsere ureigenen Sinn- und Gestaltzusammenhänge zerschlagen werden könnten. Für aufsuchende Familientherapeuten wird weder das eine noch das andere als ein guter Nährboden betrachtet, worin sich Information generieren ließe. Leitender Gedanke im Umgang mit „Störvariablen" ist der Gedanke Batesons (1985), dass Information ein Unterschied ist, der einen Unterschied macht. „Was (jedoch) eine Information ist, bestimmt niemals der Sender, sondern immer der Empfänger." Diese handlungsleitende Prämisse bringt es mit sich, ständig neugierig zu sein – alle Sinne einzuschalten und zu sehen, zu hören, zu tasten, zu schmecken und zu riechen, was in der Begegnung der Systeme geschieht. Dabei werden alle uns zur Verfügung stehenden Wahrnehmungskanäle offen gehalten, um mittels einer möglichst breiten Empfangsfrequenz die Chance zu erhöhen, dass sich eine Information für die Familientherapeuten überhaupt organisieren kann. Um mit einer Metapher dies zu verdeutlichen: Auch wenn das Fernsehgerät an einem neuen Ort aufgestellt wird, muss die Empfangsfrequenz erneut auf die Sendefrequenzen abgestimmt werden. Sollte kein automatischer Suchlauf vorhanden sein, ist es erforderlich, die „Tuning-Taste" so lange gedrückt zu halten, bis im „Wellensalat" Unterschiede in Form aufflackernder Musterungen festzustellen sind. Mittels der Feinabstimmung ist es möglich, das Bild scharf zu stellen und zu fokussieren.

Drei Fallbeispiele

Wenn wir Frau Pahl besuchen, lassen wir manchmal unsere Sinne von einer vertrockneten Yucca-Palme irritieren, die scheinbar bedeutungslos in einer Wohnzimmerecke abgestellt ihr trauriges Dasein fristet. Die junge Frau, in deren Wohnung wir uns befinden, ist eine allein erziehende Mutter zweier Kinder. Aufgrund ihrer eigenen emotionalen Bedürftigkeit und Überforderung bleibt ihr der Zugang zu ihrer Fürsorge- und Erziehungskompetenz gegenüber ihrem Nachwuchs versperrt. Sie vernachlässigt ihre Kinder und sieht sich hoffnungslos der Stigmatisierung ausgeliefert, eine Rabenmutter zu sein. Während wir uns mit diesem Phänomen beschäftigen, stellt sich plötzlich die Yucca-Palme mit ihrer ganzen Erbärmlichkeit in den Vordergrund und steht uns als sinnstiftendes Evidenzphänomen im weiteren Dialog mit der jungen Mutter zur Verfügung. Die junge Frau scheint zu verstehen und erklärt uns, dass sie an und für sich Grünpflanzen liebt und sich wünscht, ein glücklicheres Händchen dafür zu haben.

Kehren wir noch einmal zu unserer Familie Krauss-Pohl vom Anfang zurück. Wie bereits erwähnt, handelt es sich um eine zusammengesetzte Stieffamilie. In der jetzigen Konstellation lebt die Familie seit ca. einem Jahr zusammen: Herr Pohl hat seine 12-jährige Tochter Susanne mit in die neue Ehe gebracht und Frau Krauss ihre 17-jährige Tochter Anita. Frau Krauss hat außerdem einen erwachsenen Sohn Jürgen, 22 Jahre alt, der außerhalb der häuslichen Gemeinschaft wohnt.

Die (Stief-)Eltern beklagen sich, dass Susanne sich ständig in den Mittelpunkt stelle, sich permanent mit ihrer Stiefschwester Anita streite und wegen ihrer extremen Eitelkeit stundenlang das Bad besetze. Frau Krauss bedauert, dass sie keinen rechten „Draht" zu Susanne bekomme. So sehr sie sich auch bemühe, sie anzuerkennen und zu loben, so wenig funktioniere das, weil Susanne ihr immer einen Schritt zuvorkomme und die Anerkennung zwanghaft erpresse. Auch Herr Pohl findet Susannes Verhalten ziemlich unmöglich, will sie andererseits aber nicht zu sehr maßregeln – schließlich ist sie ja sein eigen „Fleisch und Blut". Aufgrund der häufigen Auseinandersetzungen zwischen allen Beteiligten wünscht sich die Familie eine möglichst schnelle Änderung der Situation.

Während uns die Eltern ihre Belastung mit Vehemenz schildern, kommt in diesem Moment – wir befinden uns in der Vorweihnachtszeit – Susanne die Tür herein und unterbricht das Gespräch, weil sie ihren „Eltern" einen selbst gebastelten Weihnachtskalender schenken möchte. Herr Pohl und Frau Krauss zeigen jedoch zu Susannes großer Enttäuschung kein nennenswertes Interesse an dem vorweihnachtlichen Präsent, sondern reagieren vielmehr genervt und wimmeln das Mädchen rasch ab. Nachdem dieses offensichtlich frustriert das Wohnzimmer verlassen hat, eröffnet uns das „Eltern"-Paar, dass wir soeben ein typisches Beispiel für Susannes Mittelpunktstreben erlebt hätten.

Für uns stellt sich die Sachlage ein wenig anders dar. Die vermeintliche „Störung" durch Susanne rief in uns weit reichende Assoziationen wach, und unsere Hypothesen über die familiäre Interaktion gewannen an Kontur. Durch die Beobachtung der Szene um den Weihnachtskalender wurde uns deutlicher, dass Susanne sich in ihrer „neuen Familie" noch keineswegs sicher fühlte. Nunmehr erschien sie uns als verunsichertes kleines Mädchen, das vorsichtig die Situationen und die Akteure dieser neuen Familienbühne abtastet und dabei erkundet, ob sie hier wohl willkommen ist. Wir wurden im Wohnzimmer der Familie Zeugen dieser Suche nach Sicherheit, wie sie uns in den Therapieräumen sicher nicht begegnet wäre.

Die von uns wahrgenommenen Befindlichkeiten konnten wir den Beteiligten unmittelbar zurückmelden bzw. als Umdeutung von Susannes Verhalten zur Reflexion anbieten. So wurde aus Mittelpunktstreben ein vorsichtiges Suchverhalten, das seinen spezifischen Sinn vor dem Hintergrund von Susannes alter und neuer Lebenssituation erhielt. In diesen Situationen spielten Themen wie Sicherheit, Unsicherheit und Angenommensein eine bedeutende Rolle. Dies traf zu sowohl innerhalb der Stieffamilie als auch in ihrem früheren Zusammenleben mit ihrer alkoholabhängigen Mutter.

Den (Stief-)Eltern ermöglichte diese neue Sichtweise ihrerseits den Zugang zur Erinnerung an die eigene Vergangenheit, wodurch eine Utilisierung der direkt in den Handlungsabläufen wahrnehmbaren Muster möglich war und diese in den weiteren Therapieprozess einbezogen werden konnten.

In einem anderen Fall sprechen wir mit einer in unseren Augen harmonisierenden Bindungsfamilie. Anlass ist das unbotmäßige Verhalten der 15-jährigen Tochter. Seit einiger Zeit liefert sie sich mit ihren Eltern einen hartnäckigen Kampf um mehr Freiheiten. Sie war sogar für mehrere Tage von zu Hause weggeblieben und in einem Krisendienst für Jugendliche untergetaucht. Erst aufgrund eindringlicher Bitten der Eltern kehrte sie wieder in den Schoß der Familie zurück.

Während wir mit der Familie arbeiten, erregt in zyklischen Abständen ein kleiner Wellensittich unsere Aufmerksamkeit. Der kleine Kerl taumelt unter großer Erheiterung seiner Besitzer immer wieder dicht über unsere Köpfe hinweg und zieht unbekümmert seine Kreise im Wohnzimmer, ohne anzuecken. Neugierig verfolgen wir ihn in seinem freien Flug und erleben, dass er immer wieder auf seine Stange im Vogelbauer zurückkehrt. Dort verschnauft er kurz, um bald erneut wieder zu einem weiteren Rundflug anzusetzen. Das Rein und Raus wird dem gefiederten Haustier wie selbstverständlich gewährt. Die Familienmitglieder haben ihm vertrauensvoll die Käfigtür offen gehalten und fühlen sich von seinen lebensfrohen Flugmanövern bereichert.

Diese unverhofft glückliche Synchronizität von jugendlicher Expansionsthematik und gelungener Demonstration artgerechter Kleintierhaltung mündet plötzlich in einem Lösungsgedanken für das familiäre Problem. Der Lösungsansatz flatterte bereits schon als Ressource im freien Flug durch den Äther. Mit einem Fingerzeig auf die Tochter teilten wir dies der Familie mit.

Anhand dieser Beispiele wird nach unserer Einschätzung deutlich, dass Verstörung und Information letztlich nur zwei Seiten ein und derselben Medaille sind. Wir gehen davon aus, dass in der Verstörung bereits der Keim der Information angelegt ist. Es gibt keine **Verstörung** vor der **Information** – **Verstörung ist letztlich codierte Information!**

Wenn wir kleine Vögel nicht unachtsam abschießen, sondern uns von ihnen ein wenig verstören lassen, können wir auch ihre Botschaften utilisieren. Gelingt es uns im nächsten Schritt, diese mit unserem Erfahrungsfundus zu durchtränken, dann haben wir eine neue Sinngestalt konstruiert, die wir der Familie zum Vorschlag bringen können. In diesem Moment wächst die Wahrscheinlichkeit, dass wir bei ihr eine (neue) Information erzeugen.

Nachgedanken zur therapeutischen Wirksamkeit im aufsuchenden Setting

Stets geht es zunächst einmal darum, die von den Klienten erzählten Geschichten in ihrem Bedeutungsgehalt zu verstehen, um daraus neue Geschichten mit einer neuen Bedeutung zu erarbeiten. Um die Wirklichkeitskonstruktionen einer Familie zu verstehen, ist ein gewisses Maß des Sicheinlassens auf die von der Familie erzählten Geschichten und vor allem auf die uns vorgelebten *Inszenierungen* unabdingbar. Das unmittelbare Erleben der einzelnen Familienmitglieder *in vivo* drängt auf dieses Sicheinlassen der Therapeuten. Wir werden Zeuge der Begegnung der individuellen Familienmitglieder und werden zugleich eingeladen, ihnen zu begegnen. Hierin sehen wir einen deutlichen qualitativen Unterschied zur traditionellen „Familientherapie *in vitro*".

Im aufsuchenden Setting findet das Verstehen der Wirklichkeitskonstruktionen einer Familie in einem qualitativ anderen Modus statt:

- Zum einen werden wir als Therapeuten stärker als in einer Komm-Struktur direkt in bestimmte Interaktionssequenzen der Familie mit einbezogen,
- zum anderen können Informationen aufgrund der Bezugnahme auf die materielle Umgebung geschöpft werden.

Die Tatsache, dass die Therapie im häuslichen Rahmen stattfindet, regt die Familien häufig dazu an, emotional besetzte Dinge oder Gegebenheiten der Örtlichkeit in den Therapieprozess einzubringen oder sich rituell zu verhalten.

In ihrer Wohnung fühlen sie sich sicherer als in der Fremde eines Settings mit Komm-Struktur. Hier haben sie ihr Heimspiel. Evaluative Nachgespräche haben bestätigt, dass der Angstpegel der Familien im aufsuchenden Setting geringer ist.

Da wir uns direkt in den Lebensräumen, sprich Nischen, unserer Kunden bewegen, haben wir es mit einer Vielzahl von Einflussfaktoren zu tun, so dass die Grenzen zwischen System und Umwelt immer wieder fallspezifisch neu zu ziehen sind. Aufsuchende Familientherapie verschreibt sich gewissermaßen einer Systemarbeit im „n-dimensionalen Hyperraum", wobei das kleine „n" für die unbestimmte Anzahl all dieser möglichen Dimensionen steht (Hutchinson 1957).

Die daraus erwachsene spannende Herausforderung bringt es mit sich, dann wieder zu einer vernünftigen Komplexitätsreduktion durch *Verdichtung* des vielfach dimensionierten Erlebens zu gelangen. Bleiben wir für die Geschehnisse offen, stellt sich diese Verdichtung häufig spontan und intuitiv her. Wenn Komplexität nicht mehr kompliziert ist, gelingt es uns leicht und spielerisch, an die Wirklichkeitskonstruktionen der Familien anzudocken und darin Informationen zu platzieren.

Im Beispiel unserer Wellensittich-Familie erhielten wir nach der ersten Sitzung einen Anruf von der Mutter. Sie bedankte sich für das gute Gespräch, dächte aber, dass sie es wohl schon alleine packen werden: Vielleicht müssten sie ihrer Tochter etwas mehr Vertrauen schenken – schließlich seien sie ja selbst auch keine schlechten Eltern.

Aufsuchende Familientherapie – von der Variante zur Disziplin

Um abschließend noch einmal auf das Verhältnis von Familientherapie in einer Komm-Struktur zur Familientherapie im „Freiland" einzugehen, wollen wir uns zur besseren Veranschaulichung einer Parabel bedienen:

Es ist wohl so, als seien wir systemischen Familientherapeuten alle in ein besonderes Spiel vernarrt. Olympische Spiele 2000 in Sydney – zum zweiten Mal in der olympischen Geschichte gingen gleich zwei Volleyball-Disziplinen an den Start. Die eine fühlt sich nach wie vor ihrer originären Spielkultur verpflichtet, wie das im traditionell professionellen Hallenvolleyball der Fall ist. Beinahe unbeachtet hat sich in den letzten Jahren eine zweite Variante dieses Spiels entwickelt. Man nahm das grundlegende Regelwerk mit an den Strand und versuchte, diesen wunderbaren Sport unter völlig veränderten Bedingungen zu etablieren. Ein Netz wurde unter freiem Himmel aufgestellt und die Feldlinien einfach auf den Sand gepinnt. Allmählich wurde Beach-Volleyball – anfänglich nur als Demonstrationssportart von ehemaligen Hallenvolleyballern betrieben – immer attraktiver und entwickelte unter wachsendem Interesse eines geneigten Publikums seinen besonderen Esprit und seine eigene Atmosphäre. Mittlerweile gibt es mehr und mehr Volleyball-Spezialisten, die unter professionellen Bedingungen von Beginn an und ausschließlich auf Sand trainieren und spielen.

Im Hallenvolleyball haben wir es mit einem festen und ebenen Untergrund und mit einer eindeutigen Wand- und Deckenbegrenzung zu tun. Unberechenbare Klimafaktoren blieben als Störgrößen ganz bewusst ausgeklammert. Man konzentrierte sich unter nahezu konstanten Bedingungen auf die perfekte Performance raffinierter und brillanter Spielzüge und stützte sich dabei auf ausgeklügelte taktische Konzepte. Dies macht seit je her den Reiz dieses Spieles aus. Hier agieren sechs gegen sechs, und die Mannschaften können während der Auszeiten von ihren Trainern gecoacht werden.

Beach-Volleyball nimmt sich dagegen reichlich unkultiviert und primitiv aus: kein Coaching während des Spiels, keine Reservebank! Hier spielen zwei gegen zwei, völlig auf sich alleine gestellt, ohne dass für sie die herkömmliche Netzhöhe und die Spielfeldbegrenzung wesentlich verändert worden wäre. Die Angriffszüge gestalten sich hier relativ geradlinig, und die Blockabwehr ist lange nicht mehr so massiv.

Die Spieler, die zunächst von der Halle kamen, mussten sich auf unebenen Untergrund einstellen, ebenso wie auf Wind und Wetter. Allmählich gelang es ihnen, ihren Bewegungsrhythmus, den sie in der Halle bis zur Perfektion austrainiert hatten, mit dem weichen Sandboden abzugleichen. Dies erforderte eine grundlegende Umstellung. Das gesamte Timing geriet durcheinander, der Absprung war verquer, wechselnd böige Winde, schwankende Lichtverhältnisse und manchmal auch Regen waren Einflussgrößen, die unmittelbar auf den Spielverlauf einwirkten.

Auf der anderen Seite eröffnen diese naturwüchsigen Bedingungen den Spielern auch ganz neue Möglichkeiten. Der weiche Untergrund gestattet ihnen, akrobatische, nahezu halsbrecherisch anmutende Abwehrmanöver durchzuführen, ohne im Körper-Boden-Kontakt tatsächlich Kopf und Kragen riskieren zu müssen. Hinzu kommt die relativ größere Bewegungsfreiheit der Akteure. Aufgrund des großen Auslaufangebotes rings um die Spielfeldmarkierungen und der unter freiem Himmel fehlenden Deckenbegrenzung bleibt der Ball theoretisch immer bespielbar, solange er den Boden nicht berührt und die Regeln eingehalten werden. Auch wechselnde Windbedingungen und Sonneneinstrahlung werden mit zunehmendem Geschick utilisiert und oft zum spielentscheidenden taktischen Kalkül.

Entscheidend bei beiden Volleyball-Varianten bleibt stets jedoch das Punkten – schließlich kommt es nur darauf an, dass der Ball auf den Boden der „richtigen" Seite innerhalb der Feldmarkierungen platziert wird.

Das Spiel im Sand bei Sonne und Wind schreibt dabei seine eigene Dramaturgie und wirbt mit seiner ganz spezifischen Spielkultur und Ästhetik – aber es ist und bleibt doch noch immer Volleyball!

„Wenn der Nachbar über'n Zaun schaut ..." – Aufsuchende Familientherapie im ländlichen Raum

Margit Müller

Wenn der Nachbar über'n Zaun schaut,

... dann sucht er Kontakt
... dann ist er neugierig
... dann lädt er sich oder auch mich zu einem Schwätzchen ein
... dann möchte er etwas erfahren oder etwas erzählen/loswerden
... sieht er, wer wohin geht

aber auch:

... fühle ich mich eingeladen
... fühle ich mich beobachtet
... empfinde ich Neugier usw.

Aus dieser Aufzählung wird deutlich, dass das Thema unterschiedliche Assoziationen über Kommunikation und auch Grenzen auslösen kann, die von der eigenen Erfahrungswelt geprägt sind. Zu der Spezifik aufsuchender Arbeit zählt die Möglichkeit der „zufälligen" Anwesenheit der besten Freundin, von Nachbarinnen, manchmal auch von Verwandten.

Die im Weiteren dargelegten Überlegungen gehen über diese Aspekte hinaus und greifen Erfahrungen und Besonderheiten der Arbeit im ländlichen bzw. kleinstädtischen Bereich auf. Sie beziehen sich auf einen Landkreis in Thüringen mit ca. 127 000 Einwohnern in 69 Gemeinden. Der Landkreis dehnt sich über eine Fläche von ca. 843 km² aus.

Aufsuchende Familientherapie in einem solchen großen Landkreis macht es erforderlich, ausgefeilte logistische Überlegungen anzustellen, um auch aus fahrtechnischen Gründen eine gewisse Effektivität zu erreichen. Mit öffentlichen Verkehrsmitteln sind die Wohnorte der Familien nicht zu erreichen. Hilfreich ist es daher, im gesamten Landkreis Schwerpunkte vor allem mit den Kleinstädten zu setzen. Die Fahrtzeiten liegen trotzdem erheblich über denen, die man bei gleicher Auslastung innerhalb auch einer größeren Stadt hätte. Um die Wegezeiten so weit als möglich zu minimieren, bedarf es einer starken Koppelung von Terminen. Dies lässt sich nicht immer so einfach bewerkstelligen, da die zunächst anvisierten Territorien nicht immer deckungsgleich sind mit den Regionen, in denen dann letztlich ein Bedarf besteht. Unsere Erfahrungen machen auch deutlich, dass auf Dauer eine Zusammenarbeit mit nur einem Jugendamt nicht ausreichend sein wird, um eine entsprechende Auslastung zu gewährleisten, so dass eine Erweiterung auf angrenzende Landkreise angestrebt wird.

Bereits 1992 wurde in einer Studie des Deutschen Jugendinstituts deutlich, dass die Unterschiede zwischen Stadt und Land geringer sind, als üblicherweise angenommen wird. Von daher liegt der Schwerpunkt der Beschreibung nicht auf dem „Entweder-oder" (Stadt oder Land) sondern auf dem „Sowohl-als-auch".[28]

Schon bei der Verwendung der Begriffe Stadt und Land stellen sich möglicherweise unterschiedliche Assoziationen ein. Auf der einen Seite Toleranz, Freiheit, Unabhängigkeit, unbekannte, fremde Kulturen, Wissenschaft, Kultur, Anonymität, Drogen, Gewalt und auf der anderen Seite heimatlich, naturverbunden, provinziell, Nachbarschaftshilfe, jeder kennt jeden schon lange, nichts los, Vertrautheit u. Ä. (Lenz 1990; BMfFSFJ 1990, 1998).

Was man sucht, wird man auch finden. Vorurteile lassen sich so schnell bestätigen. Verallgemeinerungen finden je nach Sichtweise und Lebensvorstellung statt. Dennoch sind einige Faktoren nicht zu übersehen, die eine aufsuchende Familientherapie im ländlichen

28 Ich möchte mich an dieser Stelle herzlich bei allen Sozialarbeitern und Familienhelfern sowie den Familien bedanken, die bereit waren, ihre Sichtweisen und Einschätzungen von unserer Arbeit als aufsuchende Familientherapeuten mitzuteilen, sich mit meinen Fragen auseinander zu setzen und so viel Wertschätzung für unsere Arbeit zu zeigen.

Raum beeinflussen. In diesem Zusammenhang ist auch der Frage nachzugehen was spezifisch auf diese Klienten zurückzuführen ist und was auf den Unterschied zwischen Stadt und Land.

Zunächst sind die Familien vor den strukturellen Problemen des Landkreises betroffen. Der Landkreis selbst wird als „strukturschwaches Gebiet" charakterisiert. Dies bedeutet hohe Arbeitslosigkeit, gekoppelt mit kaum noch vorhandener Industrie (vorher v. a. Textilindustrie, Bergbau, Chemieindustrie, Papierindustrie, Landwirtschaft). Damit gehen einher viele Prozesse der Entwertung des früheren Arbeitslebens, zu denen gehört, dass erlernte Berufe nicht mehr ausgeübt werden können und berufliche Perspektiven gering sind.

Da die Eltern in den Familien, in denen aufsuchende Familientherapie durchgeführt wird, bis auf eine Ausnahme alle im erwerbsfähigen Alter sind, begegnet uns das Problem Langzeitarbeitslosigkeit von Männern und Frauen in sehr dramatischer Form. Auffallend ist dabei, dass dennoch kaum Abwanderungsversuche zu erkennen sind und möglicherweise Mobilität und Flexibilität geringer vorhanden sind. Die Mütter, die oft seit Geburt der Kinder in den Jahren 1990 und 1991 mit Unterbrechungen arbeitslos sind, haben ausnahmslos den starken Wunsch, erwerbstätig zu sein.

Eine bedeutende Veränderung in der Infrastruktur bringt es mit sich, dass durch Schließungen von Schulen sich die Einzugsbereiche vergrößern, wodurch Anfahrten länger werden, soziale Kontakte der Kinder sich vor Ort verringern bzw. verändern. Die beste Freundin des Kindes wohnt nun gegebenenfalls in einem anderen Dorf, bei Nicht-Motorisierung – die Regel bei unseren Familien – stellt dies ein erhebliches Problem dar, soziale Kontakte – vor allem der Kinder – aufrechtzuerhalten.

Weitere Einschränkungen ergeben sich daraus, dass es eine weitaus geringere Anzahl alternativer Angebote für Kinder, Jugendliche und Erwachsene gibt, teilweise sind auch in den Kleinstädten kein Kino, kein Hallenbad u. Ä. vorhanden.

Die Familien selbst bestätigen in gewisser Weise die bereits genannten Assoziationen und Vorannahmen. Zunächst beklagt die Mehrheit ihre Situation der Erwerbslosigkeit. Konkret trägt sich keiner mit dem Gedanken an eine baldige Ortsveränderung. Alle lehnen es ab, in einer größeren Stadt zu wohnen. Als Argumente dafür werden genannt, dass die Arbeitssituation dort auch nicht besser sei und Hektik und Unübersichtlichkeit zunehmen würden. Ängste vor mehr Gewalt und Drogen werden vor allem als Gefahren für die Kinder beschrieben. Bei einem gedachten Ortswechsel steht der Verlust von Freunden, Bekannten und Verwandten ganz oben auf der Negativliste, obwohl diese familialen und nachbarschaftlichen Kontakte das Leben der Familien auch beeinträchtigen.

Zu beachten ist auch, dass Entfernungen von 20 km teilweise schon als enorme Veränderung gesehen werden und Maßstäbe im Vergleich zu städtischen Betrachtungsweisen sehr differieren. Bei einem gedachten Ortswechsel würden einige Familien gerne direkt auf dem Dorf leben und nicht im kleinstädtisch-ländlichen Bereich, da sie die Ruhe und Naturverbundenheit schätzen. Allerdings würden auch hier Bekannte vermisst werden, wobei diese Familien auch deutlich einschätzen, dass es auf dem Dorf nicht so viel Getratsche gäbe wie in der Kleinstadt. Der Kontakt sei direkter und nicht über so viele Ecken möglich, außerdem gäbe es in Haus, Hof und Garten immer zu tun.

Bei näherer Betrachtung der Familien haben wir Folgendes festgestellt:

Viele Familien sind seit Generationen in der gleichen Gegend, oftmals sogar der gleichen Stadt (es gibt jedoch auch zugereiste Partner), dadurch sind Großeltern, aber auch getrennt lebende bzw. geschiedene Partner oder auch Eltern des geschiedenen/getrennt lebenden Partners jedoch vergleichsweise räumlich nah. Versuche der Familien, diese räumliche Nähe als Ressource zu nutzen, zeigten in der Praxis, dass dies in den wenigsten Fällen möglich ist. Weder Großeltern noch Partner fungieren in höherem Maße als in der Großstadt als Unterstützungsnetz. Festzustellen war eher, dass die Söhne oder Töchter, aber auch die Partnerinnen und Partner viel Kraft in Abgrenzungs- bzw. Grenzsetzungsbemühungen investieren. Teilweise entstehen dadurch viele Konflikte, die das Leben in neuen Familienkonstellationen beeinflussen bzw. beeinträchtigen. Ein Neuanfang kann ständig beobachtet und zum Teil auch gestört werden. Eskalationen sind schnell möglich.

„Beobachtungsprozesse" durch die nicht oder sehr selten miteinander in direkten Kontakt tretenden Familienmitglieder und Partner finden unentwegt statt: „Ich habe so meine Quellen" oder „Na, der ist doch bekannt, das sagen mir die ... schon", sind häufige Äußerungen zur Beschreibung der (neu) eingebrachten Informationen.

Die Kontakte und Informationen sind in der Regel zwischen einer Haltung von „Neugier" und „Ist mir doch egal" angesiedelt. Ähnliche Prozesse verlaufen im Umfeld mit Nachbarn und Bekannten. Neugier – Zurückhaltung – Vorsicht kennzeichnen den Prozess auf beiden Seiten. Dabei mischen sich die Formen kontrollierend – abwertend mit kontrollierend – beratend. Wenn auch vor allem letztere eher wohlwollend gemeint ist, wird dies von den Familien nur selten so empfunden. Die aufsuchenden Familientherapeuten werden in solche „Beobachtungsprozesse" ebenfalls mit einbezogen. Wir sind Fremde, von denen man weiß, dass sie da irgendetwas tun. Man „lauert uns auf" und fragt, zu wem wir wollen. Hat man es bereits herausbekommen, wird versucht, uns bestimmte Informationen zukommen zu lassen oder uns in ein Gespräch zu verwickeln. Manchmal wird auch zufällig an der Tür geklingelt. Das Interesse des Umfeldes macht es erforderlich, sich mit der Frage auseinander zu setzen, wo und wie wir Grenzen setzen.

Es geht dabei um Grenzen, die einerseits nicht dazu beitragen sollen, das Verhältnis der Familie zum Umfeld zu komplizieren, andererseits aber die Autonomie der Familie und Anonymität der Inhalte unserer Arbeit schützen. Aus den Erfahrungen der Familien mit ihrem Umfeld resultiert, dass wir uns z. B. schon gar nicht mehr nach dem Weg erkundigen, weil stets zurückgefragt wird, zu wem wir wollen.

Bei einer allein erziehenden Mutter, deren finanzielle Mittel knapp waren, war immer wieder dieser Ärger über die Beobachtungen der Nachbarn und ihre Kommentare gegenüber ihren Kindern (nicht zur Mutter) über das Vorhandensein oder Nichtvorhandensein von Lebensmitteln Thema. Bei der Suche nach hilfreichen Vorgehensweisen sagte die Mutter: „Wenn sich meine Tochter nicht mehr den Mund nach dem Essen abwäscht, könnten wenigsten alle sehen, dass es etwas zu essen gab."

Die eigenen Erfahrungen und Gefühle der aufsuchenden Familientherapeuten lassen oftmals eine Ahnung aufkommen, wie es der Familie in dieser Situation gehen könnte. Es findet eine „Veröffentlichung" des Familienlebens statt, die mit einer enormen Diffusität und Verschwommenheit einhergeht. Sollte man dem Versuch unterliegen, sich an einer Aufklärung zu beteiligen, wird man sehr bald von der Unmöglichkeit dieses Versuches überzeugt. Man wird merken, wie viel Kraft in die Klärung von Missverständnissen investiert wird und wie viele Menschen sich auch gern darin verstricken lassen, „weil sie es ja schon immer so gesehen haben" usw. Die von Imber-Black (1990) beschriebenen Erfahrungen von Familien in Bezug auf Verschiebungen von Grenzen zwischen Privatsphäre und Öffentlichkeit sind sinngemäß auch auf den Umgang mit dem Umfeld zu übertragen. So kann eine Distanzierung vom Umfeld leicht auch als Mangel an Kommunikation oder als Versuch der Verheimlichung angesehen werden. Dies hat auch große Bedeutung für die Vorgehensweise der aufsuchenden Familientherapeuten, da auch diese zunächst in die Familien eindringen. Einerseits erhalten die aufsuchenden Familientherapeuten viele Informationen, andererseits arbeiten sie daran, die Familiengrenzen gegen unbefugtes Eindringen zu schützen (Imber-Black 1990).

Unsere Erfahrungen zeigen, dass es in Bezug auf die bestehenden Kontrollrituale einen Unterschied zwischen Stadt und Land gibt. Die Familien – ebenso wie die Familientherapeuten – stehen in einem größeren „öffentlichen" Interesse.

Einen Zugang zur Familie zu erhalten, macht es in diesem auch von Kontrolle und Interesse geprägten Umfeld erforderlich, viele Aspekte, die in diesem Zusammenhang von Bedeutung sind, für die Arbeit zu berücksichtigen. Hier liegt verständlicherweise ein wichtiges Feld vor allem in der Zusammenarbeit mit den zuständigen Sozialarbeitern begründet. Von ihrer Einschätzung hängt nicht nur die Auswahl der Familie ab, sie „bringen" uns direkt in die Familie. Man könnte fast sagen, je kleiner der Ort, desto „personenbezogener" ist unser Zugang bzw. die „Eintrittskarte" zur jeweiligen Familie.

Erfahrungen mit dem zuständigen Sozialarbeiter werden auch ein Stück auf uns übertragen. Von daher ist es wichtig, dass es möglichst keine „Verbandelungen" der Helfer mit der Familie oder dem Dorf gibt, da sonst unweigerlich einem „Schubladendenken" Vorschub geleistet würde. Unsere außenstehende Position als aufsuchende Familientherapeuten wird von uns als Chance genutzt und von den Familien in der Regel sehr wertgeschätzt.

Gleichzeitig besteht in dieser Form der aufsuchenden Arbeit auch die Gefahr, in den Sog der Familien hineingezogen zu werden. Nach anfänglicher Distanz wird von den Familien schnell ein relativ „familiärer Umgang" eingeführt, wodurch die Gefahr der „Adoption" der Familientherapeuten durch die Familie wächst (Imber-Black 1990).

Neben den bereits skizzierten Aspekten spielen auch Generationsprobleme eine Rolle in der familientherapeutischen Arbeit mit den Familien. Durch die häufig vorhandene Nähe von Eltern- und Großelterngeneration – teilweise in Form einer Großfamilie zusammenlebend – ergeben sich erhebliche Einwirkungen auch auf die aufsuchende Familientherapie, so kann es in noch größerem Ausmaß als im städtischen Bereich notwendig sein, die Großelterngeneration unmittelbar in die Arbeit einzubeziehen.

Des Weiteren spielt Nachbarschaft oft eine ausgeprägtere Rolle, die gegenseitige Nachbarschaftshilfe auf dem Lande in Bezug auf lebenspraktische Dinge wird oft unkomplizierter geregelt. Auch die Bekanntheit bzw. Erfahrungen mit Hilfen sind unterschiedlich.

Der Druck der Umgebung auf eine Familie kann unter Umständen im Dorf größer sein – muss aber nicht unbedingt zu einer schnelleren Hilfeinstallierung führen. Diese Situation stellt sowohl eine Ressource und Potenzial im sozialen Umfeld als auch eine Einengung und Beschränkung dar, andere Lebensauffassungen oder Erziehungsstile zu tolerieren. Die Tendenz zur „Veröffentlichung" des Problems gegenüber professionellen Helfern ist dennoch eher gering.

Während die bisherigen Betrachtungen davon geleitet sind, die beeinflussenden Aspekte von Kontroll- bzw. Beobachtungsritualen im Leben der Familien im ländlichen bzw. kleinstädtischen Milieu darzustellen, soll im Folgenden der Frage nachgegangen werden, wie und wodurch die Familien selbst dazu beitragen, solche „Einladungen zur Beobachtung" auszusenden.

Die Familien selbst oder auch einzelne Familienmitglieder sind an diesen Prozessen beteiligt. Zum einen haben sie die Erfahrung gemacht, dass grenzensetzendes Verhalten von ihrem Umfeld oft als Unwille verstanden wird. In unseren Beobachtungen können wir miterleben und mitspüren, wie schwierig es sein kann, den „Versuchungen, anderen auf den Leim zu gehen" zu widerstehen. Die eigene Prägung und Verankerung in den Werten und Vorstellungen, die sowohl das eigene Leben als auch das der Menschen in ihrem Umfeld beeinflusst hat, erschwert es, aus diesem Kreislauf auszubrechen.

Zum anderen ist das Setzen und Einhalten von Grenzen auch für die innerfamiliären Prozesse von Bedeutung. Oftmals gibt es ein Schwanken zwischen totaler Abgrenzung und totaler Diffusität, was sich auch im Umgang mit der Umwelt ausdrückt. Diese Schwankungen erlauben es, einerseits Schuldzuweisungen an andere auszusprechen und andererseits Abwehrmechanismen und „Nebenschauplätze" aufzubauen. „Da müssten Sie mal hingehen, da ist es noch viel schlimmer als bei uns!" Es sind dabei vielfältige Varianten zu beobachten, Koalitionen und „Geheimbünde" zu begründen.

Auf dem Hintergrund des nachbarschaftlichen Interesses ist von entscheidender Bedeutung für die Arbeit, wie die Familie diese Neugier vom Interesse der Familientherapeuten unterscheidet. Dieser Aspekt wird u. a. durch folgende Fragen von uns aktiv in die Gespräche eingebracht:

„Wie geht es Ihnen damit, dass nun noch zwei Leute dazukommen?"
„Was sollten wir tun bzw. eher nicht tun?"
„Was tun sie selbst?"
„Wie erklären Sie sich das Interesse Ihrer Nachbarn an Ihrem Familienleben?" usw.

Durch die Thematisierung von Unterschieden zwischen professioneller Neugier und nachbarschaftlichem Interesse können wir diese Unterschiede sichtbar machen und die Spannung zwischen Vertrautem und Fremden nutzen. In diesen Zusammenhang gehören auch Erörterungen von Nähe und Distanz, Anfang und Ende, Respekt und Konfrontation sowie die Einführung eines „Preisgabelimits". Wir fordern die Familie zu Zweifeln über die Angemessenheit des Zeitpunkts von Mitteilungen an uns oder andere Helfer heraus und stoppen die Familie gegebenenfalls auch in ihrem Informationsfluss über schwierige und problematische Familien- und Nachbarschaftsbeziehungen.

Die Familien sind im Allgemeinen gewöhnt, zu „tratschen in Abwesenheit des Betratschten", wir wandeln die Situation um indem wir „tratschen in Anwesenheit des Betratschten" (Deissler 1997). Inhalte des „Tratschens" sind u. a. Grenzen, Abwertungen, Erfahrungen des Nichtabwertens, Wertschätzung, eigene Vorurteile und die anderer u. Ä. Die Schwierigkeiten, die die Familien oft im Zusammenhang mit der Neugier ihrer Nachbarn, Bekannten und Verwandten schildern, können durch die aufsuchenden Familientherapeuten aufgrund ihres methodischen Vorgehens entsprechend aufgegriffen werden und für die Familien dadurch beeinflussbar erscheinen. Hierbei sind u. a. folgende zirkuläre Fragen hilfreich: „Was wäre, wenn der Nachbar morgen weggezogen ist, wenn im Dorf keiner mehr über Sie tratschen würde, wenn Sie mal alle einladen würden?"

Interessanterweise ist dann häufig zu beobachten, dass trotz aller Erschwernisse die Familien auch ein Stück gelernt haben, mit diesem „Tratsch" und anderen Problemen zu leben. Nicht bei allem, was wir für veränderbar halten, sieht die Familie eine Notwendigkeit, es zu ändern. Die Schaffung einer angemessenen Ungewöhnlichkeit (Andersen 1990) ist für uns ein zentraler methodischer Schwerpunkt, der dazu beiträgt, mit einer Mischung von Bestätigung und Infragestellen den Familien einen Weg aus ihrem Labyrinth von Problemen zu zeigen.

Während wir uns anfänglich unter hohem Erfolgsdruck fühlten und wenig Zeit hatten für eine Entwicklung, ist die weitere Arbeit in der aufsuchenden Familientherapie inzwischen zunehmend mehr Alltag geworden. Die Zusammenarbeit mit interessierten Jugendamtssozialarbeitern verläuft weit gehend positiv, Schulen und Kindergärten ist unser Angebot vertrauter geworden, manche Nachbarn „empfehlen" uns weiter, weil sich eine Familie in ihren Augen „durch uns" positiv entwickelte, und kritische Blicke oder Betrachtungen des Umfelds werden von uns unkompliziert und flexibel aufgegriffen.

Herausfinden, was wirkt
Selbstevaluation – eine Methode auch für aufsuchende Familientherapeuten

Ivo Nicolai

Die Selbstevaluation als systematische Erfassung und Auswertung des eigenen professionellen Handelns ist eine der Möglichkeiten, spezifisch zugeschnitten auf den eigenen Arbeitsalltag relevante Fragen zu formulieren, eigenes Handeln zu reflektieren und Interaktionen kritisch zu betrachten. Was tue ich mit welcher Intention, in wessen Auftrag und mit welchen Auswirkungen? Was tun andere Beteiligte in der direkten Umwelt? Allgemeiner gesprochen und in einem größeren, auch berufspolitischen Rahmen geht es dabei auch um die Frage: „Wie ist mit knappen Ressourcen Qualität zu erzielen und zu sichern?"

Prozesse und Ergebnisse sollen nicht mehr oder weniger zufällig sein, sie sollen vielmehr transparent sein, wir wollen sie als theoriegeleitetes Handeln verständlich machen. Neben den gewachsenen inhaltlichen Ansprüchen stellen inzwischen auch die Sparbemühungen und Forderung der öffentlichen Verwaltung nach Effizienz und Effektivierung neue Anforderungen an die Qualitätsdiskussion.

Die meisten Sozialarbeiter, Sozialpädagogen, Psychologen u. Ä. kennen die bohrenden Fragen nach Effektivität und Effizienz ihrer Tätigkeit. Soziale Arbeit hat meist kein sichtbares Produkt als Arbeitsergebnis. Die Arbeit mit Menschen lässt sich nicht in Maßeinheiten und Standards packen, sagen die einen. Soziale Arbeit sei keine Arbeit, sondern lediglich professionalisiertes Kaffeetrinken, sagen andere.

Der Unklarheit über den Nutzen der eigenen Bemühungen und mangelnder Wertschätzung von außen, die viele Sozialarbeiter als belastend erleben, steht zunehmend der Wunsch nach Nachvollziehbarkeit und Transparenz der eigenen Arbeit gegenüber. Die Selbstevaluation ist eine Methode zur Beobachtung und Reflexion des eigenen professionellen Handelns. „Reflektiert handelnde Praktikerinnen sehen sich über die eigene Schulter während sie handeln und gewinnen so Distanz zu sich und ihrem Tun. Zugleich reden sie mit der Situation, in der sie handeln. Indem sie in Worte fassen, wie und warum die anderen Anwesenden auf bestimmte Weise reagieren, was sie selbst denken und empfinden, was sie zu erreichen hoffen und zu diesem Zweck unternehmen wollen, geben sie der Situation eine sprachliche Form, die es ihnen ermöglicht, über ihr (potentielles) Handeln zu räsonieren und in eine gedankliche Auseinandersetzung mit dem Geschehen zu treten". (Heiner 1988, S. 138).

Selbstevaluation schafft Transparenz! Sie wird zu einem Mittel der Qualitätssicherung und der Einflussnahme, sie kann auch wesentlich zur Arbeitszufriedenheit beitragen, wenn klar wird, *was* man *wie* mit *welchen Mitteln* und mit *welchen (Er-)Folgen* tut.

WAS WIRKT WIE? – FRAGEN ÜBER FRAGEN

Es ist nicht nur von Vorteil, seine Arbeit auszuleuchten: Man verlässt die schützende Grauzone. Es stellt sich die bange Frage, welche möglicherweise negativen Konsequenzen mit einer solchen Transparenz verbunden sein könnten. Wer sich auf eine Selbstevaluation einlässt, erweitert sein Blickfeld und erhöht zunächst die Komplexität. Viele Fragen erschließen sich bei einem Arbeitsfeld, bei dem es um komplexe zwischenmenschliche Beziehungen geht, wie bei jenem Witz: „Wie viele Sozialarbeiter braucht man, um eine Glühbirne einzuschrauben? Nur **einen**, aber die Glühbirne muss wirklich wollen."

Woher soll man nun aber wissen, ob die Glühbirne wirklich will, und wie bringt man sie dazu, wirklich zu wollen? Unter Umständen kümmert sie sich wenig um die Bemühungen des Sozialarbeiters! Der Sozialarbeiter jedoch glaubt vielleicht, nur er müsse richtig wollen, um die Glühbirne zu dem gewünschten Ergebnis zu bringen. Was wirkt also? Ist es die Kunst des Sozialpädagogen, der Zufall oder alles zusammen und andere Faktoren dazu. Und nicht zuletzt ist das Zusammenspiel zwischen den Beteiligten, deren Kooperation, wesentlich fürs Gelingen der Aufgabe.

Bei der Annäherung an die Selbstevaluation, an eine Auswertung des eigenen professionellen Handelns, öffnet sich in vielen Kontexten eine weitere bedeutungsvolle Dimension: Klienten sind autonome Systeme, denen ein theoriegeleitetes, professionelles Handeln zielgerichtet Unterstützung bieten soll (Heiner 1996).

Im Arbeitskontext der Jugendhilfe steht das Verhandeln mit den Klienten und deren Bezugssystemen über anschlussfähige Interventionen, die Abstimmung von Zukunftsvorstellungen und Zielen ständig im Wechselspiel mit dem Ansinnen, die eigene Arbeit auf ihre Effektivität hin zu reflektieren und schließlich zu evaluieren.

Mit den neuen Anforderungen an die Transparenz sozialer Arbeit rückten zunehmend qualitative Elemente in den Mittelpunkt des Überprüfungsinteresses (Scherrer 1996). Nicht mehr das streng zahlenmäßige, experimentelle Erheben von Daten einer Stichprobe, sondern die qualitative Betrachtung des Prozesses ist dabei von Interesse. Man könnte sagen: Die qualitative Forschung wagt sich an die Betrachtung von Komplexität und schließt darüber hinaus noch die Bewertung der Praxis mit ein.

Die Selbstevaluation ist ein verhältnismäßig junger Spross unter den Qualifizierungsmöglichkeiten für die soziale Arbeit, die 1988 von Maja Heiner nach längeren Vorarbeiten als Methode für der Fachöffentlichkeit vorgestellt wurde. Bei der Selbstevaluation geht es darum, durch systematische, schriftliche Sammlung sowie Aus- und Bewertung von Daten über den eigenen Arbeitsbereich eine rationalere und fundiertere Grundlage für die Planung oder Optimierung der beruflichen Arbeit zu bekommen. Durchführende sind Fachkräfte an der „Basis", gleichwohl Einzelfachkräfte oder auch ganze Teams.

Es gibt verschiedene Evaluationsmöglichkeiten, die sich im Wesentlichen darin unterscheiden, wer Auftraggeber und Ausführender einer Evaluation ist. Die klassische Selbstevaluation ist aus dem eigenen Forschungsinteresse eines Teams oder einer Einzelperson entstanden und wird von denselben Personen in ihrem eigenen Arbeitskontext durchgeführt.

Die „Datenerhebung" erfolgt dabei aus dem beruflichen Alltag, möglichst ohne große Mehrarbeit, indem man beforscht, was ohnehin alltäglich geschieht. Das Konzept der Selbstevaluation meidet damit elegant Schwierigkeiten, die bei externen Evaluationsvorhaben immer wieder auftauchen. Die Forschungserfahrung zeigt, dass Ergebnisse umso besser sind, je detaillierter die Informationen über den Prozess sind. Am nächsten am Prozessgeschehen sind die unmittelbar Beteiligten, die damit – bei entsprechendem Erkenntnisinteresse – optimale Forschungskriterien erfüllen.

Bei einer Selbstevaluation geht grundsätzlich die Initiative von den Fachkräften selbst aus. Die Forscher verfügen über ihre eigene Ergebnisse, die sie für sich nutzen
Es geht in der Regel um

- die Umsetzung innovativer Konzeptionen,
- die Optimierung der Prozesse im Alltagsgeschehen und
- die Beurteilung der Wirkung der eigenen Interventionen.

Besondere Merkmale der Selbstevaluation

Trotz der Ähnlichkeit mit Methoden der Evaluation ist die Selbstevaluation nicht vorrangig auf die Vermehrung wissenschaftlichen Wissens ausgerichtet. Sie ist vielmehr ein Verfahren zur Qualifizierung und Optimierung der praktischen Arbeit, aber durchaus vor einem theoretischen Hintergrund, denn sie fordert eine ständige Diskussion über die Beziehung zwischen der ausgeübten Praxis und den Forschungsergebnissen.

Die Fachkräfte erarbeiten ihre Fragestellung im Prozess der Selbstevaluation spiralförmig. In einem ersten Schritt geht es um die Vorformulierung des Untersuchungsziels, das sich i. d. R. aus den eigenen theoretischen und erfahrungsgeleiteten Vorannahmen entwickelt hat. Über die Operationalisierung dieser Hypothesen kommt man zu einer ersten Formulierung der Indikatoren für die Evaluation. Man buchstabiert gewissermaßen bis ins Detail die Prozesse durch, denen man auf den Grund gehen möchte. Danach muss man Verfahren entwickeln, mit denen man die Informationen beschaffen, einschätzen, messen und bewerten kann. Ergeben sich in der Auseinandersetzung mit den Vorannahmen neue Aspekte, wird eine Neuformulierung von Hypothesen vorgenommen. Dies alles geschieht in einem permanenten Prozess, in dem systematisch dokumentiert, analysiert und bewertet, gelernt und neu formuliert wird.

Wenn die Idee entsteht, eine Selbstevaluation durchzuführen, sollten nach Heiner (1998) folgende Kriterien geprüft werden:

- *Die Plausibilität* der Ziele, Kriterien und Indikatoren der Zielerreichung, d. h., es muss einleuchtend sein, was untersucht wird.
- *Die Nachvollziehbarkeit* der Untersuchung in ihren Schritten und Erklärungen, d. h., die Untersuchung muss dokumentiert werden.
- *Die Relevanz* der Untersuchung sollte gewährleistet sein, d. h., die Inhalte sollten für die Weiterentwicklung der Organisationseinheit von Wichtigkeit sein.
- *Die Effizienz* der Untersuchung, d. h., der Aufwand der Erhebung sollte vertretbar sein.
- *Die Flexibilität* in der Untersuchung sollte erhalten bleiben, d. h., das untersuchte System sollte sich nicht der Untersuchung anpassen, sondern die Untersuchung dem Systemverlauf.

Selbstevaluationsprozesse werden von Vorgesetzten, aber auch von Basismitarbeitern nicht immer als segensreich erlebt. Einige Nebenwirkungen, exemplarisch dargestellt, geben vielleicht einen Einblick in die noch vorherrschende Ambivalenz:

- Man erhält Informationen über Zusammenhänge von Prozessen
- Der Fokus wird auf die Interaktion mit dem Klientel gerichtet
- Die Durchführung der Selbstevaluation führt häufig zu einer Steigerung des Engagements und des Selbstbewusstseins der Fachkräfte
- Aus einer prozesshaften Reflexion ergeben sich Veränderungsmöglichkeiten der Strategien
- Professionelle Handlungskompetenz, Experimentierfreudigkeit und „Profidistanz" erfahren eine Aufwertung
- Die Autonomie der „Forschenden" erhöht sich

Nach all dem Geschilderten sind die Grenzen der Selbstevaluation leicht zu erkennen. Die Selbstevaluation als prozesshaftes, nicht standardisiertes qualitatives Forschungsverfahren ermöglicht nicht immer eine wissenschaftlich fundierte Verallgemeinerung der Ergebnisse, da die Untersuchungen oft aus Fallstudien bestehen und so das Beobachtungsspektrum eingeschränkt ist. Die Arbeitssituation in der Jugendhilfe, die vordergründig betrachtet wenig Anreize stellt, sich über das oft mühsame Alltagsgeschäft hinaus mit Forschung zu beschäftigen, kann durch Selbstevaluationsvorhaben ohne großen Aufwand entspannt werden.

Die Diskussion um Qualitätsstandards und deren Sicherung, um die Notwendigkeit von Effizienz sozialer Maßnahmen stellt im weitesten Sinne existenzielle Fragen: Welchen Einsatz kann und muss ich leisten, um zum einen meinen Arbeitsplatz zu sichern und zum anderen politische, fachliche und institutionelle Veränderungen in meinem Sinne mitzugestalten?

DAS ERFORSCHEN DER EIGENEN ARBEIT

Erfolgreiche wie auch gescheiterte Verläufe, Abbrüche oder langjährige Maßnahmen, funktionierende und schwierige Kooperationen mit Eltern sowie das ganze Spektrum der Arbeit warfen immer wieder unbeantwortete Fragen danach auf, warum es so verlaufen war und was wir dazu beigetragen hatten.[29]

Einen wichtigen Impuls, sich noch mehr mit der Zirkularität von Prozessen zu befassen, also der Frage, wie alle Beteiligten zur Aufrechterhaltung oder Veränderung beigetragen haben, gab eine vor einigen Jahren durchgeführte einrichtungsinterne systemische Weiterbildung. Alle Mitarbeiter wurden in grundlegende, systemische Denkweisen eingeführt, auch mit dem Ziel, innerhalb der Einrichtung fachlich eine „gemeinsamen Sprache" zu finden, die die Arbeitseffizienz und somit die Arbeitszufriedenheit erhöhen sollte. Die Resonanz war durchweg positiv, die Arbeit schien leichter zu sein, die Lösungen wichtiger als die Probleme ... Vor diesem theoretischen und praktischen Hintergrund wuchs das Interesse, aber auch der Mut, die eigene Arbeit zu durchleuchten. Die hauptsächliche Doku-

29 Im Folgenden werden Erfahrungen aus dem Selbstevaluationsvorhaben (Schweitzer 1987) einer sozialpädagogischen Wohngruppe geschildert, die exemplarisch auch Prozesse beschreiben, die für Mitarbeiter in der ambulanten Erziehungshilfe zutreffen und vor allem für aufsuchende Familientherapeuten von Nutzen sein können.

mentation erstreckt sich auf mittelbare Interaktionen mit Jugendlichen, Kontakte und Gespräche mit deren Familien, mit Jugendämtern, Schulen bzw. Betrieben.

Schwerpunkt der Arbeit ist gemäß den Vorgaben des Kinder- und Jugendhilfegesetzes die Befähigung zu einer konstruktiven, selbstständigen Lebens- und Alltagsbewältigung. Das schließt eine ganze Reihe von individuellen und gesellschaftlichen Zielsetzungen für die Jugendlichen mit ein. Neben den gesellschaftlichen Zielen, die das Jugendamt formuliert, wie etwa das Erreichen eines Schul- oder Ausbildungsabschlusses, keine Straffälligkeit u. a., formulieren auch die Eltern Ziele, und nicht zuletzt muss eine – oftmals nicht ganz leichte – Aushandlung mit dem Jugendlichen selbst über Ziele, Wünsche und Vorstellungen erfolgen. Hierzu wird auf der rein formalen, gesetzlich festgelegten Ebene zu Beginn einer so genannten Maßnahme ein Hilfeplan aufgestellt, der halbjährlich erneuert wird. Darin geht es um die Formulierung der Ziele der verschiedenen am Prozess Beteiligten, deren Vorstellungen über die Wege, die dahin führen sollen, Hilfen, die benötigt werden und Zeitvorstellungen für die Ziele.

Nach unserem Konzept versuchen die Mitarbeiter, bei diesen Aushandlungsprozessen und bei der späteren gemeinsamen Arbeit Ressourcen in den Mittelpunkt der Kooperation zu rücken und so die persönliche Souveränität der Jugendlichen zu stärken. Von Anfang an kooperieren wir eng mit den Eltern. In Krisensituationen bei Jugendlichen sind wir bemüht, lösungsorientiert zu arbeiten. Das gemeinsam erarbeitete Konzept formuliert auch den Anspruch, lineare Pfade in unserer gemeinsamen Strategie zu verlassen und stattdessen einer zirkulären Sichtweise mit uns selbst als Akteuren den Vorzug zu geben.

All das Geschilderte hebt jedoch noch nicht den Schleier von der Black Box, die zwischen unseren konzeptionellen Ansinnen, den ausgehandelten Zielformulierungen und dem Ergebnis liegt. Was tun wir als alltägliche Wegbegleiter, als Vertraute, als Berater, als gesellschaftliche Kontrollinstanz und in all den anderen Rollen, die wir innehaben, um die Jugendlichen bei der Erreichung der formulierten Ziele zu unterstützen?

Über Einflussfaktoren, die begünstigend wirken könnten, leite ich aus meiner Erfahrung Hypothesen ab, aus denen sich gemäß dem beschriebenen Operationalisierungsprozess folgende Fragen ergeben:

Was mache ich *tatsächlich* in meinem beruflichen Alltag, in wiederkehrenden oder in besonderen Situationen, was sind meine Anteile in Interaktionen, die eine Wirkung entfalten – oder nicht? Was sind die Anteile meiner Kollegen, welche Aufgaben übernehmen sie, was sind deren Stärken? Wie wirkt sich die Kooperation unter uns aus, sind Schwerpunkte zu beobachten, die bislang unbemerkt eine entscheidende Rolle spielten? Wie wirken neben unserer professionellen Arbeit unsere individuellen Persönlichkeiten, welche unterschiedlichen Herangehensweisen führen zu welchem Ergebnis?

Anhand der folgenden Basiskategorien werden wöchentliche Aufzeichnungen gemacht über:

- das Einzelgespräch
- das Familiengespräch
- Außenkontakte (Jugendämter, Justiz, Schule, Lehre)

Parallel dazu wird die **Selbsteinschätzung** von Veränderungsprozessen der Jugendlichen, ihrer Eltern und der Jugendamtsmitarbeiter in Abständen von drei Monaten mit einem Fragebogen dokumentiert. So können neben unseren eigenen Dokumentationen die Rückmeldung der Betroffenen die Hypothesen untermauern oder tendenziell zu einer Veränderung in den Vorannahmen führen.

Die im Verlauf der Untersuchung gesammelten Daten werden sukzessive ausgewertet, d. h. mit den formulierten Hypothesen verglichen und im Sinne einer Theoriebildung weiterverarbeitet. Bestätigen sich die Hypothesen nicht, so werden sie verändert und nach der Auswertung wieder in den Untersuchungsprozess eingebracht.

Die allein erziehende Mutter eines knapp 18-jährigen Sohnes wendet sich an das Jugendamt, da sie im Alltag mit ihrem Sohn nur noch konflikthaft kommunizieren kann. Der Jugendliche entwickelt darüber hinaus eine recht problematische Schulverweigerungshaltung, die zu weiteren Konflikten führt. Das Jugendamt nimmt zu uns Kontakt auf mit dem Auftrag, uns der Problematik anzunehmen.

Erste Gespräche in der Familie führen zu folgenden Hypothesen:

- *Mutter und Sohn haben Kommunikationsprobleme, die vor allem mit dem Alter des Sohnes zu tun haben, der sich nicht mehr alles bieten lassen möchte und eine eigene Identität sucht.*

- *Die Mutter hat die Trennung vom Vater ihres Sohnes vor allem als persönliche Demütigung erlebt und hegt ein Aggressionspotenzial gegenüber dem Vater, das auch vom Sohn übernommen wird.*
- *Da sich Vater und Sohn nicht kennen, ist bei beiden von einem verzerrten Bild des anderen auszugehen.*
- *Der Sohn lehnt sich gegen die Mutter auf, die er als überbeschützend erlebt. Sie hat nur sich im Visier und kann die Entwicklung ihres Sohnes nicht wertschätzend begleiten.*
- *Die Mutter nimmt die Erziehung ihres Sohnes sehr ernst und möchte maximale Ergebnisse erzielen, quasi als Beweis, dass sie es alleine auch kann und auch besser als andere allein Erziehende.*
- *Die Überprüfung der Hypothesen führt in den weiteren Sitzungen zu verschiedenen Ideen in der Arbeit mit der Familie, die im Team reflektiert werden.*

Die Selbstevaluation stützt sich auf zwei Stränge der Beobachtung und Dokumentation, die sich in ihrem Fokus wie folgt unterscheiden: Einmal geht es um die Erfassung und Bewertung des allgemeinen Alltagsprozesses gemäß der Frage: „Was tut sich insgesamt?" Hier wird ein großer Bogen gespannt, der übergeordnet den Alltag erfasst. Unsere wöchentlichen Teamsitzungen sind Teil der Informationsgewinnung zur Dokumentation der Abläufe aus verschiedenen Perspektiven.

Während einer Teamsitzung wird von einem Kollegen festgestellt, dass in letzter Zeit die Anzahl der Regelübertritte der Jugendlichen sprunghaft angestiegen ist. Wir diskutieren die verschiedenen Wahrnehmungen, die möglichen Zusammenhänge und Ideen, dieser Entwicklung entgegenzusteuern:

- *Es gibt neue Jugendliche in der Gruppe, die sich gleich „profilieren" möchten.*
- *Wegen der längeren Krankheit eines Kollegen wurde der Dienstplan geändert, so entstanden häufigere Wechsel der Dienste.*
- *Die neuen Jugendlichen müssen ihren Platz in der Gruppe finden.*
- *Es gibt eine Art „Trauerreaktion" auf die längere Abwesenheit des erkrankten Kollegen.*
- *Die häufigen Dienstwechsel wirken destabilisierend auf die Gruppe.*

Im Team wird beschlossen, dass wir uns verstärkt um die „Neuen" kümmern und den Dienstplan nochmals verändern. Wir verabreden, die Auswirkung unserer Beschlüsse in zwei Wochen zu besprechen. Im zweiten Strang geht es um die Erfassung bestimmter Prozesse im kleineren Maßstab, d. h., wie Kollegen z. B. Konflikte mit Jugendlichen erleben und mit ihnen umgehen. Hier sollen Prozesse so präzise wie möglich beschrieben werden, um daraus Vorgehensweisen der Beteiligten, Hintergründe, Rückschlüsse und Veränderungen im eigenen Verhalten abzuleiten.

Ein jüngerer Kollege stellt zur Diskussion, dass er sich häufig in aggressive Eskalationen mit Jugendlichen verwickelt sehe. Er hat in seinen Aufzeichnungen im Laufe der Zeit wiederkehrend festgestellt, dass er bei der Durchsetzung von Regeln oft scheitert. Wenn Jugendliche ihm mit Widerstand begegnen, gebe er oftmals nach, um eine Eskalation zu vermeiden. Dem Nachgeben folgten dann aber meist andere Forderungen oder Regelverstöße, so dass es schließlich immer „enger" für ihn werde und am Ende doch eskaliere. Aus der gemeinsamen Reflexion im Team nimmt er die Idee mit, dass sein Ausweichen von den Jugendlichen als Schwäche gesehen wird und als Einladung, seine Grenzen „auszutesten". Gemeinsam gehen wir im Detail die Situationen durch, und der Kollege beschließt, einige kleine, aber möglicherweise entscheidende Veränderungen in seinen Verhaltensweisen auszuprobieren. Zur Auswertung seiner Erfahrungen vereinbaren wir einen Zeitraum von sechs Wochen.

Was haben wir gelernt?

Das eigene professionelle Handeln transparent zu machen, es zu dokumentieren, stellt mitten in der Alltagsarbeit eine ungewöhnlich leichte Möglichkeit dar, eine Außenperspektive einnehmen zu können. Alle Beteiligten sind in diese Reflexion einbezogen, so dass man nicht nur den gemeinsamen Arbeitsauftrag aushandelt, sondern sozusagen en passant kontinuierlich Prozessreflexion praktiziert. Die gemeinsame Reflexion wird von den Mitarbeitern, aber auch von den Kooperationspartnern geschätzt und als Bereicherung erlebt. In diesem Sinne betrachten wir uns in einem ständigen Prozess, bei dem es stets Zwischenbilanzen, nie jedoch ein wirkliches Ende gibt.

BEOBACHTUNGSBOGEN ALLTAG

KW:

Name:

Gegenwärtige Situation:

Beobachtungen des Alltags:	Folgen bzw. Konsequenzen für wen?
Was klappt?	
Was klappt nicht?	
Wer will welche Veränderungen?	
Kontakte: Wer mit wem?	
Ziele?	

Literatur

Andersen, T. (1990): Das reflektierende Team. Dialoge und Dialoge über die Dialoge. Dortmund (Modernes Leben). [engl. Orig. (1990): The Reflecting Team. – Dialogues and Dialogues about Dialogues. Kent (Borgman).
Anderson, H. u. H. Goolishian (1990): Menschliche Systeme als sprachliche Systeme. *Familiendynamik* 15 (3): 212–243.
Anderson, H. u. H. Goolishian (1992): Der Klient ist Experte: Ein therapeutischer Ansatz des Nicht-Wissens. *Zeitschrift für systemische Therapie* 10 (3): 176–189.
Anthony, E. J. (1974): The syndrome of the psychologically invulnerable child. In: E. J. Anthony a. C. Koupernik (eds.): The child in his family: Children at psychiatric risk, Vol. 3. New York (Wiley), pp. 529–544.
Anthony, E. J. (1987): Risk, vulnerability, and resilience: An overview. In: E.J. Anthony a. B. J. Cohler (eds.): The vulnerable child. New York (Guilford Press), pp. 3–48.
Aponte, H. (1994): Bread and spirit. Therapy with the new poor. New York/ London (Norton).
Baldwin, A. L., C. Baldwin a. R. E. Cole (1990): Stress-resistant families and stress-resistant children. In: J. E. Rolf, A. S. Masten, D. Cicchetti, K. H. Nuechterlein a. S. Weintraub (eds.): Risk and protective factors in the development of psychopathology. Cambridge, NY (Cambridge University Press), pp. 257–280.
Bateson, G. (1985): Ökologie des Geistes. Anthropologische, psychologische, biologische und epistemologische Perspektiven. Frankfurt (Suhrkamp). [am. Orig. (1972): Steps to an Ecology of Mind. Collected Essays in Anthropology, Psychiatry, Evolution and Epistemology. London (Intertext Books).]
Beavers, W. R. a. R. B. Hampson (1990): Successful families: Assessment and intervention. New York (Norton).
Beavers, W. R. and others (1987): Self-Report Family Inventory. New York (Norton).
Beavers, W. R. a. R. B. Hampson (1993): Measuring family competence: The Beavers system model. In: F. Walsh (ed.): Normal family processes. New York (Guilford Press), 2nd ed.
Beck, A., A. J. Rush, B. F. Shaw a. G. Emery (1987): Cognitive therapy of depression. New York (Guilford Press).

Bender, D. (1995): Psychische Widerstandsfähigkeit im Jugendalter: Eine Längsschnittstudie im Multiproblem-Milieu. Friedrich-Alexander-Universität Erlangen-Nürnberg. Dissertation.

Bentovim, A. (1995): Traumaorganisierte Systeme. Systemische Therapie bei Gewalt und sexuellem Missbrauch in Familien. Mainz (Matthias-Grünewald).

Berg, I. K. (1992): Familien-Zusammenhalt(en). Ein kurztherapeutisches und lösungs orientiertes Arbeitsbuch. Dortmund (Modernes Leben).

Berliner Kostensatzrahmenvereinbarung für den Jugendhilfebereich (KSRV, Fassung vom 6.4.2000) zwischen dem Land Berlin, vertreten durch die für die Jugend zuständige Senatsverwaltung und die in der LIGA zusammengeschlossenen Spitzenverbände der Freien Wohlfahrtspflege auf der Grundlage des § 77 SGB VIII.

Bleuler, M. (1978): The schizophrenia disorder. New Haven, CT (Yale University Press).

Bleuler, M. (1984): Different forms of childhood stress and patterns of adult psychiatric outcome. In: N. F. Watt, E. J. Anthony, L. C. Wynne, a. J. E. Rolf (eds.): Children at risk of schizophrenia: A longitudinal perspective. Cambridge, NY (Cambridge University Press), pp. 537–542.

Bliesener, T. (1988): Streßresistenz und die kognitive Konstruktion sozialer Ressourcen. Universität Bielefeld. (Dissertation).

Boscolo, L. u. P. Bertrando (1997): Systemische Einzeltherapien. Heidelberg (Carl-Auer). [engl. Orig. (1996): Systemic Therapy with Individuals. London (Karnac Books).]

Boyd-Franklin, N. a. B. H. Bry (2000): Reaching out in family therapy. Homebased, school, and community interventions. New York (Guilford Press).

Brunner, E. (1984): Revelation and reason. Raleigh, NC (Stevens Book Press).

Bundesministerium für Familie, Senioren, Frauen und Gesundheit (Hrsg.) (1990): Achter Jugendbericht. Bonn.

Bundesministerium für Familie, Senioren, Frauen und Gesundheit (Hrsg.) (1998): Zehnter Kinder- und Jugendbericht. Bonn.

Cecchin, G. (1999): Mit Eltern arbeiten, die ihre Kinder loswerden wollen. (Unveröffentl. Manuskript. Workshop 1999, Context Institut für Therapie und Beratung, Berlin).

Cecchin, G. (2002): Mit Eltern arbeiten, die ihre Kinder loswerden wollen. (Unveröffentl. Manuskript. Workshop 2002, Context Institut für Therapie und Beratung, Berlin).

Cecchin, G., G. Lane u. A. R. Wendel (1993): Respektlosigkeit: Eine Überlebensstrategie für Therapeuten. Heidelberg (Carl-Auer-Systeme). [engl. Orig. (1992): Irreverence. A strategy for therapists' survival. London/New York (Karnac Books).]

Cicchetti, D. a. N. Garmezy (1993): Milestones in the development of resilience. Special issue. *Development and Psychopathology* 5: 497–783.

Cierpka, M. (Hrsg.) (1996): Handbuch der Familiendiagnostik. Berlin/Heidelberg/New York (Springer-Verlag).

Cirillo, S. u. P. Di Blasio (1992): Familiengewalt. Ein systemischer Ansatz. Stuttgart (Klett-Cotta). [ital. Orig. (1989): La famiglia maltrattante. Diagnosi e terapia. Mailand (Raffaelo Cortina Editore).]
Colapinto, J. (1997): The patterns that disconnect. The foster care system operates as if parent-child relationships can be switched on and off. *Family Therapy Networker* 21 (11/12): 43–45.
Conen, M.-L. (1990a): Familienhilfe zwischen helfen und helfen, zu verändern. *Theorie und Praxis der Sozialen Arbeit* 41 (4): 259–265.
Conen, M.-L. (1990b): Systemische Aspekte der Kooperation in der sozialpädagogischen Familienhilfe. *Kontext – Zeitschrift für Familientherapie* 8 (18): 47–53.
Conen, M.-L. (1990c): Elternarbeit in der Heimerziehung. Frankfurt (Internationale Gesellschaft für Heimerziehung).
Conen, M.-L. (1992): Familienorientierung als Grundhaltung in der stationären Erziehungshilfe. Dortmund (Modernes Leben).
Conen, M.-L. (1996a): „Wie können wir Ihnen helfen, uns wieder loszuwerden?" – Aufsuchende Familientherapie mit Multiproblemfamilien. *Zeitschrift für systemische Therapie* 14 (3): 178–185.
Conen, M.-L. (1996b): Wenn Heimerzieher zu nett sind ... Heimkinder im Loyalitätskonflikt zwischen Eltern und Erziehern. *Evangelische Jugendhilfe* 73 (4): 206–216.
Conen, M.-L. (1996c): Aufsuchende Familientherapie mit Multiproblemfamilien. *Kontext – Zeitschrift für Familientherapie* 27 (2): 150–165.
Conen, M.-L. (1997a): Ambulante Hilfen – ohne Nachfrage? *AFET-Mitgliederrundbrief* (1): 7–17.
Conen, M.-L. (1997b): Sexueller Missbrauch aus familiendynamischer Sicht. In: E. Helming, H. Schattner, H. Blüml u. a., Bundesministerium für Familie, Senioren, Frauen und Jugend. (Hrsg.): Handbuch sozialpädagogische Familienhilfe. Stuttgart (Kohlhammer), S. 384–400.
Conen, M.-L. (1999a): Aufsuchende Familientherapie – eine ambulante Hilfe für Multiproblemfamilien. *Sozialmagazin* 24 (4): 35–39.
Conen, M.-L. (1999b): Problemkarrieren von delinquenten Kindern unterbrechen – aufsuchende Familientherapie, eine Hilfeform bei Problemkarrieren. *Forum Erziehungshilfen* 5 (2): 115–122.
Conen, M.-L. (1999c): „Unfreiwilligkeit" – ein Lösungsverhalten. *Familiendynamik* 24 (3): 150–165.
Conen, M.-L. (2000): „Aus paritätischen Gründen suchen wir einen männlichen Kollegen ..." – eine Idee, die Frauen in sozialen Berufen diskriminiert und auch nicht systemisch gedacht ist. *Zeitschrift für systemische Therapie* 18 (1): 30–35.
Conen, M.-L. (2002): Familientherapie bei Inzest. In: G. Amann u. R. Wipplinger (Hrsg.): Handbuch sexueller Missbrauch. Tübingen (DGVT).
Cowen, E. L. a. W. C. Work (1988): Resilent children, psychological wellness, and primary prevention. *American Journal of Community Psychology* 16: 591–607.
Cowen, E. L., P. A. Wyman, W. C. Work, a. G. R. Parker (1990): The Rochester Child Resilience Project: Overview and summary of first year findings. *Development and Psychopathology* 2: 193–212.

Deissler, K. (1994): Erfinde Dich selbst – ein therapeutisches Orakel? *Zeitschrift für systemische Therapie* 12 (2): 80–96.
Deissler, K. (1997): Sich selbst erfinden? Münster (Waxman).
DeLongis, A., J. C. Coyne, G. Dakof, S. Folkman a. R. S. Lazarus (1982): Relationship of daily hassles, uplifts, and major life events to health status. *Health Psychology* 1: 119–136.
Derogatis, L. R. (1995): Symptom Check Liste SCL 90-R. Deutsche Version, hrsg. v. G. H. Franke. Göttingen (Hofgrefe).
Dore, M. M. (1991): Effectiveness of state-wide implementation of a family-based approach to children's mental health services. In: A. Algarin a. R. Friedman (eds.): A system of care for children's mental health: Building a research base. 3rd Annual Research Conference Proceedings. Tampa, FL.
Dore, M. M. (1996): Family-based children's mental health services program. Research and evaluation project. Pennsylvania Department of Public Welfare. Office of Mental Health.
Efran, J. S., K. P. Heffner u. R. J. Lukens (1988): Alkoholismus als Ansichtssache. Struktur-Determinismus und Trinkprobleme. *Zeitschrift für systemische Therapie* 6 (3): 180–191.
Epstein, N. B., L. M. Baldwin a. D. S. Bishop (1983): The McMaster family assessment device. *Journal of Marital Family Therapy* 9: 171–180.
Farrington, D. P. (1989): Long-term prediction of offending and other life outcomes. In: H. Wegener, F. Lösel a. J. Haisch (eds.): Criminal behavior and the justice systems: Psychological perspectives. New York (Springer), pp. 26–39.
Farrington, D. P. (1992): Psychological contributions to the explanation, prevention, and treatment of offending. In: F. Lösel, D. Bender a. T. Bliesener (eds.): Psychology and law: International perspectives. Berlin (De Gruyter), pp. 35–51.
Farrington, D. P. a. D. J. West (1990): The Cambridge Study in Delinquent Development: A long-term follow-up of 411 London males. In: H. J. Kerner a. G. Kaiser (eds.): Criminality: Personality behavior, and life history. Berlin (Springer-Verlag), pp. 115–138.
Foerster, H. von (1985): Sicht und Einsicht. Braunschweig (Vieweg).
Fussner, A. (1992): Home-Based Family Service Model. (Unveröffentl. Manuskript. Fachtagung des Paritätischen Bildungswerks und Context-Instituts vom 12.–13.11.1992. Berlin).
Garmezy, N. (1985): Stress-resistant children: The search for protective factors. In: J. E. Stevenson (ed.): Recent research in developmental psychopathology. *Journal of Child Psychology and Psychiatric*. Book Supplement, Vol. 4. Oxford (Pergamon Press), pp. 213–233.
Garmezy, N. (1987): Stress, competence, and development: Continuities in the study of schizophrenia adults, children vulnerable to psychopathology, and the search for stress resistent children. *American Journal of Orthopsychiatry* 57: 159–174.
Garmezy, N. a. V. Devine (1984): Project Competence. The Minnesota studies of children vulnerable to psychopathology. In: N. Watt, E. J. Anthony, L. C. Wynne a. J. E. Rolf (eds.): Children at risk for schizophrenia. Cambridge, NY (Cambridge University Press), pp. 289–332.

Goldbrunner, H. (1989): Arbeit mit Problemfamilien: Systemische Perspektiven für Familientherapie und Sozialarbeit. Mainz (Matthias-Grünewald).
Goldstein, M. J. a. A. H. Tuma (eds.) (1987) Special section of high-risk research. *Schizophrenia Bulletin* 13 (3).
Hahlweg, K. (1996): Fragebogen zur Partnerschaftsdiagnostik (FPD). Testzentrale. Göttingen (Hogrefe).
Hawkins, J. D., R. F. Catalano a. J. Y. Miller (1992): Risk and protective factors for alcohol and other drug problems in adolescence and early adulthood; Implications for substance abuse prevention. *Psychological Bulletin* 112: 64–105.
Heiner, M. (1988): Von der forschungsorientierten zur praxisorientierten Selbstevaluation. Entwurf eines Konzeptes. In: M. Heiner (Hrsg.): Selbstevaluation in der sozialen Arbeit. Freiburg (Lambertus).
Heiner, M. (1996): Qualitätsentwicklung durch Evaluation. Freiburg (Lambertus).
Heiner, M. (1998): Selbstevaluation: Praktiker beforschen sich selbst. (Unveröffentl. Vortrag auf der Tagung „Systemische Therapie – und Beratungsforschung" in der Abt. für Medizinische Psychologie der Universität Heidelberg 10.–11.7.1998).
Heitmeyer, W. (1996): Kinder- und Jugendkriminalität. Zum wachsenden Problem der sozialen Desintegration. In: Friedrich-Ebert Stiftung (Hrsg.): Kinder- und Jugendkriminalität in Deutschland. Ursachen, Erscheinungsformen, Gegensteuerung. Bonn (Presse und Informationsstelle der Friedrich-Ebert-Stiftung), S. 25–37.
Hetherington, E. M. (1989): Coping with family transitions: Winners, losers, and survivors. *Child Development* 60: 1–14.
Higgins, G. O. (1994): Resilient adults: Overcoming a cruel past. San Francisco (Jossey-Bass).
Hoffmann, L. (1996): Therapeutische Konversationen. Von Macht und Einflußnahme zur Zusammenarbeit in der Therapie. Dortmund (Modernes Leben).
Holtzworth-Monroe, A.a. N. Jacobson (1991): Behavioral marital therapy. In: A. Gurman a. D. Kniskern (eds.): Handbook of family therapy, Vol. 2. New York (Brunner/Mazel).
Honig, M.-S. (1986): Verhäuslichte Gewalt. Frankfurt/a. M. (Suhrkamp).
Hubble, M. A., B. L. Duncan u. S. D. Miller (Hrsg.) (2001): So wirkt Psychotherapie. Empirische Ergebnisse und praktische Erfahrungen. Dortmund (Modernes Leben).
Hutchinson, G. E. (1957): Concluding remarks. Population studies: animal ecology and demography. Cold Spring Harbour Symposia on Quantitative Biology 22.
Imber-Black, E. (1990): Familien und größere Systeme. Im Gestrüpp der Institutionen. Heidelberg (Carl-Auer-Systeme). [am. Orig. (1988): Families and Larger Systems. A Family Therapist's Guide through the Labyrinth. New York (Guilford Press).]
Kaufman, J. a. E. Zigler (1987): Do abused children become abusive parents? *American Journal of Orthopsychiatry* 57: 186–192.

Kirusek, T. J. a. Sherman, R. E. (1968): Goal Attainment Scaling: A method for evaluating comprehensive community mental health programs. *Community Mental Health Journal* 4 (6): 443–453.

Lenz, A. (1990): Ländlicher Alltag und familiäre Probleme: Eine qualitative Studie über Bewältigungsstrategien bei Erziehungs- und Familienproblemen auf dem Land. München (Deutsches Jugendinstitut).

Lindblad-Goldberg, M. Morrison Dore, a. L. Stern (1998): Creating competence from chaos. A comprehensive guide to home-based services. New York/ London (Norton).

Lösel, F., P. Kolip u. D. Bender (1992): Stress-Resistenz im Multiproblem-Milieu: Sind seelisch widerstandsfähige Jugendliche „Superkids"? *Zeitschrift für Klinische Psychologie* 21: 48–63.

Masten, A. S. a. N. Garmezy (1985): Risk, vulnerability, and protective factors in developmental psychopathology. In: B. B. Lahey a. A. E. Kazdin (eds.): Advances in clinical child psychology, Vol. 8. New York (Plenum), pp. 1–52.

Masten, A. S., K. M. Best a. N. Garmezy (1990): Resilience and development: Contributions from the study of children who overcome adversity. *Development and Psychopathology* 2: 425–444.

Masten, A. S., N. Garmezy, A. Tellegen, D. S. Pellegrini, K. Larkin, a. A. Larsen (1988): Competence and stress in school children: The moderating effects of individual and family qualities. *Journal of Child Psychology and Psychiatry* 29: 745–764.

Maturana, H. R. u. F. J. Varela (1987): Der Baum der Erkenntnis. Die biologischen Wurzeln des menschlichen Erkennens. Bern/München (Scherz). [span. Orig. (1984): El árbol del concocimiento Madrid (Debate), 1999].

Mednick, S. A., R. Cudeck, J. Griffith, S. A. Talovic, a. F. Schulsinger (1984): The danish high risk project (1962–1982): Recent methods and findings. In: N. S. Watt, E. J. Anthony, L. C. Wynne, a. J. E. Rolf (eds.): Children at risk for schizophrenia: A longitudinal perspective. Cambridge (Cambridge University Press), pp. 21–42.

Minuchin, P., J. Colapinto u. S. Minuchin (2000): Verstrickt im sozialen Netz. Neue Lösungswege für Multiproblem-Familien. Heidelberg (Carl-Auer-Systeme). [am. Orig. (1998): Working with families of the poor. New York (Guilford Press).]

Minuchin, S. u. C. H. Fishman (1983): Praxis der strukturellen Familientherapie. Freiburg (Lambertus).

Minuchin, S., M. P. Nichols (1993): Familie – die Kraft der positiven Bindung. Hilfe und Heilung durch Familientherapie. München (Kindler). [am. Orig. (1993): Family healing. Tales of hope and renewal from family therapy. New York (Free Press).]

Moos, R. H. (1974): Family Environment Scale (FES). Preliminary manual. Social Ecology Laboratory. Department of Psychiatry. Stanford University, Palo Alto.

Murphy, L. B. a. A. E. Moriarty (1976): Vulnerability, coping, and growth. New Haven, CT (Yale University Press).

Napier, A. u. C. Whitaker (1982): Die Bergers. Reinbek bei Hamburg (Rowohlt).
Nielsen, K., H. Nielsen u. W. C. Müller (1956): Sozialpädagogische Familienhilfe – Probleme, Prozesse und Langzeitwirkungen. Weinheim/Basel (Beltz).
Olson, D. H., C. S. Russel, a. D. H. Sprenkle (eds.) (1989): Circumplex Model: Systemic assessment and treatment of families. New York (Haworth Press).
Olson, D. H., J. Portner, a. Y. Lavee (1985): Family Adaptability and Cohesion Evaluation Scales (FACES III). St. Paul, MIN (University of Minnesota).
Pellegrini, D. S. (1990): Psychosocial risk and protective factors in childhood. Developmental and Behavioral Pediatrics 11: 201–209.
Pfeiffer, C., P. Wetzels u. D. Enzmann (1999): Innerfamiliäre Gewalt gegen Kinder und Jugendliche und ihre Auswirkungen (Forschungsberichte, Nr. 80). Hannover (Kriminologisches Forschungsinstitut Niedersachsen).
Redl, F. (1969): Adolescents – Just how do they react. In: G. Coplena. S. Debovici (Eds.), Adolescence: Psychosocial perspectives. New York (Basic Books).
Rubin, L. B. (1996): The transcendent child: Tales of triumph over the past. New York (Basic Books).
Rutter, M. (1979): Protective factors in children's responses to stress and disadvantage. In: M. W. Kent a. J. E. Rolf (eds.): Primary prevention in psychopathology, Vol. 3. Hanover, NH (University Press of New England), pp. 49–74.
Rutter, M. (1985): Resilience in the face of adversity: Protective factors and resistance to psychiatric disorder. British Journal of Psychiatry 147: 598–611.
Rutter, M. (1987): Psychosocial resilience and protective factors. American Journal of Orthopsychiatry 57: 316–331.
Rutter, M. (1990): Psychosocial resilience and protective mechanisms. In: J. E. Rolf, A. Masten, D. Cicchetti, K. Nuechterlein a. S. Weintraub (eds.): Risk and protective factors in the development of psychopathology. Cambridge, NY (Cambridge University Press), pp. 1812–14.
Sameroff, A. J., R. Barocas, R. Seifer (1984): The early development of children born to mentally ill women. In: N. F. Watt, E. J. Anthony, L. C. Wynne, a. J. E. Rolf (eds.): Children at risk for schizophrenia: A longitudinal perspective. New York (Cambridge University Press), pp. 187–243.
Scherrer, W. (1996): Qualitätsentwicklung in der Kinder- und Jugendhilfe. In: M. Heiner (Hrsg.): Qualitätsentwicklung durch Evaluation. Freiburg (Lambertus).
Schlippe, A. von u. J. Schweitzer (1996): Lehrbuch der systemischen Therapie und Beratung. Göttingen (Vandenhoeck & Rupprecht).
Schmidt, G. (1996): Vom sogenannten „Rückfall" zur Nutzung von „Ehrenrunden" als wertvoller Informationsquelle. In: K. Richelshagen (Hrsg.): Sucht Lösungen. Systemische Unterstellungen zur ambulanten Therapie. Freiburg (Lambertus), S. 49–76.
Schweitzer, J. (1987): Therapie dissozialer Jugendlicher. Weinheim/München (Juventa).
Schweitzer, J. (1998): Gelingende Kooperation: Systemische Weiterbildung in Gesundheits- und Sozialberufen. Weinheim/München (Juventa).

Shazer, S. de (1992): Das Spiel mit Unterschieden. Wie therapeutische Lösungen lösen. Heidelberg (Carl-Auer-Systeme).
Simon, F. B. u. G. Weber (1992): Vorfall oder Rückfall. Über den systemischen Umgang mit wiederkehrenden Verhaltensweisen. *Familiendynamik* 17 (1): 93–99.
Trepper, T. S. u. M. J. Barrett (1991): Inzest und Therapie. Ein (system)therapeutisches Handbuch. Dortmund (Modernes Leben). [am. Orig. (1989): Systemic treatment of incest. A therapeutic Handbook. New York (Brunner/Mazel).
Voglau, H. (1995): Family-Based-Services: US-amerikanische Erfahrungen mit aufsuchender Familienarbeit bei Multiproblemfamilien. (unveröffentl. Diplomarbeit).
Walsh, F. (1993): Conceptualization of normal family processes. In: F. Walsh (ed.): Normal family processes. New York (Guilford Press).
Walsh, F. (1998): Strengthening family resilience. New York/London (Guilford Press), 2nd ed.
Walter, J. L. u. J. E. Peller (1994): Lösungsorientierte Kurztherapie. Dortmund (Modernes Leben).
Watzlawick, P. (1983): Anleitung zum Unglücklichsein. München (Piper).
Watzlawick, P., J. H. Beavin u. D. D. Jackson (1969): Menschliche Kommunikation. Formen, Störungen und Paradoxien. Bern/Stuttgart/Toronto (Hans Huber).
Wedekind, E. (1986): Beziehungsarbeit. Zur Sozialpsychologie pädagogischer und therapeutischer Institutionen. Frankfurt/M. (Brandes & Apsel).
Welter-Enderlin, R. u. B. Hildenbrand (1996): Systemische Therapie als Begegnung. Stuttgart (Klett-Cotta).
Werner, E. E. (1984): Resilient children. *Young Children* 38: 68–72.
Werner, E. E. (1989): Vulnerability and resiliency: A longitudinal perspective. In: M. Brambring, F. Lösel a. H. Skowronek (eds.): Children at risk. Assessment, longitudinal research, and intervention. Berlin (De Gruyter), pp. 156–172.
Werner, E. E. (1990): Antecedents and consequences of deviant behavior. In: K. Hurrelmann a. F. Lösel (eds.): Health hazards in adolescence. Berlin (Springer), pp. 219–231.
Werner, E. E. (1993): Risk, resilience, and recovery: Perspectives from the Kauai Longitudinal Study. *Development and Psychopathology* 5: 503–515.
Werner, E. E. a. R. S. Smith (1982): Vulnerable but invincible. New York (McGraw-Hill).
Werner, E. E. a. R. S. Smith (1989): Vulnerable but invincible. New York (Adams Bannister Cox), 2nd ed.
Werner, E. E. a. R. S. Smith (1992): Overcoming the odds. Ithaca/London (Cornell University Press).
Wertlieb, D., C. Weigel a. M. Feldstein (1989): Stressful experiences, temperament, and social support: Impact on children's behavior symptoms. *Journal of Applied Developmental Psychology* 10: 487–503.
Whitaker, C. a. D. Keith (1981): Symbolic-experiential family. In: A. S. Gurman a. D. Kniskern (eds.): Handbook of family therapy. New York (Brunner/Mazel).
Zielke, M. u. C. Kopf-Mehnert (1978): Veränderungsfragebogen des Erlebens und Verhaltens (VEV). Testzentrale. Göttingen (Hogrefe).

Über die Herausgeberin

Marie-Luise Conen, Dr. phil., Dipl.-Psych., Dipl.-Päd., M. Ed. (Temple University); Leiterin des Context-Instituts für systemische Therapie und Beratung (Berlin); 1993–2000 Vorsitzende der Deutschen Arbeitsgemeinschaft für Familientherapie (DAF). Zahlreiche Veröffentlichungen, u.a.: *Ungehorsam – eine Überlebensstrategie. Professionelle Helfer zwischen Realität und Qualität* (2011) und *Wie kann ich Ihnen helfen, mich wieder loszuwerden? Therapie und Beratung mit unmotivierten Klienten und in Zwangskontexten* (zusammen mit Gianfranco Cecchin, 3. Aufl. 2011).

Marie-Luise Conen
Zurück in die Hoffnung
Systemische Arbeit mit „Multiproblemfamilien"

292 Seiten, Kt, 2015
ISBN 978-3-8497-0072-0

Wer beruflich mit sogenannten Multiproblemfamilien zu tun hat, erlebt seine Arbeit zunehmend als erschwert. Das liegt weniger an den Familien selbst, sondern mehr an Strukturveränderungen in der Sozialen Arbeit, die u. a. in mehr Standardisierung und verstärkten Kontrollen zum Ausdruck kommen.

Marie-Luise Conen entwickelt einen Gegenentwurf zu den aktuellen Steuerungsideologien. Mit kritischem Blick identifiziert sie Strukturen, die die Entwicklung von Klienten behindern. Ihr Herangehen setzt auf die Fähigkeiten, Ressourcen und Potenziale der Familien, die es zu aktivieren gilt. Auf diesem Weg „zurück in die Hoffnung" leisten systemische Denk- und Arbeitsweisen gute Dienste.

Marie-Luise Conen zählt zu den erfahrensten Systemikerinnen im Bereich der Sozialen Arbeit. Dieser Band stellt ihre wichtigsten Ideen, Gegenreden und „Rekonstruktionen" zur Arbeit mit „Multiproblemfamilien" zusammen. Ein Buch, das sich gegen aktuelle gesellschaftliche Entwicklungen stemmt – und gerade dadurch in die Zukunft weist.

„*In Bibliotheken von Ausbildungsstätten der Sozialen Arbeit darf das Buch nicht fehlen.*"   Prof. Dr. Dr. Hans-Peter Heekerens
socialnet.de, 20.10.2015

 Carl-Auer Verlag • www.carl-auer.de

Zeitfracht Medien GmbH
Ferdinand-Jühlke-Straße 7
99095 Erfurt, Deutschland
produktsicherheit@kolibri360.de